新时代高校日常思政工作创新研究

教育
EDUCATION

蒋建军 等著

An Innovation Research on Daily Ideological and Political Education in Universities in the New Era

上海交通大学出版社
SHANGHAI JIAO TONG UNIVERSITY PRESS

内容提要

本书立足于提升高校日常思政工作有效性，把生活思政作为日常思政的拓展与延伸，以生活思政打通"育人最后一公里"，画出"育人最大同心圆"，奏响"育人最美和谐曲"。

本书以落实立德树人为根本任务，贯彻"三全育人"理念，围绕"以生活思政推进日常思政工作创新"这一中心，对新时代高校日常思政工作理念、工作价值、工作主体、工作方法、工作载体、工作机制和实践探索等进行了较为系统而全面的阐释，回答了以生活思政推进日常思政工作创新的一些基本理论与实践问题。

图书在版编目（CIP）数据

新时代高校日常思政工作创新研究 ／ 蒋建军等著
— 上海 ：上海交通大学出版社，2022.8(2024.5 重印)
ISBN 978 - 7 - 313 - 27109 - 9

Ⅰ.①新…　Ⅱ.①蒋…　Ⅲ.①高等学校-思想政治教
育-教学研究-中国　Ⅳ.①G641

中国版本图书馆 CIP 数据核字（2022）第 125880 号

新时代高校日常思政工作创新研究
XINSHIDAI GAOXIAO RICHANG SIZHENG GONGZUO CHUANGXIN YANJIU
....

著　　者：蒋建军 等			
出版发行：上海交通大学出版社	地　　址：上海市番禺路 951 号		
邮政编码：200030	电　　话：021 - 64071208		
印　　刷：上海万卷印刷股份有限公司	经　　销：全国新华书店		
开　　本：710mm×1000mm　1/16	印　　张：17		
字　　数：266 千字			
版　　次：2022 年 8 月第 1 版	印　　次：2024 年 5 月第 2 次印刷		
书　　号：ISBN 978 - 7 - 313 - 27109 - 9			
定　　价：78.00 元			

序 一

思想政治工作是一切工作的生命线。党和国家历来高度重视高校思想政治教育工作。自党的十八大以来，习近平总书记站在实现中华民族伟大复兴中国梦和培养社会主义建设者和接班人的国家战略制高点，高度重视高校思想政治教育工作，多次亲自主持召开相关重要会议，发表重要讲话，对高校思想政治教育工作作出了重要决策和部署。习近平总书记关于高校思想政治教育的重要论述为推进新时代高校思想政治教育工作提供了根本遵循和行动纲领，指明了前进方向。

浙江万里学院是由浙江省万里教育集团举办的新体制高校，是一所具有70年办学历史的省属普通本科高校。1999年，经教育部批准成为"公办高校实行新的管理模式和运行机制"的新型高校。2016年1月8日，我在浙江万里学院第五届第三次"双代会"讲话中指出，"改革创新是万里文化的核心价值所在"。在以改革创新为核心的时代精神和学校核心价值指引下，学校探索和建立了"民营、公助、国有"性质的办学体制机制。自觉强烈的改革创新意识、特殊灵活的办学体制机制、踏实敬业的优良工作作风，使得浙江万里学院充满了生机与活力，学校事业发展在全国同类院校中始终走在前列。

浙江省万里教育集团党委以党的十九大精神为指引，牢记立德树人初心，不忘为党育人使命，以习近平总书记关于高校思想政治教育重要论述为根本遵循，紧紧围绕人才培养中心任务，贯彻执行《中共中央、国务院关于加强和改进新形势下高校思想政治工作的意见》等相关重要文件精神,凝心聚力、协同合作、锐意进取、开拓创新,充分发挥每一名万里人的聪明才智,在加强和改进学校思想政治教育工作中逐渐走出了一条新路子。

"培养什么人、怎样培养人、为谁培养人",这是教育的根本问题,也是我一直孜孜以求思考和探索的一个中心问题。从浙江万里学院作为应用型本科院校定位出发,在办学过程中,我对这些问题的思考越来越清晰。2018 年 7 月 16 日,我在学校暑期"万里讲坛"暨中层干部培训班上指出:"万里大学生的核心素养模块,应该包含这四个方面:第一,数学与逻辑;第二,文化与创意;第三,批判与合作;第四,历史与哲学。"在明晰了新时代下学校人才培养的目标与方向的基础上,要实现这四大核心素养,我提出了从"核心课程、素质拓展、生活日常等"多维度建构的人才培养路径。

对于"如何培养人"这一重要问题,2018 年,我在集团后勤系统年中工作会议上提出了"生活思政"理念。我说:"学生在学校学习,学会做人是本质,这个平台在后勤。"后勤管理服务人员也是学校的一分子,也负有育人之职责。同年 8 月 20 日,我在浙江万里学院校级领导务虚会议上强调:"学校学生思想政治工作队伍不仅有专职辅导员(班主任),还包括生活园区的生活老师,从而构建全方位、立体化、多层次的学生思想政治教育工作团队,这些不同育人主体要通过协同协作机制落地落实,实现'1+1+1≥3'的工作效果。"

我认为生活思政的理论基础,也就是"真正做好思政工作需要做到三个回归:回归家庭、回归社会、回归生活"。要完成大学"立德树人"根本任务,不仅在于课堂之中,还应该回归生活。课堂以外的校园生活是践行包括社会主义核心价值观在内的核心素养的场所,因而学校思想政治教育当然应扩及"第二课堂",从而构建从课堂到校园、从校园到社会的全过程思政工作体系,不应只局限于将日常思政教育落在学生工作部门上,而应扩及其他行政管理和后勤服务等各个领域。

后勤部门要开展生活思政,要研究让学生"学会做人"的大思政。这是一个大课题,是为广大后勤员工提供自身发展广阔空间的命题。后勤同样有教育的功能,也有育人的职责与使命,其与学校教育的对象一样,只是实现路径不一样。思政课程、课程思政之外的领域,应达到的境界是:"大德不德、上善若水",

育人于生活之中，成人于无形之中。从路径上讲，生活思政则是育人之本的回归。

时代是理论之母。新时代呼唤思想政治教育理论创新。长期以来，"知行脱节"是高校思想政治教育的堵点、痛点与难点。破解这一困局成为新时代每一位思想政治教育工作者的使命与担当。我认为，生活思政既是破解高校思想政治教育这一困局的有效方法，又是高校思想政治教育理论创新的突破点。当前，高校在加强思政课程改革创新、推进课程思政全覆盖、强化日常思政建设的同时，还应通过生活思政来丰富、创新日常思政。只有从日常思政中拓展出生活思政，才能有效打通思想政治教育"最后一公里"，培养知行合一、全面发展的时代新人。

虽然"生活思政"理念是我近年才提出来的，但事实上，早在十多年前，万里教育集团举办的浙江万里学院和宁波诺丁汉大学就已通过对生活思政的实践探索来创新高校日常思政工作。多年来，在广大万里人的共同努力与坚守下，学校生活思政从萌芽、发展走向成熟，从自在自发转向自为自觉。十多年来，万里人在高校生活思政实践探索中所积累的丰富经验，所构建起的生活思政"万里模式"，在学校人才培养中发挥了独特作用。生活思政实践的深厚积淀，为生活思政理论孕育提供了丰厚的土壤，也创新了日常思政的工作理念。

为做好高校生活思政工作，2018 年 12 月，《中共浙江省万里教育集团委员会关于积极推进"生活思政"建设的指导意见》出台。这是由浙江省万里教育集团党委下发的第一个关于"生活思政"的专门文件。2019 年以来，浙江万里学院、宁波诺丁汉大学、集团下属的后勤公司均陆续制订了关于开展"生活思政"建设具体有效的实施方案，不同单位结合实际对生活思政建设作出了顶层设计、路径规划和工作保障，既高屋建瓴、立意深远，又为生活思政落地落实保驾护航。

实践是理论之源。实践向前发展一步，理论就应向前推进一步。在生活思政实践探索创新日常思政工作中，一个又一个问题扑面而来：生活思政缘何创新日常思政？生活思政理论如何实现日常思政理念新解？生活思政价值指向如何彰显日常思政价值新论？生活思政主体解析如何体现日常思政主体新构？生活思政方法运用如何实现日常思政方法新拓？生活思政载体构建如何实现日常思政载体新建？生活思政机制建设如何实现日常思政机制新造？学校生活思政实践模式能否为其他兄弟院校提供学习借鉴？诸如此类的问题亟待我们去思考、去探究、去回答。因此，对高校生活思政如何创新日常思政的理论研究迫在眉睫、势在必行。

无论是时代呼唤还是实践发展，都催生着生活思政创新日常思政理论研究的破壳而出。2020 年 4 月 30 日，学校生活思政研究中心正式成立。浙江万里学院是目前浙江省内唯一一家建有生活思政研究中心的高校。研究中心秉持求实、创新精神，坚持理论与实践相结合、主观与客观相统一，以平台为支撑、以问题为导向、以项目为推进、以成果反哺育人，有序开展生活思政的理论研究与实践应用指导。

万里人以强烈的使命担当，发扬敢为人先的首创精神，坚持踏实肯干的务实作风，自强不息，恒志笃行，勇立潮头，走在国内高校以生活思政推进日常思政理论研究与实践探索的前列。《新时代高校日常思政工作创新研究》是中心全体研究者对学校日常思政创新的智慧结晶。

本书对以生活思政推进日常思政创新的相关理论问题进行探究，试图为高校思想政治教育理论研究补上一块短板，而浙江万里学院以生活思政推进日常思政创新的具体实践探索则努力为其他兄弟院校提供可资借鉴的样本。理论的生命力在于指导实践。本书的更大价值则在于指导浙江万里学院日后的日常思政工作常做常新，不断夯实育人基础，大力拓展育人内容，最大凝聚育人力量，努力丰富育人载体，进一步拓宽育人方法，使广大青年学生从思想政治教育中有更多获得感和幸福感。

实践发展永无止境。对高校日常思政的创新研究也必将继续推进，走得更实、走得更深。对我们而言，本书既是对前一个阶段以生活思政创新日常思政的思考、探索和研究小结，同时，也是开启以生活思政创新日常思政走向深入研究的一个新起点。我希望本书的出版，能引起广大高校思想政治教育工作者对它的关注与思考，共同参与到新时代高校日常思政工作的创新研究中。如此，就达到了我们出版此书的目的。

走在全面建设社会主义现代化国家新征程上，我们使命在肩，责任重大。浙江省万里教育集团党委始终把"为党育人，为国育才"作为自身的使命与担当,把思想政治教育贯穿于教育教学全过程,努力把大学生培养成德智体美劳全面发展的社会主义建设者和接班人。我们为此目标而不懈奋斗!

是为序。

应 雄

浙江省万里教育集团党委书记、董事长

宁波诺丁汉大学党委书记

2022 年 1 月

序 二

浙江万里学院以生活思政创新日常思政经历了从实践探索到理论提升的发展过程。摆在我面前即将出版的《新时代高校日常思政工作创新研究》一书，正是万里人对此研究成果的结晶，凝聚着他们的心血与智慧。作为浙江万里学院党委书记蒋建军教授的多年好友，受邀为该书作序，我欣然答应。另外，也是出于我对以生活思政创新日常思政的兴趣和对浙江万里学院探索精神的赞赏。

浙江省万里教育集团自 2018 年正式提出生活思政理念以来，在短短 4 年时间里，他们在以生活思政创新日常思政的实践探索与理论研究上取得了较大进展。2019 年浙江万里学院颁布了《新形势下有效开展"生活思政"建设实施方案》，2020 年学校成立了生活思政研究中心。在全体万里人的齐心协力下，学校以生活思政创新日常思政工作开展得有声有色，颇具特色。我有幸应浙江万里学院党委书记蒋建军、副书记王伟忠的邀请，前去浙江万里学院，和课题组的老师们就该话题以及本书写作进行了深入讨论。

《新时代高校日常思政工作创新研究》以马克思主义理论和习近平新时代中国特色社会主义思想为指导，以习近平总书记关于思想政治教育的重要论述为根本遵循，以立德树人为根本任务，紧紧围绕"以生活思政推进日常思政工作创新"这一中心，对基本理论与实践问题做了富有探索性的思考和前沿性的研究。

综观全书，我认为本书具有如下显著特色。

第一，回应时代呼唤，具有鲜明的时代特征。经过长期努力，中国特色社会主义进入了新时代。面对新时代、新问题和新挑战，习近平总书记在2016年12月全国高校思想政治工作会议上，提出了"做好高校思想政治工作，要因事而化、因时而进、因势而新"的重要论断。自新时代以来，高校思想政治工作在继续重视思政课程、日常思政的同时，越来越重视课程思政，不断推进"三全育人"工作格局的有效形成。新时代下，党和国家还提出要切实构建高校思想政治教育工作"十大"育人体系的要求。"改革、守正、创新"成为新时代高校思想政治工作的关键词。正是在此时代背景下，浙江万里学院提出"生活思政"的理念，并对以生活思政创新日常思政的实践探索进行了总结、思考和理论提升，从而形成了本书，这是他们对时代呼唤作出的热切回应。高校"生活思政"的出场，丰富和发展了日常思政的内涵与外延，弥补了长期以来对与大学生生活密切相关的某些领域的思政功能关注不够和思政作用发挥不足的缺陷，创新了日常思政工作。

第二，阐述深入系统，建构了较为完整的理论与实践体系。本书以提升高校日常思政工作有效性为着眼点，以打通高校育人"最后一公里"为旨归，探索开展以生活思政来推进新时代高校日常思政工作的守正创新。从工作理念、工作价值、工作主体、工作内容、工作方法、工作载体、工作机制以及实践探索八个维度对新时代高校日常思政工作创新进行较为全面而系统的阐释，回答了如何通过生活思政来推进日常思政工作创新，形成了较为完整的理论与实践体系，为高校落实"立德树人"根本任务提供了现实路径。

第三，注重理论与实践创新，具有一定的创见。本书坚持理论联系实际的马克思主义学风，力求在理论上达到一定高度，丰富高校思想政治教育研究成果。与此同时，还力求对实践有直接的现实指导，为开展以生活思政创新日常思政提供有益的借鉴与启示。从理论研究来看，在学术界，"生活思政"一词最早见于2019年。截至当前，尚未发现相关学位论文或学术著作。显然，生活思政研究时间还很短，研究成果还很少，是思想政治教育研究领域的短板与弱项。新时代高校思想政治教育作为落实立德树人根本任务的关键，开展生活思政研究迫在眉睫。本书非常及时地回答了以生活思政创新日常思政诸多理论与实践问题，并提出了一些建设性的观点。从实践来看，浙江万里学院经过十多年的实践探索,至今已形成了"多元主体融合、多项载体融汇、多种方法融通"的生活思政"万里模式"。这一育人模式具有一定的创新性,为兄弟院校开展生活思政提供了万里经验、万里智慧。

本书的作者之一朱美燕副教授是万斌教授和我合作指导的博士生,她于2015年完成的博士论文《走向实践的高校生活德育》探讨了高校生活德育这一话题。2019年5月,她在博士论文的基础上出版了专著《立德树人:高校生活德育实践》。虽然"生活德育"与本书的"生活思政"不尽相同,前者比后者更加宽泛,但核心思想是基本一致的。这说明浙江万里学院对"生活思政"的探索是有理论研究基础的。

总之,《新时代高校日常思政工作创新研究》一书从回应时代呼唤出发,对以生活思政创新日常思政从理论到实践进行了较为全面、深入而具独创性的研究,并提出了一些有建设性的观点。尽管书中有些地方还需商榷,有待深化、拓展,但本书的学术价值与实践价值是不言而喻的。真诚地期待浙江万里学院在未来日子里,无论在以生活思政创新日常思政理论研究还是实践探索中都能取得更大进步,出更好的成果!

马建青

国家万人计划教学名师

浙江省思想政治教育学科研究会会长

浙江大学二级教授,博士生导师

2022年1月于浙江大学求是园

目　录

第一章

新时代高校思想政治教育

党和国家历来重视高校思想政治教育,党的十八大以来,以习近平同志为核心的党中央明确提出:"要坚持把立德树人作为中心环节,把思想政治工作贯穿教育教学全过程,实现全程育人、全方位育人,努力开创我国高等教育事业发展新局面。"①高校肩负着人才培养、科学研究、社会服务、文化传承创新和国际交流合作等重要使命,其中,思想政治教育是这些工作的生命线,关系着高校培养什么人、如何培养人以及为谁培养人这三个根本问题,事关中国特色社会主义事业后继有人。近年来,由于国际形势瞬息万变,国内改革发展不断深化,高校思想政治教育面临着更大的挑战,也有着更好的机遇。只有把握国际国内发展态势,因事而化、因时而进、因势而新,才能不断提高高校思想政治教育工作的针对性和实效性。

第一节 新时代高校思想政治教育的背景与使命

当前世界处于百年未有之大变局,我国处于近代以来最好的发展时期,中华民族迎来了从站起来、富起来到强起来的伟大飞跃。党的十八大以来,中国特色社会主义进入了新时代。这个新时代的鲜明主题就是要实现"两个一百年"奋斗目标、实现中华民族伟大复兴的中国梦。而当代大学生在人生的黄金期将全程参与这"两个百年",是实现中国梦的关键的一代人。与此同时,当今世界又处于大变革时期,国际形势瞬息万变,中美贸易冲突、新冠病毒引起的全

---

① 习近平在全国高校思想政治工作会议上强调:把思想政治工作贯穿教育教学全过程 开创我国高等教育事业发展新局面[N].人民日报,2019-12-09(01).

球性肺炎疫情等错综复杂的形势,再加上工业 4.0 的到来、经济增长方式的改变、互联网的迅猛发展,各种思潮涌动,不同的思想文化之间交锋激烈,这些都给当代青年学生的世界观、人生观、价值观带来或多或少的冲击,人才的培养也呼唤更高质量和更具活力的教育评价体系,倡导以知促行、学以致用、知行合一。这些都给高校思想政治教育带来新的机遇,同时也使得高校思想政治教育工作面临严峻的挑战。

一、百年变局:新时代高校思想政治教育的时代背景

(一)从国际形势看,世界正处于百年未有之大变局

100 多年前,第一次世界大战结束,俄国"十月革命"取得胜利,号称"日不落帝国"的英国走向衰落,美国逐渐崛起。到了 20 世纪中叶,第二次世界大战后,美国成为资本主义世界的霸主。同时,一批社会主义国家和民族独立国家诞生,世界形成了以美国为代表的资本主义阵营和以苏联为代表的社会主义阵营的"两极"格局,两大阵营在政治、经济、文化、军事等多层面展开了全面对抗。后来,随着第三世界国家的崛起,以及两大阵营内部出现分化,两极体系开始向多极体系过渡。1991 年,苏联解体、东欧剧变,近半个世纪的美苏对峙结束。美国凭借其强大的经济、政治、军事等实力,持续其霸主地位。美国与欧洲各国的"一超多强"的局面持续了 20 多年。2008 年世界金融危机以后,世界经济版图发生深刻变化,国际秩序和治理格局逐渐发生改变。资本主义社会内部矛盾不断演化,次贷危机、欧债危机不断,恐怖主义、地缘冲突持续。一场百年未有的大变局正在逐渐拉开序幕。

1. 世界经济重心之变

上溯百年历史,以往的经济重心位于北大西洋两岸,全球经济的重要支柱是西欧诸国和北美。从 2008 年的金融危机开始,世界经济就进入了一种全新的发展形态。发达国家传统刺激经济回升的手段几乎穷尽,企业财政吃紧,债务积累越来越大,新技术的发展跟不上产业的需求,经济不再高速增长甚至停滞不前。人口老龄化更是加剧了发达经济体的财政负担,削弱了这些经济体的消费能力。作为全球资本主义国家之首的美国,为了稳住在世界上的地位,在2018 年打响了中美贸易冲突的第一枪,引发经济全球化逆流。2020 年开始,新

冠肺炎疫情在全球快速扩散蔓延,扰乱了正常社会经济秩序。为遏制疫情蔓延,多数国家采取了隔离、封锁及社交疏离等措施,经济活动遭遇停摆。尤其是美国、欧洲、巴西、印度等疫情严重的国家,更是面临巨大的经济压力。

与此相对,进入 21 世纪以来,中国、俄罗斯、巴西、南非等不同地区发展中国家整体性崛起,世界经济重心开始由西向东、由北向南转移。有战略家直言"21 世纪是太平洋世纪"。2017 年,东盟十国加中、日、韩(10＋3)经济总量达21.9 万亿美元,占世界的 27％,分别超过了美国和欧盟,在世界经济中举足轻重。甚至有经济学家预测,中国很可能在 2035 年超过美国,成为世界最大的经济体。环太平洋的中、美、日、俄,以及韩国、东 盟等多个新兴经济体,正在重塑世界经济中心。

这个重塑的过程,带来更多新的博弈和挑战。而作为太平洋西岸重要国家的中国,也是全球第二大经济体,经济的辐射和带动作用巨大,成为发展中国家推动世界经济格局变化的关键力量。这一方面吸引了更多的合作方,改善了周边环境,促成了对新兴经济体的关注;另一方面,我国的发展环境也面临更多的复杂性和不确定性。

2. 世界政治格局之变

经济格局的变化推动世界政治格局的演化,大国间博弈和战略竞争有所加剧,原有以大国协调为重要支撑的国际政治秩序面临新的挑战。伴随新兴经济体和发展中国家群体性崛起,尤其是在 2008 年全球金融危机之后,G20(二十国集团)在全球治理中的作用日益突出,而"发达国家俱乐部"G7(七国集团)因无法覆盖更广泛的国家,在全球经济治理中的作用日渐式微,全球治理开始从西方主导向全球共同治理转变。

2020 年新冠病毒引起的肺炎疫情席卷全球,全球累计确诊新冠肺炎病例数量不断攀升,严峻的疫情防控考验了各国社会治理能力,全球治理成为必然趋势。

与此同时,放眼全球,新兴市场国家以前所未有的速度迅速崛起,亚洲从"列强争夺之域"走向"新的世界中心",非洲从"绝望的大陆"走向"希望的大陆",拉美从"西方冒险家的新世界"走向"谋求自主现代化的发展中地区"①,数

---

① 陈赟,刘丽娜,齐紫剑.在世界大变局中奋进新时代[N].解放军报,2019－08－29(04).

十亿人口实现跨越式发展,那些曾在西方话语中被视为落后代名词的国家与民族,正展现出蓬勃的生机与无限的活力。

在人类命运共同体的视野下,世界正从原来的单极向协同共治的多极转变。我国作为发展中大国,也是多极力量中成长最快的国家。面对这百年大国关系重塑和国际秩序变革的大变局,我国正面临着难得的历史机遇。

3. 全球化进程之变

在 20 世纪,美欧等西方国家是全球化的主要倡导者和推动力量。如今,世界已进入新一轮科技创新周期,人工智能、5G 网络、大数据、物联网、区块链、新材料等引领的第四次工业革命来临,人类社会正在迈入"智慧社会",新的科技革命又引发大规模的产业变革。这些以信息技术、生物科技为主导的新一轮科技革命和产业变革,一方面成为产业推陈出新和生产力跃进的不竭动力,另一方面也深刻地影响着世界格局演变和全球化进程。

经济全球化是社会生产力发展的客观要求和科技进步的必然结果。如今,全球治理主体呈现多元化、多极化趋势;全球经贸规则制定权之争日益凸显,高标准趋势显著增强;全球治理机制与平台不断丰富,各种利益诉求相互交织、博弈,全球经济治理面临新形势与新挑战。尤其是美国,集"民族主义""种族主义"和"国家主义"于一体的新保守主义泛滥,使得全球化遭遇逆流。

面对这样复杂的全球化局势之变,我国提出推动构建人类命运共同体这个"中国方案",同时积极打造"一带一路"国际合作平台,倡导兼顾全球经济治理和安全治理,推动全球治理体系朝着更加公正合理的方向变革。

面对这样的世界大变局,习近平总书记强调:"纵观人类历史,世界发展从来都是各种矛盾相互交织、相互作用的综合结果[①]。"全球化时代,人才与人才培养全球流动性不断加大,各国对人才的争夺也在不断加大,综合国力的竞争归根结底依然是人才的竞争。

(二)从国内形势看,中国特色社会主义进入新时代

自 1949 年中华人民共和国成立至今的 70 余年发展,我国经历了从站起来、富起来到强起来的三个历史性跨越,从封闭半封闭到全方位对外开放,从瓶

---

① 中共中央宣传部.习近平新时代中国特色社会主义思想学习问答[M].北京:学习出版社,人民出版社,2021:42.

颈制约到优势支撑,从结构单一到百业兴旺,从一穷二白到世界第二大经济体,从温饱不足迈向全面小康,人民生活发生翻天覆地的变化。社会生产力的全面提高、综合国力的大幅增强和人民生活的显著改善,都显现出历史性跨越的特点,中国特色社会主义进入了新时代。

1. 我国政治制度优势明显

从中华人民共和国成立到党的十一届三中全会,我国确立了人民当家做主的国家制度,建立起社会主义基本制度,探索适合国情的社会主义建设道路。党的十一届三中全会到党的十八大,我国鲜明地提出走自己的路、建设有中国特色的社会主义,积极推进经济体制及其他体制改革,形成中国特色社会主义制度,不断完善国家治理。党的十八大以来,我们通过统筹推进"五位一体"总体布局、协调推进"四个全面"战略布局,推动中国特色社会主义制度更加完善,国家治理体系和治理能力现代化水平明显提高,为党和国家事业发生历史性变革提供了有力保障。党的十九大以来,在习近平新时代中国特色社会主义思想的引领下,不断坚持和完善党的领导制度体系、人民当家做主制度体系、中国特色社会主义法治体系、中国特色社会主义行政体制、"一国两制"制度体系、独立自主的和平外交政策、党和国家监督体系等系列制度体系,不断深化改革。2020 年,党的十九届五中全会召开,总结了"十三五"取得的成就,同时,不仅对"十四五"作出了后五年的规划,更是提出了 2035 年全面建设社会主义现代化国家的远景目标。

在 2020 年开始的抗击新冠肺炎疫情的过程中,我国坚持党的集中统一领导和以人民为中心,凝心聚力,众志成城,形成了全国一盘棋,取得了疫情防控的阶段性胜利。在疫情灾难大考中,中国特色社会主义制度的优越性得到了充分彰显。

当然,我国政治层面目前依然存在着一些有待解决的矛盾和问题,如利益多元化使协调利益关系、解决利益矛盾难度加大,新媒体日新月异使得对思想舆论阵地管理难度加大,一些领导干部的创新发展能力不够,少数党员干部的理想信念动摇,官僚主义、形式主义比较突出等,我国的政治制度建设改革依然任重而道远。

2. 我国经济长期稳中向好

从改革开放以来,我国经济发展一直具有潜力足、韧性强、回旋空间大、政策工具多等基本特点。自 2014 年开始,我国经济发展逐渐进入新常态,经济发展从高速增长转为中高速增长;经济结构不断优化升级,第三产业、消费需求逐步成为主体,城乡区域差距逐步缩小,居民收入占比上升,发展成果惠及更广大民众;从要素驱动、投资驱动转向创新驱动。经济整体向形态更高级、分工更复杂、结构更合理阶段演化。

数年过去,虽经历各种挑战,但总体上,我国经济朝着更高质量、更有效率、更加公平、更可持续的方向稳步发展,呈现稳中向好的态势。我国具有全球最完整、规模最大的工业体系,强大的生产能力,完善的配套能力;市场主体和受过高等教育或拥有各类专业技能的人才数量众多,正处于新型工业化、信息化、城镇化、农业现代化快速发展阶段,投资需求潜力巨大。互联网经济高速发展带来了经济发展的新业态。2021 年,实现全面脱贫,我国正式进入全面建设社会主义现代化国家的新征程。

与此同时,我国经济也面临着结构性、体制性、周期性问题相互交织所带来的困难和挑战,加上新冠肺炎疫情冲击,目前我国经济运行面临较大压力,一些传统行业受冲击严重。受中美贸易冲突影响,产能过剩和需求结构调整矛盾突出,一些地区环境污染问题依然严重,我国的经济改革仍处于爬坡过坎阶段。

3. "中国梦"赋予每个人梦想

近百年来,中华民族经历了挨打、抗争、拼搏与经济发展的积累,更加理性和全面地认知和定位自己的发展路径。2012 年,习近平总书记提出了实现中华民族伟大复兴的"中国梦"。在这个梦想指引下,社会安定,政治稳定,经济发展,法治不断完善,文化繁荣,尖端技术突飞猛进。高铁、5G 技术、移动互联网、人工智能技术等高新技术迅猛发展,带来了生活方式和教育教学方式的大变化,从日常消费到娱乐活动,从创新创业到学习变革,这些日新月异的社会文化现象都对人们的思想认知产生强烈的冲击。同时,新时代人才竞争日趋激烈,不同专业大学生就业情况日益复杂,一些社会领域中的道德失范、诚信缺失现象时有发生。这些都对青年学生的价值观造成了一定的冲击和影响。

总之,当今时代国际国内形势复杂,尤其随着移动互联网、人工智能时代的到来,从政治、经济、社会等多维度给当代年轻人的世界观、人生观和价值观带来很大的影响和冲击。大学生作为社会中最敏感、最活跃的群体,一方面,他们有着高昂的爱国热情和强烈的社会责任感；另一方面，他们在思想上还不成熟、不稳定，需要加以正确引导。面对人生观、世界观、价值观形成关键期的青年学生，我国高等教育需要回答好以下这些根本性问题：教育要培养什么人？如何培养人？为谁培养人？

二、立德树人：新时代高校思想政治教育的历史使命

经济社会不断发展，对人才的需求量越来越大，质量要求越来越高，尤其在当今时代，世界进入百年未有之大变局，综合国力的竞争归根结底是人才的竞争，中国梦的实现，归根结底需要靠一代又一代的人才。我国高等教育经历了从精英化到大众化再到普及化的跨越式发展。自 1999 年大幅扩招以来，高等教育进入了规模快速扩张阶段。2008 年，全国各类高等教育在学人数达到 2900 余万人，毛入学率达到 23.3％，高等教育规模居世界首位，一举实现了从精英化到大众化的跨越。2021 年，我国各类高等教育在学总规模 4100 余万人，毛入学率为 54.49％，由大众化进入普及化阶段。高等教育从精英化到大众化再到普及化发展，对高校人才培养提出了更高的要求。

（一）立德树人是教育的根本任务

2012 年，党的十八大提出："把立德树人作为教育的根本任务，培养德智体美全面发展的社会主义建设者和接班人。"[①]2018 年全国教育大会上，习近平总书记进一步指出："我国是中国共产党领导的社会主义国家，这就决定了我们的教育必须把培养社会主义建设者和接班人作为根本任务，培养一代又一代拥护中国共产党领导和我国社会主义制度、立志为中国特色社会主义奋斗终生的有用人才。这是教育工作的根本任务，也是教育现代化的方向目标。"[②]两次会议关于"根本任务"的重要论断，回答了教育的首要问题——培养社会主义建设者和接班人，即"立德树人"。那么，面对复杂的国内外形势和中国特色社会主义的发展要求，高校育人究竟该立什么德？树什么人？如何立德树人？这是摆在新时代高等教育面前必须解决的首要问题。

---

① 胡锦涛.高举中国特色社会主义旗帜 为夺取全面建设小康社会而奋斗：在中国共产党第十八次全国代表大会上的报告[N].人民日报,2012-11-18(01).

② 习近平在全国教育大会上强调:坚持中国特色社会主义教育发展道路 培养德智体美劳全面发展的社会主义建设者和接班人[N].人民日报,2018-09-11(01).

2018 年 5 月,习近平总书记在北京大学师生座谈会上的重要讲话中指出:"古今中外,每个国家都是按照自己的政治要求来培养人的,世界一流大学都是在服务自己国家发展中成长起来的。我国社会主义教育就是要培养社会主义建设者和接班人。""我们的今天就是这样走过来的,我们的明天需要青年人接着奋斗下去,一代接着一代不断前进。……培养社会主义建设者和接班人,是我们党的教育方针,是我国各级各类学校的共同使命。"①从本质上讲,这是由我国坚持社会主义办学方向的教育特殊性和培养全面发展的人的教育普遍性相统一而决定的。而要培养社会主义建设者和接班人就要把"立德树人"作为教育的根本任务,要立中国特色社会主义之大德,树全面发展之成人。

(二)立德树人是新时代高校思想政治教育的历史使命

进入新时代以来,新一代的大学生呈现出这个时代特有的思维特点,在各种社会思潮纷纭激荡影响下,思想观念日趋活跃、价值取向多元化,总体思想政治素养比较稳定,但也需要不断引导和提升。《中国大学生思想政治教育发展报告》显示,2014 年的调查中,有 82.7% 的调查对象对于"实现中华民族伟大复兴必须坚持中国特色社会主义道路"这一观点表示"非常赞同" 或"比较赞同",13.5% 的调查对象表示"不确定",2.5% 的调查对象表示"不大赞同",1.3% 表示"很不赞同"。② 2015 年,有 50.4% 的调查对象非常赞同"中国特色社会主义理论体系是我国现代化建设的理论指南",37.4% 表示"比较赞同",10.2% 表示"不确定",2.0% 表示"不认同"。③ 在连续两年的跟踪调查中,当代大学生对于中国特色社会主义道路和理论体系的认可度较高。

经过多年的教育引导,当代大学生对于树立中国特色社会主义共同理想持肯定态度,根据 2015 年到 2017 年的跟踪调查,关于"大学生应该牢固树立中国特色社会主义共同理想",2015 年有 86% 的调查对象表示赞同,2016 年这一数据为 86.1%,2017 年达到 91.7%,越来越多的大学生认同中国特色社会主义,

---

① 习近平在北京大学师生座谈会上的讲话[N].人民日报,2018 - 05 - 03(02).
② 冯刚,沈壮海.中国大学生思想政治教育发展报告 2014[M].北京:北京师范大学出版社,2015:95 - 96.
③ 沈壮海,王培刚,段立国.中国大学生思想政治教育发展报告 2015[M].北京:北京师范大学出版社,2016:112.

认为自己应该牢固树立中国特色社会主义共同理想。①

面对新时代这一批更有社会责任感的青年大学生，一方面可以看到多年的思想政治工作取得了明显成效，另一方面仍存在着一定数量的不确定和不赞同的对象，需要进一步引导，落实立德树人这一根本任务依然任重而道远。我国高等教育肩负着培养德智体美劳全面发展的社会主义建设者和接班人的使命，必须坚持正确的政治方向，这就离不开思想政治工作，立德树人就是高校思想政治教育的历史使命。

那么，高校该如何实现立德树人的历史使命呢？

党的十八大以来，以习近平同志为核心的党中央，紧紧围绕实现"两个一百年"的奋斗目标和中华民族伟大复兴中国梦，对新时代高校思想政治教育工作提出了新的要求。习近平总书记先后在全国高校思想政治工作会议、纪念马克思诞辰 200 周年大会、全国教育工作会议、庆祝改革开放 40 周年纪念大会、学校思想政治理论课教师座谈会等一系列会议中发表了重要讲话，提出了一系列关于思想政治教育的新思想、新观点和新论断，为高校思想政治教育实现立德树人的历史使命提供了方向指引。

首先，确立了思想政治工作是各项工作生命线的理念，要遵循科学性与意识形态性相统一原则，巩固马克思主义在意识形态领域的指导地位，把马克思主义作为必修课。其次，指明了思想政治工作领域要无处不有、无所不在，是全领域、全天候的，要充分利用各种手段，通过教育引导、舆论宣传、文化熏陶、实践养成、制度保障等，使思想政治教育春风化雨，内化于心、外化于行。第三，思想政治工作方式方法有艺术性，采用融入式、嵌入式、渗透式，不要"两张皮"，在思想政治工作队伍上要实现全员性与专门队伍的统一。

正是在这样新的历史时期，高校思想政治工作需要承担起"培养社会主义建设者和接班人根本任务"这样的历史使命，为学生点亮理想的灯、照亮前行的路，激励青年学生在实现中国梦的生动实践中放飞青春梦想。

---

① 沈壮海，王培刚，王迎迎.中国大学生思想政治教育发展报告 2017［M］.北京：北京师范大学出版社，2018：136.

第二节　构建新时代高校思想政治教育工作大格局

我国高校的根本任务和历史使命是立德树人,培养人才,促进人的全面发展。为培养德智体美劳全面发展的社会主义建设者和接班人,就要有相应的教育体系和教育工作格局。新中国成立至今 70 余年,我国不断构建和完善高校大思政育人格局,先后提出了"三全育人"理念和"十大"育人体系。

一、"三全育人"理念

简言之,所谓"三全育人"就是全员育人、全程育人和全方位育人。2017年,中共中央、国务院印发的《关于加强和改进新形势下高校思想政治工作的意见》中提到"坚持全员全过程全方位育人。把思想价值引领贯穿教育教学全过程和各环节"。在我国,"三全育人"理念经历了萌芽期、探索期、发展期、成熟期和创新期五个发展历程。

（一）"三全育人"发展历程

（1）萌芽期。1950 年,在中国教育工会第一次全国代表大会上,有代表提出了"教书育人、管理育人、服务育人"的观点。此后,中共中央专门提出"三育人"口号,成为"三全育人"理念的雏形。1952 年 10 月,教育部提议在高等学校建立政治辅导处,专门配备政治辅导员,并在高校开设思想政治理论课程,确立了全方位育人的思想。1957 年,毛泽东在《关于正确处理人民内部矛盾的问题》中指出:"思想政治工作,各个部门都要负责任。共产党应该管,青年团应该管,政府主管部门应该管,学校的校长教师更应该管。"①从而形成了全员育人的萌芽。

（2）探索期。党的十一届三中全会后,高校思想政治工作有了进一步的理论探讨和实践探索。1980 年 8 月,《光明日报》发表了《思想政治工作是一门科学》的文章,引发了思想政治工作如何更加科学化的大讨论。1982 年,党中央提出"思想政治工作是一门科学",是"治国治党的科学"。随后,高校思想政治教育本科、硕士、博士专业先后设立,思想政治教育学科不断完善,高校思想政

---

① 毛泽东文集:第 7 卷[M].北京:人民出版社,1999:226.

治工作越来越科学化、规范化和专业化。因"文化大革命"被打断的高校全员育人体系，也在 20 世纪 80 年代中后期重新形成，教育界重提"教书育人、管理育人、服务育人"。全国教育工会也通过加强师德建设、评选师德标兵等活动，推动"三育人"共识的达成。

（3）发展期。1994 年，《中共中央关于进一步加强和改进学校德育工作的若干意见》指出："努力培养有理想、有道德、有文化、有纪律的献身有中国特色社会主义事业的建设者和接班人；进一步发挥全体教职工的育人作用；重视校园文化建设；学校教育、家庭教育、社会教育紧密配合；要把德育贯穿在教育的全过程，落实在教学、管理、后勤服务的各个环节上。"在实践探索基础上，原华北工学院（现中北大学）的几位学者总结提出了"三全育人"的思想政治教育方法——"全方位、全过程、全员化的思想政治工作法——全方位指学校的每一个角落、每一项工作、每一个环节、每一个部门，全过程指的是从学生入学到毕业的整个过程，全员化是指学校的每一个教职员工"[1]，并详细阐述了"三全育人"工作方法的过程和成效。原华北工学院成为最早提出高校"三全育人"的学校之一。此后，中国科技大学李国栋等人在《坚持"三全育人"注重思想政治工作实效》中进一步阐述了"全员、全方位、全过程"育人[2]。"三全育人"理念在高校越来越得到认同。

（4）成熟期。2004 年 10 月，中共中央、国务院发布《关于进一步加强和改进大学生思想政治教育的意见》，提出了加强和改进大学生思想政治教育的指导思想、基本原则和主要任务，并特别指出"高等学校各门课程都具有育人功能，所有教师都负有育人职责……要把思想政治教育融入大学生专业学习的各个环节，渗透到教学、科研和社会服务各个方面"，在具体内容上描述了高校要党政群团齐抓共管，形成全体教职员工全员育人、全方位育人、全过程育人的工作机制。

（5）创新期。党的十八大以来，以习近平同志为核心的党中央前所未有地重视高校思想政治教育工作。2017 年，中共中央、国务院印发《关于加强和改

---

① 鲍善冰，刘奋隆，俞士谦. 全方位、全过程、全员化思想政治工作法［J］.山西高等学校社会科学学报，1995（3）.

② 李国栋，朱灿平. 坚持"三全育人"注重思想政治工作实效［J］.中国高等教育，1999（24）.

进新形势下高校思想政治工作的意见》，在"三全育人"基础上，进一步细化了育人体系。党的十九大以来，聚焦实现全员全过程全方位育人，教育部启动"三全育人"综合改革试点，大力推动理论创新和实践探索。在各高校的共同努力下，"三全育人"呈现出生机勃勃的崭新局面。

2020年4月，教育部等八部门发布《关于加快构建高校思想政治工作体系的意见》，提出加快构建高校思想政治工作体系："以立德树人为根本，以理想信念教育为核心，以培育和践行社会主义核心价值观为主线，以建立完善全员、全程、全方位育人体制机制为关键，全面提升高校思想政治工作质量。"①

新时代，党中央对新时代高校思想政治教育工作高度重视、全面部署，稳步推进"三全育人"综合改革，高校思想政治教育与整个教育事业相互融合，立德树人的主渠道和主阵地相融合，从全面发展的"人"的视角促进学生的全面成长，融入学生的全面学习和生活之中。

（二）"三全育人"理念内涵

高校"三全育人"理念，传达的是时时、处处、事事都要育人的理念。所谓的"全员育人"，是指高校全体教职员工，包括教师（思政理论课教师、专业课教师、辅导员教师等）和行政管理人员（教辅管理人员和后勤服务人员）都应该参与到育人工作之中，强化育人意识和育人责任。所谓的"全程"育人，是将思想政治教育贯穿立德树人全过程，尤其是学生学习、生活的全过程。所谓的"全方位"育人，是把思想政治教育覆盖到立德树人全方位，既包括思想政治理论课和各专业、各学科课程在内的课堂主渠道，又包括以日常思想政治教育为主的思政主阵地，同时还包括了育人整体氛围的营造。一切场合、一切载体、一切方式，都是隐性教育可以融入、嵌入、渗入的地方，打造出像空气一样无处不在、无时不有的整体育人生活情境和育人氛围，"不言之教胜于教"。如此形成合力，使思想政治教育全方位发挥作用。

"三全育人"理念其实是一种融开放、动态和整合于一体的思想政治教育理念，中心点在于育人。它符合时代背景，遵循教育规律和学生身心发展规律，把育人队伍、育人时间和育人空间三维合一，协同育人，有助于高校完成立德树人

---

① 中共中央、国务院印发《关于加强和改进新形势下高校思想政治工作的意见》[N].人民日报，2017 - 2 - 28.

的历史使命。

当然,"三全育人"理念是一个逐渐完善的过程。在具体实施中,依然存在一些突出问题和薄弱环节。比如,"三全育人"理念在不同区域、不同高校、不同学科、不同专业、不同年级中的贯彻落实不平衡,从理论到现实、从课程到日常的育人体系构建不充分。这些不平衡不充分问题的存在,实质是要求在"三全育人"理念基础上,能够有更加落地的操作体系。

二、"十大"育人体系

为了把"三全育人"落到实处,提升思想政治教育有效性,2017 年,中共中央、国务院印发了《关于加强和改进新形势下高校思想政治工作的意见》。该《意见》指出,要把思想价值引领贯穿教育教学全过程和各环节,形成"七育人机制"——教书育人、科研育人、实践育人、管理育人、服务育人、文化育人、组织育人长效机制。为全面贯彻"三全育人",大力提升高校思想政治教育质量,同年12 月,教育部印发了《高校思想政治工作质量提升工程实施纲要》,明确提出要"充分发挥课程、科研、实践、文化、网络、心理、管理、服务、资助、组织等方面工作的育人功能,挖掘育人要素,完善育人机制,优化评价激励,强化实施保障,切实构建'十大'育人体系"。这一规定是在"七育人"基础上,加上网络、心理和资助三大育人机制,从而形成了新时代高校"十大"育人体系,构建了高校思想政治教育工作大格局。

"十大"育人体系中每一个子体系都具有育人功能,总体而言,主要包括了主渠道和主阵地两大类。

第一类是以思政理论课和学科专业课的课堂为主渠道的育人体系,主要指课程育人体系。把课程中的育人由过去的主体对象性活动扩展到育人载体层面,更加严密完整。不仅是思想政治理论课要体现思想政治教育的价值与功能,而且哲学社会科学课程以及其他专业课程都需要融入思想政治教育的元素和相关内容,实现与思想政治理论课同向同行。这为从思政课程到课程思政的延伸奠定了基础。

第二类是以日常思政为主阵地的育人体系,主要包括科研、实践、文化、网络、心理、管理、服务、资助、组织等育人体系。学生工作部等相关部门的实施,融合了理论与实践、显性与隐性、线下与线上、个体与群体的全程全方位内容，通过挖掘生活中蕴含的思政元素实现对学生的思想政治教育与引导。

从中华人民共和国成立之初的"教书、管理、服务"三育人，到"教书、科研、实践、管理、服务、文化、组织"七育人，再到"课程、科研、实践、文化、网络、心理、管理、服务、资助、组织"十育人，育人体系越来越完整，囊括了课内与课外、教学与科研、实践与理论、线上与线下、服务与管理等多个层面，近乎包含了学生生活、学习中的各个方面，使高校育人任务变得更加明确、育人方式更加多样，使"三全育人"理念真正落地。

"十大"育人体系是一个有机的整体，是高校"三全育人"的具体组成部分。"十大"育人体系经历了较为漫长且完整的建设过程，有些领域中已经相对成熟。当然，部分领域尤其是在作为主阵地的日常思想政治教育中，也还存在育人的盲点和痛点。随着时代的发展，青年学生呈现新的特征，要真正完成立德树人根本任务，高校思想政治教育需要进一步守正创新，进一步发挥校园生活中的思政育人功能，打通育人"最后一公里"，形成新时代一体化的高校思政育人新格局。

第三节　新时代高校思想政治教育的守正创新

从"三全育人"理念的提出到"十大"育人体系的落地，我国高校思想政治教育因时而进、因事而化、因势而新。在党和国家的高度重视下，高校思想政治教育在实践中不断充实、发展、丰富和创新，形成了包括思政课程、日常思政和课程思政"三位一体"的有中国特色的高校思想政治教育工作体系。但与此同时，对标"立德树人"和"三全育人"要求，高校思想政治教育也在不断呼唤体系的继续完善。

一、课程渠道的同向同行：从思政课程拓展到课程思政

中华人民共和国成立70余年来，从课堂主渠道来看，从最初单一的思政课程到新时代的课程思政，我国高校思想政治教育基本实现了把思想政治工作贯穿教育教学全过程的基本目标。

（一）我国高校思政课程的源起与发展

中华人民共和国刚成立，社会骤变和一定程度的未知对人们产生了深刻的影响。在此情况下，从教育入手，在全社会形成对社会变革必要性的认识和对未来前景积极态度的共识势在必行。党中央借鉴部队经验，有计划、有步骤地开展高校思想政治教育建设。1949 年 9 月 29 日，中国人民政治协商会议第一届全体会议通过了《中国人民政治协商会议共同纲领》，其中规定，"给青年知识分子和旧知识分子以革命的政治教育，以应革命工作和国家建设工作的广泛需要"，为高校思想政治理论课的建立和完善发展指明了方向。

1949 年 10 月，华北人民政府高等教育委员会颁布《华北专科以上学校一九四九年度公共必修课过渡时期实施暂行办法》，在高校中开设"辩证唯物主义与历史唯物主义""新民主主义论""政治经济学"等课程，并在华北地区大专院校的文法学院最早开设。随后在中央和教育部的肯定下，课程逐步扩展到全国各高校。从中华人民共和国成立至今 70 余年来，高校思想政治理论课经历了从"马克思主义政治理论课"到"思想品德课""两课"，再到"思想政治理论课"的发展演变，其课程结构与体系处于不断探索、改革与完善之中。

从中华人民共和国成立到进入中国特色社会主义新时代，我国高校思想政治理论课经历了 6 个阶段 6 次重大的教学方案改革。几次变革，在课程理论、学科支撑、教材建设、师资队伍和教学基本建设等方面，经历了由不成熟到较为成熟，从不规范到较为规范，再到在深化改革中发展创新的演变过程。可以说，每一次方案的调整、变革都是对高校思想政治理论课、高校思想政治教育的不断完善。经过几十年的改革与完善，高校思想政治理论课逐步成为大学生思想政治教育的主渠道。

第一阶段，初步探索期（1949—1978 年）。这一阶段主要实施了"52 方案"和"56 方案"。这两个方案确立了中华人民共和国成立以来第一个完整的思政理论课教学体系。

1952 年 10 月 7 日，教育部颁发了中华人民共和国成立后的第一个全国性高校思想政治理论课课程设置方案——《关于全国高等学校马克思列宁主义、毛泽东思想课程的指示》（即"52 方案"）。该方案具体规定了当时高校思想政治理论课开设的门数、学时、顺序以及课程名称，并将思想政治理论课统称为

"公共必修课",包括"新民主主义论""政治经济学"和"辩证唯物论与历史唯物论"。1953年,根据党在过渡时期总路线的要求,思想政治理论课的课程设置进行了调整,各类学校一律加开"马列主义基础","新民主主义论"改为"中国革命史"。同年11月,又将马列主义理论纳入研究生教学计划。这样一来,高校的思想政治理论课实现了从本科生到研究生的全覆盖。

1956年9月9日,在前期探索的基础上,教育部颁发了《关于高等学校政治理论课程的规定(试行方案)》(即"56方案")。方案对当时高校已开设的4门政治理论课("中国革命史""政治经济学""辩证唯物论与历史唯物论"和"马列主义基础")在各系科开设的门数、学时和顺序做了详细规定,标志着社会主义高校马克思主义政治理论课程教学体系正式形成。这个时期的高校思政理论课带有鲜明的政治性和阶级性,体现了我国的国家性质,反映了党和国家事业发展的需要,旨在不断提高学生的思想认识和政治觉悟,且取得了一定的成效。

后来,因国内形势变化,1957年至1960年,4门思想政治课一度停开,取而代之的是"社会主义教育",直到1960年4门课程又重新恢复。1961年《教育部改进高等学校共同政治理论课程教学的意见》颁布,首次提出了高等学校共同政治理论课的课程目标,并增设了"形势与任务"课程作为原4门课的共同必修课。1966年,"文化大革命"开始,高等学校受到重创,高校思政理论课也陷入了混乱和无序状态。

第二阶段,秩序恢复期(1978—1984年)。这一阶段实施了"78方案",重新恢复了高校思想政治理论课,并对教学方案拨乱反正。

"文化大革命"结束以后,党中央在大力倡导解放思想、实事求是的同时,积极开展了各项拨乱反正工作。全国各高等院校也逐渐恢复了以马列主义理论教育为主要内容的大学生思想政治课程,并且大力加强了对教学方案的指导和研究工作。1978年4月22日,全国教育工作会议在北京举行,邓小平同志在会上指出:希望大家以敢想、敢说的革命精神,对教育工作中一些重大问题充分展开讨论。这次会议上教育部办公厅印发了《"关于加强高等学校马列主义理论教育的意见"征求意见稿》(即"78方案"),明确了高校马列课程的设置和学时等事宜。

在"78 方案"指导下,全国高校恢复了"文化大革命"前的"中国共产党党史""辩证唯物主义和历史唯物主义""政治经济学"和"国际共产主义运动史"4门政治理论课(简称"老四门")。虽然因受"文化大革命"种种影响,当时高校马列课程在教学、教材、师资等方面还存在种种问题,但"78 方案"对分清路线是非、理论是非和思想是非,排除"四人帮"的影响和破坏具有重要的积极意义。

随后,从 1980 年到 1984 年,教育部陆续发布《改进和加强高等学校马列主义课的试行办法》《关于在高等学校逐步开设共产主义思想品德课程的通知》和《关于高等学校开设共产主义思想品德课的若干规定》,不但对原有思想政治课的地位任务、教学方针、课程学时、大纲教材、教学环节都做了明确的规定,并第一次正式提出高校在思想政治教育中要对学生进行共产主义的思想道德教育。同时,要求高校思想政治教育把道德教育和法制教育等内容纳入其中。至此,原来的马列课程和思想品德课一起构成了高校思想政治理论课程体系。

第三阶段,步入正轨期(1985—1997 年)。这一阶段实施了"85 方案",是我国改革开放以后第一个全面部署高校思想品德和政治理论课程的指导性文件。

随着我国改革开放事业的深入发展,中央逐渐加强了对高校思政课教学的学科化建设。1985 年 8 月 1 日,中共中央发出了《关于改革学校思想品德和政治理论课教学的通知》(即"85 方案")。《通知》指出,为了社会主义现代化、现代科技和现代政治经济的巨大发展变化,同时适应青少年心理发展的具体情况,出于各方面改革的需要,"我国现行的以马克思主义为指导的思想品德和政治理论课(从小学的思想品德课、中学的思想政治课,到高等学校的马克思主义理论课)的课程设置、教学内容和教学方法也必须进行认真的改革"。

在当时,这已成为培养有理想、有道德、有文化、有纪律"四有"人才的迫切任务之一,尤其为高校的思政课程指明了指导方向。在课程内容上要进行以中国革命史为中心的历史教育,马克思主义基本理论的教育,有分析、有比较地介绍当代其他各种社会思潮,进行中国社会主义建设和改革的 理论、政策和实际知识的教育,向学生介绍当代世界政治经济的基本状况、国际关系的基础知识。在教学方式上,探索教学方法的改革,提出"要改变注入式的教学方法,尽量实行启发式的教学方法"①。在考核评定上,要按实际考试、考查的结果,而不是按政治表现来进行成绩评价。同时,还提出了要加强实践教学的内容,适时地穿插各种切合学生需要的时事教育、文学艺术教育和课外活动,鼓励学生要在接触社会实际中接受教育。方案中还对思政课程教材建设、师资队伍建设提出要求,指出要加强党委和各部门领导,发挥全体教师尤其是思政课教师的主动性。

在"85方案"指导下,一场新的高校思政课程改革全面开启。1986年,原来高校马列课程"老四门"被"新四门"所代替:"中国革命史""中国社会主义建设""马克思主义原理""世界政治经济与国际关系(文科开设)"②。同年,要求普及法律常识,在全国各大学开设"法律基础"课程。

从1987年到1995年,原国家教育委员会先后发布了《关于进一步改革高等学校马克思主义理论课(公共课)教学的意见》和《关于高校马克思主义理论课和思想品德课教学改革的若干意见》。两个重要《意见》,从加强领导、课程设置、教学内容改革、保证教学课时、加强教师队伍建设、开展科学研究等多个方面对思想政治理论课程建设作了专门部署,尤其是在课程设置上,先后把"形势与政策"课程和"法律基础"课程设为高校必修课程,把原来的"大学生思想修养"和"人生哲理"合并为"思想道德修养",三门课形成思想品德课的课程体系,与马克思主义理论课一起,合称"两课"。所有这一切改革,都是在"85方案"指导下进行的。

第四阶段,调整优化期(1998—2004年)。这一阶段主要实施"98方案",促使高校思政理论课课程设置走向规范化,呈现出以多样化、综合性为主要特征的思政课教学方案改革发展格局。

进入20世纪90年代以来,特别是针对20世纪90年代初东欧剧变的影响和国内现代化建设的需要,党中央进一步加强了高校思想政治教育,一直在酝酿新一轮的高校思想政治教育改革。1997年,党的十五大将邓小平理论与马克思列宁主义、毛泽东思想一起确立为党必须长期坚持的指导思想。

---

① 教育部社会科学司.普通高校思想政治理论课文献选编(1949—2008)[M].北京:中国人民大学出版社,2008:107.
② 教育部社会科学司.普通高校思想政治理论课文献选编(1949—2006)[M].北京:中国人民大学出版社,2006:183.

为贯彻党的十五大精神,1998 年中共中央宣传部、教育部颁发《关于普通高等学校"两课"课程设置的规定及其实施工作的意见》,决定单独开设"邓小平理论概论"课程,并提出了新的"7＋1"方案(即"98 方案")。在课程设置上包括"马克思主义哲学原理""马克思主义政治经济学原理""毛泽东思想概论""邓小平理论概论""形势与政策""法律基础""思想道德修养""当代世界经济与政治"(文科开设)8 门课程。同时提出要解决好邓小平理论"进教材、进课堂、进学生头脑"的问题。

"98 方案"形成了从"毛泽东思想概论"到"邓小平理论概论"的课程逻辑,高校思想政治理论课课程设置越来越规范化。在这个时期,高校思政课教学方法也逐渐改变了单一的理论讲授和知识灌输型的传统教学方法和模式,探索出了案例教学、问题教学和体验教学等各种方法,一些现代化教学技术和手段也逐渐得到了重视和应用。但同时,"7＋1"的课程设置也带来一些问题,如课程门类过多、课时比重过大、内容上重复较多等。

2002 年,党的十六大召开,以胡锦涛为总书记的党中央提出科学发展观、加强党的执政能力建设、加强党的先进性建设以及构建社会主义和谐社会等新的理论,对加强和改进大学生思想政治教育作出了新的战略部署。进入 21 世纪以来,高校思想政治理论课既要解决"98 方案"在实践中存在的问题,又要把党的理论创新成果融入课程,如何系统地推动高校思想政治理论课教学内容、方式方法、教学手段等环节的整体性改革和创新,把知识传授与思想教育、系统教学与专题教育、理论教育与实践教学等有机统一,是新世纪对高校思想政治理论课提出的新要求。

第五阶段,改革推进期(2005—2012 年)。这一阶段主要实施"05 方案",带领高校思政理论课进行系统化、整体性探索。

进入新世纪,应国内外形势变化、青年大学生新的成长规律和时代特征需求,高校思想政治教育也需及时作出调整和改革。2005 年 2 月,根据《中共中央、国务院关于进一步加强和改进大学生思想政治教育的意见》("16 号文件")精神,中共中央宣传部、教育部颁布了《关于进一步加强和改进高等学校思想政治理论课的意见》,明确提出了 2005 年高校思想政治理论课程改革的新方案(即"05 方案")。其中提出普通高校四年制本科的思想政治理论必修课是 4 门课,即"马克思主义基本原理""毛泽东思想、邓小平理论和'三个代表'重要思想概论"①"中国近现代史纲要"和"思想道德修养与法律基础"。方案将原来的"思想道德修养"和"法律基础课"合并为"思想道德修养与法律基础"课,同时对教材编写、教学研究、教师培训和学科建设提出了新的要求。

"05方案"把7门必修课调整为4门,不但在内容上让高校思政理论课与时俱进,突出马克思主义中国化的时代内容,课程结构日趋合理,课程体系进一步完善,形成了新的课程观,更是在新世纪创造性地进行了高校思想政治理论课程体系的改革。思政理论课的课程设置更注重以人为本,由原来的单一从教的角度转变为充分考虑学生的需要来编制教材,将政治教育、思想教育和道德教育相结合。"05方案"实施后,思想政治理论课教材编写被纳入中央马克思主义理论研究和建设工程,教师队伍建设得到了明显加强,各高校也适应新的形势,努力转变教学理念,积极探索新的教学方法。

第六阶段,新时代新发展期(2012年以来)。党的十八大以来,进入新时代,面对新形势,在以习近平同志为核心的党中央领导下,高校思政理论课守正创新,结合新的国内外局势和立德树人根本任务,不断深化改革,进入了新的发展阶段。

随着新时代的到来,高校思政理论课也进入了新的发展阶段,党中央对思政课提出了新要求,习近平总书记多次就思政课建设作出批示、发表讲话。

2013年,习近平总书记就思政课作出"高校思政课必须办好,关键是把教材编好,队伍建设好,把课讲好"的重要批示。

2016年12月,在全国高校思想政治工作会议上,习近平总书记专门针对思政课建设作出集中阐述,提出要用好课堂教学这个主渠道,不能把思想政治工作只当作思政课的事,思想政治教育是全员、全程、全方位的。他还进一步指出,"理论与现实脱节"是思政课教学中普遍存在的问题,这大大影响了教学实效性。因此,要不断提升思想政治教育的亲和力和针对性,满足学生成长发展需求和期待。习近平总书记对思政课的地位和作用进行了新界定,明确了思政课改革和发展的重点、思政课建设的关系,更是阐述了思政课与其他课程的关

---

① 2008年,教育部将"毛泽东思想、邓小平理论和'三个代表'重要思想概论"课程名称调整为"毛泽东思想和中国特色社会主义理论体系概论",并对教材做了相应修订.

系,并为如何教好思政课提供了途径方法,为办好思政课提供了宏观指导。

2018年4月,教育部印发了《新时代高校思政理论课教学工作基本要求》,要求加强新时代高校思政课建设,全面推动习近平新时代中国特色社会主义思想进教材进课堂进学生头脑,培养担当民族复兴大任的时代新人。特别提出要把高校思政课教学工作摆在更加突出的位置,更加重视加强和改进教学管理,更加重视提升教学质量。

之后,习近平总书记在北京大学师生座谈会和南开大学考察时,都强调了学校思想政治教育的重要性,并对马克思主义理论教育提出明确要求,要加强思政课建设。

2019年3月18日,习近平总书记主持召开全国学校思想政治理论课教师座谈会。这在党的历史上和新中国发展史上都是第一次,习近平总书记在这次座谈会上的主要讲话,后来被称为"3·18讲话"。他对思政课教学进行专题集中系统阐述。强调了思政课是落实立德树人根本任务的关键课程,思政课具有不可替代性,思政课的根本任务是用新时代中国特色社会主义思想铸魂育人。他还对办好思政课关键因素提出明确要求,要把握"两个关键":"办好思政课关键在教师,关键在发挥教师积极性、主动性、创造性。"[1]明确提出思政课要坚持"八个相统一"的基本原则:坚持政治性和学理性相统一、价值性和知识性相统一、建设性和批判性相统一、理论性和实践性相统一、统一性和多样性相统一、主导性和主体性相统一、灌输性和启发性相统一、显性教育和隐性教育相统一。在此基础上,提出思想政治教育具体方法的改革,强调要把"大水漫灌"式教导和因人而异针对具体问题的"精准滴灌"结合起来。这些都体现了以育人为根本,尊重思想政治理论课教学的基本原则和规律。习近平总书记还指出了办好思政课的组织领导和条件保障问题:"要建立党委统一领导、党政齐抓共管、有关部门各负其责、全社会协同配合的工作格局,推动形成全党全社会努力办好思政课、教师认真讲好思政课、学生积极学好思政课的良好氛围。……要配齐建强思政课专职教师队伍,建设专职为主、专兼结合、数量 充足、素质优良的思政课教师队伍。"[2]"3·18讲话"具有新时代思政课改革的里程碑意义,思政课

---

① 习近平:思政课是落实立德树人的关键课程[J].求是,2020(17).
② 习近平:思政课是落实立德树人的关键课程[J].求是,2020(17).

教学改革迎来了新发展的春天。

这些讲话或批示,不仅充分阐述了新时代思政课建设的地位和作用,更是充分揭示了思政课建设发展的规律,为新时代思政课改革发展指明了方向,提供了基本遵循。在"3·18讲话"之后的一两年时间里,中共中央和教育部出台了一系列深化思政课改革的新文件。

一是从总体上对深化思政课改革创新作出明确规定的纲领性文件,主要是指《关于深化新时代学校思想政治理论课改革创新的若干意见》(中共中央办公厅、国务院办公厅2019年印发)。《意见》阐明了深化思政课改革创新的重大意义和总体要求,明确了完善思政课课程体系的目标内容和教材体系建设的要求,推出了建设高素质思政课教师队伍的举措,指明了深化思政课改革创新的路径,并提出了加强思政课领导管理的具体要求,这个文件成为全面贯彻落实"讲话"精神的纲领性文件。

二是关于加强学校思政课教师队伍建设的文件,如《关于加强新时代中小学思想政治理论课教师队伍建设的意见》(教育部等五部门联合2019年出台)和《新时代高等学校思想政治理论课教师队伍建设规定》(教育部2019年出台)等。这些文件对思政课教师职责与要求、配备与选聘、培养与培训、考核与评价、保障与管理作出明确规定。

三是关于深化思政课改革创新的工作方案,如《"新时代高校思想政治理论课创优行动"工作方案》(中共教育部党组2019年印发)、《深化新时代学校思想政治理论课改革创新实施方案》(中共中央宣传部、教育部办公厅2020年联合印发)(下称《实施方案》),《实施方案》中阐述了新时代思政课的基本要求,并对课程目标体系、课程体系、课程内容、教材体系建设和组织领导作了详细规定,也正式提出了思政课大中小一体化建设的要求。2021年,根据《实施方案》内容,又正逢建党一百周年,应新时代新发展和"四史"融入思政课的需求,全国思政课统编教材全部进行了改版,原"思想道德修养与法律基础"课改为"思想道德与法治"课,原"马克思主义基本原理概论"课改为"马克思主义基本原理"课,全国重点马克思主义学院率先全面开设"习近平新时代中国特色社会主义思想概论"课。至此,高校思政理论课课程体系从"05方案"以后进入了全新的新时代发展期。

从最初的"52方案"到"05方案",再到新时代新发展,我国高校思想政治理论课从无到有,从有到优。虽然中间有曲折的建设过程,有不断的自我革新,但不变的是坚持马克思主义的指导思想,坚持理论联系实际的根本方法,坚持中国化的马克思主义基本内容,根据时局形势的变化和教育对象的不同,结合最新教育教学手段,不断与时俱进,守正创新。在几代高校思政课教师的努力下,体系越来越完整,内容越来越科学,方法越来越贴近学生、融入生活,不断促进课程内容入脑入耳入心入行。

在70余年发展中,尤其是进入新时代以来,高校思政理论课由最初的"作为改造旧社会和建设新社会的强有力的工具"的思想改造走向聚焦人的全面发展,坚持"立德树人",课程设置体系越来越科学、越来越完善。课程建设从最初的借鉴苏联模式,到坚持走有中国特色的自主探索道路,形成了新时代中国特色高校思政理论课课程体系。思想政治理论课是体现社会主义学校本质特征和根本标志的课程,从历史发展视角来看,无论是从教育的一般规律还是特殊规律,都决定了学校教育必须把培养社会主义建设者和接班人作为根本任务,旗帜鲜明地开设思想政治理论课,理直气壮地讲好思想政治理论课。

(二)从思政课程拓展到课程思政

思想政治理论课作为大学生思想政治教育的主渠道,在高校思想政治教育中具有不可替代的核心地位。多年探索、改革和创新,对培养社会主义建设者和接班人发挥了关键作用。正因如此,长期以来,一些高校和专业课教师认为"思想政治教育是思政课教师的事情",专业课教师只要教好专业技术即可。于是,在课程育人中,出现了思想政治理论课"单打独斗""孤岛化"等现象。

随着时代大发展,从社会环境看,经济日益发展,各类新媒体技术层出不穷,互联网尤其是移动互联网甚至是人工智能技术的发展使得信息传播全球化不断加速,高校思想政治教育面临的整体环境越来越复杂。在高校课程教育教学中,有部分专业课教师思想政治教育意识还比较缺乏,甚至有的课程老师拉错调、讲跑调,出现了一些不恰当的言行。如果学生在思想政治理论课中获得的教育经验与其他课程获得的教育经验不一致,会造成学生价值观念的冲突,进而影响和冲淡思想政治理论课教育效果。在非思政课程中融入思政内容,推动专业课教师参与思想政治教育实践,成为新时代高校思想政治工作的重要内容。

事实上,从世界观、价值观、方法论等角度看,专业课、通识课等非思政课中也蕴含着丰富的思想政治教育资源。正是在此背景下,"三全育人"理念也充分考虑了其他课程的育人功能,"十大"育人体系中的课程育人其实包含了全部课程。党的十八大以来,党中央对于课程思政提出了一系列新理念和新要求,并做了一系列战略推动。当然,课程思政的萌芽可以追溯到新中国成立之初。

早在1950年,时任团中央副书记蒋南翔就提出,"学校中的思想政治教育,应该不仅仅是政治课程所单独担当的任务,学校中的每一门功课都不仅要传授某一种知识,同时还要贯彻正确的思想内容"。1955年4月,高等教育部副部长刘子载提出,"一切新中国的教师,不管他们教哪门课程,都应在教学中对学生进行政治思想教育,不应该只注重传授业务技术知识,还应该结合业务技术知识的教育随时进行思想教育和道德品质教育"[①]。但后来因种种原因,这一提议没有受到足够重视。

直到2004年,中共中央国务院在印发的《关于进一步加强和改进大学生思想政治教育的意见》中,提出了"坚持教书与育人相结合"的基本原则,指出了"高等学校哲学社会科学课程负有思想政治教育的重要职责"。这对非思政课程的育人功能提出了相应要求。

在加强思政课程与课程思政改革上,上海走在了全国的前列。2008年,上海搭建起"4+1"思政课程体系;2014年,启动教育综合改革,出台《上海高校课程思政教育教学体系建设专项计划》,率先开展"课程思政"试点工作。按照"党委统一领导、党政部门协同配合、以行政渠道为主组织落实"的思路,建立健全领导体制和工作机制,上海所有高校都成立了"课程思政"改革领导小组,所有高校党委书记均亲自担任组长,并设立专门办公室推进落实。

2016年,全国高校思想政治工作会议召开,习近平总书记在这次会议上正式提出了对课程思政的要求,明确指出不能把思想政治工作只当作思政课的事,所有课堂都有育人功能"其他各门课都要守好一段渠、种好责任田,使各类课程与思政课同向同行,形成协同效应。"[②]各种类型课程所传递的价值,需要

---

① 储著斌.社会主义过渡时期的大学德育:人物、会议与文献研究[J].池州学院学报,2013(8).

② 习近平谈治国理政:第二卷[M].北京:外文出版社,2017.

同思政课传递的价值相一致,做到同向同行,形成协同效应。所有的课程,都要把做人做事的基本道理、社会主义核心价值观的要求、实现民族复兴的理想和责任融入各类课程教学之中。这一论断清晰地阐述了思政课程和课程思政的重要性以及两者的相互关系,课程思政也应运而生。全国高校思想政治工作会议召开后,上海市加快推进由"思政课程"走向"课程思政"的教育教学改革,让所有课都上出"思政味",所有任课教师都挑起"思政担",探索构建全员、全课程的大思政教育体系,取得了初步成效,并向全国辐射。此后,浙江、山东、天津等22个省份借鉴上海做法,推进本地课程思政改革。

正是在此背景下,课程思政建设在高校思想政治教育体系化建设的进程中被提出并一步步走向深化。

2017年5月,"课程思政"被纳入中央《关于深化教育体制机制改革的意见》,从地方实践探索转化为国家战略部署。2018年,教育部印发《高校思想政治工作质量提升工程实施纲要》,部署"十大"育人体系,提出要大力统筹推进课程育人,积极推动以"课程思政"为目标的课堂教学改革,实现思想政治教育与知识体系教育的有机统一,正式将课程思政纳入育人范畴。

2018年6月21日,教育部在四川成都召开新时代全国高等学校本科教育工作会议。复旦大学、四川大学等国内150所高校在会上共同发布"一流本科教育宣言"(也称"成都宣言"),发出了以培养民族复兴大任的时代新人为核心使命的新时代教育宣言,致力于立德树人、教书育人、提升内涵、领跑示范、变轨超车、公平协调、开放合作、开拓创新,特别提出以"四个回归"为高校改革发展的基本遵循:回归常识、回归本分、回归初心、回归梦想。会议还发布了《关于加快建设高水平本科教育全面提高人才培养能力的意见》,即新时代高教40条。特别提出要把思想政治教育贯穿高水平本科教育全过程,强化课程思政和专业思政,强化每一位教师的立德树人意识,在每一门课程中有机融入思想政治教育元素,形成专业课教学与思想政治理论课教学紧密结合、同向同行的育人格局。这次会议体现了国家和高校共同进行"三全育人",建设中国特色世界一流水平的本科教育的决心,同时进一步推动了课程思政的改革。

2020年4月,教育部等八部门发布《关于加快构建高校思想政治工作体系的意见》,贯彻落实新时代党对高校思想政治工作的新要求,再次要求从"三全育人"的角度,加快构建高校思想政治工作体系,全面提升高校思想政治工作质量:"把立德树人融入思想道德、文化知识、社会实践教育各环节,贯通学科体系、教学体系、教材体系、管理体系,加快构建目标明确、内容完善、标准健全、运行科学、保障有力、成效显著的高校思想政治工作体系。"这从根本意义上,把课程思政同样提高到了立德树人的高度。

2020年5月,教育部印发《高等学校课程思政建设指导纲要》,提出把思想政治教育贯穿人才培养体系,全面推进高校课程思政建设,发挥好每门课程的育人作用。并分别制定了课程思政的建设目标和重点内容,提出结合专业特点分类推进课程思政建设,建立健全课程思政建设质量评价体系和激励机制,提升教师课程思政建设的意识和能力,加强课程思政建设组织实施和条件保障,将课程思政融入课堂教学建设全过程。

从思政课程拓展到课程思政,实际上是将教书与育人不断相统一,牢牢抓住课堂教学这个育人主渠道,把思想政治元素融入、嵌入、渗入各门课程中,充分发挥每一位专任教师的育人主力军作用,不断唤醒每一门课程立德树人的高度自觉,使得许多教师能够认识到自己教学过程中的育人功能,既做"经师"又做"人师",真正实现每一门课程的思政育人功能,使得所有课程与思政课程实现同向同行,形成协同效应。

二、日常阵地的丰富拓展:以生活思政创新日常思政

很长一段时间以来,高校思想政治教育主要包括思想政治理论课教育和日常思想政治教育两个重要方面,前者是主渠道,后者是主阵地,两者互相依存,互为补充。与思想政治理论课一样,日常思想政治工作也经历了长期的探索、改革和发展。

中华人民共和国成立之初,为了使高等院校的思想政治教育得到顺利开展,教育部专门制定了《在高等学校有重点地实行政治工作制度》(1952年)。《制度》规定在高等学校建立政治辅导处,配备政治辅导员,主要任务是指导全体教职员工的政治理论学习,指导马克思列宁主义理论课程的教学和掌握教职员工、学生的政治思想情况等工作。从此,高校的政治思想工作有了专门的组织机构,初步形成了适合高等学校实际的思想政治工作制度。虽然,政治辅导处这个机构才存在了 2 年,但辅导员这一组织形式一直被保留了下来。结合整个思想政治教育的课程建设、制度建设和工作机构建设,一套完整的思想政治工作机构和制度初步建立,并形成了当前高校思想政治教育工作体系的雏形。直到现在,辅导员依然是高校负责学生思想政治工作基层组织的中坚力量。

1980 年 7 月,在教育部印发的关于《改进和加强高等学校马列主义课的试行办法》的通知中,首次出现了"日常思想政治教育"这一概念,其中在具体描述高校马列课的具体设置的同时也指出:"日常的思想政治工作主要解决学生的学习态度、思想作风、政治表现和道德品质中存在的问题,对这项工作,党团组织应当抓紧,教师和干部也都有责任。"[①]由此,确立了日常思想政治教育作为高校马列课程的辅助地位,明确了日常思想政治教育相关部门和人员在高校思想政治教育工作体系中的定位。

2006 年,时任教育部部长周济在全国高校辅导员队伍建设工作会议上指出:"大学生思想政治教育包括思想政治理论教育和日常思想政治教育两个重要的方面,一个是主渠道,一个是主阵地,二者相互依存、互为补充,主阵地要积极配合主渠道,共同做好大学生思想政治教育。"[②]这是首次提出主渠道和主阵地,并以这种方式来明确高校思想政治教育的内涵和架构体系。作为主阵地的日常思想政治教育在当时主要是指围绕马克思主义及相关理论展开的理论教育活动和社会实践活动。主体队伍是辅导员、班主任和学生管理工作人员,他们是开展大学生日常思政教育的骨干力量,各类教师(包括思政课专职教师)是大学生日常思想政治教育的重要力量,党政工群是大学生日常思想政治教育的保障力量。这样一支庞大的队伍,突破了教育的时空界限,可以实现在不同时空中对大学生进行有针对性的思想政治教育。

2012 年,教育部印发《高等教育专题规划》,其中特别指出要"发挥日常思想政治教育主阵地作用,加强校园文化建设、学生党团组织建设、网络思想政治教育、心理健康教育,帮助学生排忧解难。"这从文件角度规定了高校日常生活思政主阵地的具体工作内容:校园文化建设、学生党团组织、网络思政、心理健

① 张健.改进和加强高等学校马列主义课的试行办法[Z].中国教育年鉴(1949—1981 年).
② 周济.切实推进高校辅导员队伍建设　为加强大学生思想政治教育提供坚强的组织保证——在全国高校辅导员队伍建设工作会议上的报告[R].中华人民共和国教育部教思政(2006)2 号.

康四大块,明确了主阵地的主要工作内容和在高校思想政治工作体系中的定位。

"青年兴则国家兴,青年强则国家强。"①大学时期是世界观、人生观、价值观形成的关键时期,而青年大学生的人生价值观如何,决定了未来社会的价值取向。正如前文所述,随着世界进入百年未有之大变局,国际国内环境的变化,特别是新冠病毒引发肺炎疫情席卷全球以来,国与国之间、人与人之间的关系都发生了前所未有的变化,对青年大学生的人生价值观或多或少都造成了一定程度的影响和冲击,面对世界的深刻复杂变化,纷繁多样的社会现象,各种思潮的相互激荡,大学生在学业、情感、职业选择等多方面都有不同的考量,这些都给当前高校的思想政治教育提出了新的挑战。

高校思想政治教育是一个复杂的系统工程,是以培养人的政治素养和思想品德为目标的社会实践活动,是以促进每一个个体的自由和全面发展为旨归,是多种因素相互联系、相互作用构成的有机整体。作为一个有机整体的工作系统,中心是围绕"人",目标是培养"人",从"人"开始归于"人"。2016 年 12 月,习近平总书记在全国高校思想政治工作会议上指出:"思想政治工作从根本上说是做人的工作,必须围绕学生、关照学生、服务学生。"②而这样一个系统,只有建立起协调、平衡、高效的运行机制,才能获得系统效益,才能取得最佳效果。

正因如此,"做好高校思想政治工作,要因事而化、因时而进、因势而新。要遵循思想政治工作规律,遵循教书育人规律,遵循学生成长规律,不断提高工作能力和水平。"③"三因"论不仅是做好思想政治工作的重要理念,而且也是马克思主义与时俱进的理论品格和科学的思想方法的深刻概括。以习近平总书记关于思想政治工作的重要论述为指引,2021 年 9 月,中共中央办公厅印发的《关于加强新时代马克思主义学院建设的意见》特别指出,要"牢固树立全员、全程、全方位育人理念,建立协同育人机制,实现课程思政与思政课程同向同行、

---

①　习近平.决胜全面建成小康社会 夺取新时代中国特色社会主义伟大胜利——在中国共产党第十九次全国代表大会上的报告[M].北京:人民出版社,2017:70.

②　习近平在全国高校思想政治工作会议上强调:把思想政治工作贯穿教育教学全过程 开创我国高等教育事业发展新局面[N].人民日报,2016 - 12 - 09(01).

③　习近平在全国高校思想政治工作会议上强调:把思想政治工作贯穿教育教学全过程 开创我国高等教育事业发展新局面[N].人民日报,2016 - 12 - 09(01).

日常思政工作与思政课程同频共振"①。

目前,随着思政课程与课程思政的不断推进和改革,整体的课程渠道中的思想政治教育大格局已经定调,并在不断完善之中。而在大学生的日常生活中,依然存在课内与课外两条线,理论与现实两层皮的现象。日常思政作为思想政治教育的主阵地,虽然与思政课程的同频共振的改革已经践行多年,在校园文化建设、学生党团组织、网络思政、心理健康四大块主要内容中也已经形成了相对成熟的思想政治教育机制,但面对新形势、新问题,对标"三全育人"和"十大"育人体系,真正的全员育人还有空白点,思想政治教育工作直接作用到大学生的生活还有一些堵点,这都对日常思政的内涵提出了更丰富的时代需求。

正是在这样的时代大背景下,面对新生代的年轻人,让全体教职员工都成为思政工作者,让思想政治教育之"盐"融入生活之"水",立德树人,在"大思政课"中培养新时代中国特色社会主义的建设者和接班人,是新时代高校思想政治教育的应有之义。对标"三全育人",探索日常思政深度发展的守正创新新内涵——"生活思政",即挖掘大学生日常生活中的生活常理、生活伦理和生活哲理等思政元素,让思想政治教育回归生活,融入生活,在生活中进行,真正打通高校思想政治教育"最后一公里",这是新时代赋予高校思想政治工作者的荣光与使命。

---

① 中共中央办公厅印发《关于加强新时代马克思主义学院建设的意见》[DB/OL].中国政府网,http://www.gov.cn/zhengce/2021-09/21/content_5638584.htm,2021－09－21.

第二章

高校日常思政工作理念新解：生活思政的理论阐释

时代的发展和社会的进步呼唤高校思想政治教育要向人的生活本真之域迈进。马克思说："哲学家们只是用不同的方式解释世界,问题在于改变世界。"①马克思主义哲学作为时代精神的精华,它以实现人的自由全面发展以及改造人的现实生活世界为价值追求,与以前的一切旧哲学划清了界限,从而完成了哲学上的一次伟大革命。以"关注人及人的生活"为主旨的马克思主义,为思想政治教育工作创新提供了理论依据。

作为马克思主义理论的坚定继承者、坚持者和发展者,习近平总书记指出："一种价值观要真正发挥作用,必须融入社会生活,让人们在实践中感知它、领悟它。要注意把我们所提倡的与人们日常生活紧密联系起来,在落细、落小、落实上下功夫。"②这一论断揭示出价值观教育必须回到生活、融入生活、在生活中进行的教育规律。因为"只有这样,才能克服人们在价值观问题上知行脱节的问题"③。马克思主义理论和习近平总书记关于价值观教育的论述为"生活思政"提供了理论前提和实践遵循。

"当今世界正经历百年未有之大变局,我国正处于实现中华民族伟大复兴关键时期"④。时代发展变化要求高校思想政治教育必须守正创新。生活思政是对日常思政理念与方法的创新。它以马克思主义理论和习近平新时代中国特色社会主义思想为指导,运用生活中蕴含的思想政治教育资源,是对日常思

---

① 马克思恩格斯选集:第一卷[M].北京:人民出版社,2012:136.
② 人民日报海外版学习小组.学习关键词[M].北京:人民出版社,2016:57.
③ 教育部课题组.深入学习习近平关于教育的重要论述[M].北京:人民出版社,2019:229.
④ 中共中央宣传部.习近平新时代中国特色社会主义思想学习问答[M].北京:学习出版社,人民出版社,2021:87.

政的拓展、丰富和完善。实践已充分证明，生活思政是对"三全育人"理念和"十大育人"体系的贯彻落实，能有效解决思想政治教育中存在的学生知行脱节问题，对大学生思想政治道德水平的提高有着积极促进作用。

第一节　生活思政的理论依据

马克思是人类伟大的哲学家。他把哲学从天堂拉回人间，将人的感性生活作为自己研究人、社会和人类历史发展规律的起点，实现了哲学的伟大变革。马克思主义哲学根植于人的生活，并将人的自由和全面发展作为理论的价值旨归。马克思关于人的全面发展理论是对人的终极关怀，是生活的意义所在。陶行知是 20 世纪 20 年代中国著名的教育家。他在批判传统教育疏离生活弊端的基础上，提出了生活教育理论。其中，"生活即教育""社会即学校"的理论和实践，彻底改变了教学分离、学做分离的传统教育顽疾，陶行知先生的生活教育提出的"行知合一""教学做合一"，深深影响了中国教育发展。马克思关于生活、人的全面发展理论和陶行知的生活教育理论，为生活思政提供了强有力的理论依据和实践基础。

一、马克思主义相关理论

马克思主义哲学颠覆了传统的形而上学，将人的世界从理念世界拉回了人间。马克思关注人的社会生活状况和人的发展，研究现实社会，解决现实问题。因此，马克思主义哲学对人的理解总是立足于一个个活生生的、现实的感性的人，立足于人的生活，落脚在人的自由而全面的发展。马克思主义相关理论为生活思政教育的开展提供了理论前提。

（一）关于生活的理论

1. 生活是有意识的人的活动

马克思说："动物和自己的生命活动是直接同一的。动物不把自己同自己的生命活动区别开来。它就是自己的生命活动。人则使自己的生命活动本身变成自己的意志和自己意识的对象。他具有有意识的生命活动。"[①]人的生活

---

① 马克思恩格斯选集：第一卷[M].北京：人民出版社，2012：56.

离不开人的意识,无意识则无生活,意识与实现人的对象性活动紧密联系。人与动物不同,动物依靠本能活动,他的活动和本能一致,是本能反应。"人来源于动物,具有动物的本能活动特性,但人又不同于动物。人维持生命的活动并不仅仅停留在动物的本能活动,而是体现在有意识的实践创造活动和有目的的生产劳动上。"①"通过实践创造对象世界,改造无机界,人证明了自己是有意识的类存在物。"②人能够意识到自己要做什么,在做什么,并能够创造出对象世界和合自己目的的世界。人能够有计划、有步骤地自觉克制自己的直接欲望或本能,而动物基本上是随遇随取,动物的行为终止不是因为它的隐忍和克制,而是因为按照它的自然本能不能达到或本能的需要已经满足。

人是一个能够意识到自己存在的存在物,动物缺乏自我意识,它很难意识到它自身的存在。因此,它无法绝对将自己和自然分开,动物可以说生活在混沌状态中。人因为具备自我意识,能够区分身内和身外世界。因此,只有人有实践活动,实践是人的对象性活动,是人的意向性的外化活动。人不仅能认识世界,也能改造世界。动物只能被动地适应自然,它即使能够简单地使用工具,也只是顺应本能需要的自然活动,非意向性或对象性的活动。人能够在实践中反思积累经验,获得知识,再在认识中指导自己的生活实践。这是一个不断反复、不断螺旋上升的发展过程。人的意识是人的社会生活或人的属人概念存在的前提,是人不同于现成自然物的前提,是人的生活不同于其他自然物的生存,从而成为生成性存在的本质标志之一。

2. 生活是有目的人的活动

人在社会生活实践过程中,其行为受到自身活动目的制约。人是有目的的存在物,人的活动有着不同目的层次,人是什么样的,同人的活动及其目的相一致。"人有三种不同类型、不同层次的活动形式,体现出人的不同活动目的和存在状态。自在的本能活动是人的自然合目的性活动,它表现为人的自然生存状态;自为的生产劳动是人的功利性目的活动,它表现为人的社会存在状态;自由的审美游戏是人的超功利性目的活动,它表现为人的文化精神存在状态。审美

---

① 王德军.中国现代化进程中的人与文化[M].北京:人民出版社,2007:17.
② 马克思恩格斯选集:第一卷[M].北京:人民出版社,2012:56.

状态是人活动的终极目的，文化精神存在是人的自我生成和实现状态。"①

　　第一个目的性活动非个体人自身的目的性，是属于人具有的自然本能，第二、第三种目的性活动应该同属于人的社会性活动。第二种目的性活动在阶级社会具有一定程度的必然性或强制性，是人不可摆脱的物质生产劳动，属于异化劳动即非自由劳动。但在未来无阶级社会——自由人联合体的社会，生产劳动又能成为人的自由自觉的劳动，劳动不再成为一种负担，而成为人自由全面发展的手段。第三种更多服从于人的精神自由活动的范畴，是在物质生产保障无忧的情况下，人追求精神自由的产物，在未来社会将成为普遍现象，而在阶级社会只能成为少数人的专享。

　　动物的生存只能符合自己物种的自然目的性，自身缺乏明确的有意识的目的性。动物的活动也有一定的计划性和目的性，但是一切动物的一切计划的行动，都不能在地球上打下自己的意志的印记。动物仅仅利用外部自然界，简单地通过自身的存在，在自然界中引起变化；而人则通过他所作出的改变来使自然界为自己的目的服务，来支配自然界。这里人的目的性实际是一种通过自身创造，使自然界为自己的目的服务，来支配自然界，并达到满足自身需要的预期目标结果的性质。

　　人的目的存在是先于其实践的观念存在物，它建立在已有的实际存在物的基础上，可以是复制也可以是原有存在物创新后的观念存在物，在已有的实践经验基础上去实现这个观念目标，将其对象化为现实存在物。这个观念目标不是完全超越现实、从天而降的，必然有其现实的历史依据。动物就不能有这样的预见性目的。"蜘蛛的活动与织工的活动相似，蜜蜂建筑蜂房的本领使许多建筑师相形见绌。但是，最蹩脚的建筑师从一开始就比最灵巧的蜜蜂高明的地方，是他在蜂箱里建筑蜂房以前，已经在自己的头脑中把它建成了。劳动过程结束时得到的结果，在劳动者的想象中已经观念地存在着。他不仅使自然物质发生形式变化，同时他还在自然物质中实现自己的目的，这个目的是他所知道的，是作为规律决定着他的活动的方式的，他必须使他的意志服从这个目的。"②因此，目的性是人的生活的本质要素之一，是人的生活不同于动物的生

---

① 王德军.人的目的性活动与人的自我生成[J].自然辩证法研究，2007(1)：1.
② 马克思恩格斯文集：第五卷[M].北京：人民出版社，2009：208.

存的前提之一。

3. 生活是社会性人的活动

人首先是一个自然生物,存在自然性。这个意义上的人是自然人,只是一个自然物种名称。而人文学科所谈及和研究的人是超越了自然本能,有独立的自我意识,并能将自己的意识有目的地通过自身与自然进行物质交换而进行对象化活动的社会人。因此,马克思将人的本质归结于人的社会关系,而非像弗洛伊德那样将人的本质归结于人的自然本能。"但是,人的本质不是单个人所固有的抽象物,在其现实性上,它是一切社会关系的总和。"①

人的社会不同于自然群体,人的社会性高于动物的群居本能。动物的群体生活是天然的方式,是一种互生依存的方式。动物的群居不是选择的结果,是动物的本能习性,是一种生理遗传现象,属于生物现象,而不是社会现象。动物的群居性是自然获得的,不需要特殊的学习过程。动物不能进行物质生产,更不能进行高级的精神生活创造。人的社会性不同于这种依据本能自然倾向的群居性生物现象。

人的社会是人类独有的基于生物本能而又超越生物本能的社会现象。人类社会是一种高级的群体生活,它不仅包括物质生产而且有更高级的精神生活。这种物质生产能力和精神生活追求不是靠本能能够自然获得的。人的社会生产需要组织一定的社会生产方式,需要通过教育、学习等社会化过程才能获得,社会化过程实际上就是人类发展自己社会性的过程。

人的社会不同于自然群体,人类社会随着生产力的发展和生产关系的变化,由低级逐渐向高级迈进。人类历史已经经历了原始社会、奴隶社会、封建社会。现今世界上主要存在着两种社会形态:资本主义社会和社会主义社会。按照马克思历史唯物主义观点,资本主义社会必然灭亡,人类最终将进入共产主义社会。动物群居体系和群居结构相对比较固定单一,是一种本能的进化结果,具有被动性。动物无论是群居还是单独活动,都不具有人的社会性和历史性存在特征。

人不能离开自己的社会孤立存在。社会的历史、文化、道德、经济活动决定着一个人的存在状况。"吃、喝、生殖等等,固然也是真正的人的机能。但是,如

---

① 马克思恩格斯选集:第一卷[M].北京:人民出版社,2012:135.

果加以抽象,使这些机能脱离人的其他活动领域并成为最后的和惟一的终极目的,那它们就是动物的机能。"①这里人的其他活动就是人的社会性活动。因此,社会性是人的生活不可或缺的要素,脱离了社会的生活不是人的生活,是一种物化退化,是对社会生活现状畏惧而产生的避世心态,是还未完成的自然主义和人道主义阶段人的异化状态。共产主义社会就是为了消除这些异化矛盾,实现人的真正解放和向社会人的复归。

4. 美好生活是马克思主义者的终极目标

"人不是生来就具有自觉目的性活动特征的。作为个体的人来到这个世界,首先是个有生命的生物有机体,人并不是带着什么自觉目的来到这个世界的,人的降生和死亡以及内部机体的生理活动等都不是人的有目的的选择活动,而是作为自然生命体的本能活动,它服从于自然界的内部规律。"②对一个生命体而言,他的诞生只是物种本能的体现,不是这个生命体自身的选择,生命体来到世间是自然律的体现而不是自由律的体现,自由只有在他成长后超越人的生物性后才能展现。人的自由,往往都是建立在人具有了独立的社会人格和自由精神以后的人的自由,即人超越了人的自然物状态的生长期之后,才能谈及人的自由。人的活动是有目的性的活动,是指这一阶段能够独立生活,并自由主导自己行动的人的活动。人的生活是在一定社会形态中,人的有意识、合目的性的存在方式,既包括人的物质生产和自身生产方式,又包括精神生活创造活动。生活包罗万象,是每个人的存在方式。

生活和生存不同,动物是生存,依靠保全自身的本能而存在,符合自然规律。人是自由的存在体,有利用或超越自然规律的选择权力。人可以选择违背自然的规律行动,自由不是以生物性的功利的成败为特征,自由以人可以选择如何行动为特征,这就是康德所说的道德律。只有这样,才能解释人类社会中存在的自觉地舍己为人、杀身成仁、舍生取义的行为。因为按照动物的生存本能,人只会求生,为了求生或自己的功利可以无所不用其极,怎么会杀身成仁、舍生取义呢? 但具有追求自由本性的人,在异化的社会形态中会沦落为物的生存,丧失自己的自由,放弃自己的选择。在那种以本能保存状态的情况下,人的

---

① 马克思恩格斯选集:第一卷[M].北京:人民出版社,2012:54.
② 王德军.人的目的性活动与人的自我生成[J].自然辩证法研究,2007(1):2.

存在方式只能称为人的生存,是生物性意义上的生存。那样的人是没有独立人格和自由选择的,不能称为人的生活。生活是基于本能生存而高于生存的人的自由活动状态。自由是历史发展着的,在不同的社会形态中人的自由程度存在差异,在异化世界有的人有着极度的自由,有的人完全丧失自由和人的本质,沦为工具。

什么样的生活才是美好的生活呢? 马克思以极大的人类智慧、情感、超越的勇气告知全世界:"代替那存在着阶级和阶级对立的资产阶级旧社会的,将是这样一个联合体,在那里,每个人的自由发展是一切人的自由发展的条件。"①"共产主义是私有财产即人的自我异化的积极的扬弃,因而是通过人并且为了人而对人的本质的真正占有;因此,它是人向自身、向社会的(即人的)人的复归,这种复归是完全的、自觉的,而且保存了以往发展的全部财富的。这种共产主义,作为完成了的自然主义,等于人道主义,而作为完成了的人道主义,等于自然主义,它是人和自然界之间、人和人之间的矛盾的真正解决,是存在和本质、对象化和自我确证、自由和必然、个体和类之间的斗争的真正解决。它是历史之谜的解答,而且知道自己就是这种解答。"②自由而全面发展的生活才是人的美好生活。

终极目标的实现不是一蹴而就的,习近平总书记说"人民对美好生活的向往,就是我们的奋斗目标"③"人民的美好生活,是和平安宁、和谐幸福的生活"④。这是新时代党、国家和人民奋斗的目标。

(二)关于人的全面发展理论

马克思把社会发展分为三个阶段,即人的依赖阶段、物的依赖阶段以及每个人自由而全面发展的自由人联合体阶段。"人的依赖关系(起初完全是自然发生的),是最初的社会形式,……以物的依赖性为基础的人的独立性,是第二大形式,在这种形式下,才形成普遍的社会物质变换、全面的关系、多方面的需求以及全面的能力的体系。"⑤在 1844 年,马克思提出"人以一种全面的方式,

---

① 马克思恩格斯选集:第一卷[M].北京:人民出版社,2012:422.
② 马克思.1844 年经济学哲学手稿[M].北京:人民出版社,2014:78.
③ 习近平谈治国理政:第一卷[M].北京:外文出版社,2014:4.
④ 《总体国家安全观干部读本》编委会.总体国家安全观干部读本[M].北京:人民出版社,2016:62.
⑤ 马克思恩格斯文集:第八卷[M].北京:人民出版社,2009:52.

就是说，作为一个完整的人，占有自己的全面的本质"①。后来在《德意志意识形态》《政治经济学批判大纲》和《资本论》等著作中进一步发展和完善人的全面发展理论。马克思关于人的全面发展理论可以从四个方面进行理解。

1. 人的活动的全面发展

"一个种的全部特性、种的类特性就在于生命活动的性质，而人的类特性恰恰就是自由的有意识的活动。"②劳动活动是人本质力量外化的表现。自由的有意识的人的活动主要是指人的生产劳动，这种劳动可以是物质生产也可以是精神生产。这种活动在阶级社会，还处于不完全自由的阶段。自由活动是意识上有欲求，现实中能够通过个人生产实现，并能完全占有自己的劳动本质的过程。

雇佣劳动的存在就直接异化了人的自由活动，为了满足生存需要，必须去做不是自己意识直接欲求的工作，在生产过程中也不能按照自己的欲求进行控制，必须按照雇方的要求进行生产，生产的结果也不是完全由个人支配，而且生产的东西并不一定是自己直接的需要，人的生产和满足自身需要的目的分离，这就是异化劳动，不是自由生产劳动。处于异化劳动中的人，他的劳动时间、劳动过程不受自己控制，劳动成果不受自己支配，他只能通过自己的异化劳动为他人挣得财富。在为他人造富的过程中，获取仅能保存他继续维持生产能力的生活资料。这种生产活动中的人是痛苦的、不自由的也无法得到全面发展的人。

马克思的人的全面发展理论，在个人劳动方面的表现就是，人可以有意识地自由安排自己的活动，在活动过程中实现欲求满足的快乐，并可以自由地支配和占有自己的生产本质。但是，人的自由的有意识的活动要不断在历史发展过程中去实现，只有到了消灭了阶级、实现了人的自由联合的社会才能达到。社会主义是共产主义的初级阶段，是共产主义社会形成的准备阶段。因此，在这个过程中，应该创造条件逐步实现自由的有意识的人的活动，加强这一活动的理论研究和实践。

---

① 马克思恩格斯文集：第一卷[M].北京：人民出版社，2009：189.
② 马克思恩格斯文集：第一卷[M].北京：人民出版社，2009：162.

2. 人的社会关系的全面发展

马克思把人的本质归结为一切社会关系的总和,在历史中考察人的本质。"个人的全面性不是想象的或设想的全面性,而是他的现实联系和观念联系的全面性。"①在阶级社会或许人还处于物的依赖阶段,在物质生产劳动方面,人还无法充分实现他在社会中的各项关系的全面性。在社会方面,因为阶级的存在,他的地位决定生产关系的不全面、产品分配关系的不全面、管理国家的关系不全面;辛苦的劳作、微薄的收入使他家庭关系不全面,与人交往的关系不全面,等等。因此,必须通过物质生产的极大丰富和社会关系的彻底改变,才能实现马克思主张的人在社会关系和观念关系方面的全面性。"作为人的自由全面发展表现形式的社会关系,其发展要求是,人的社会关系的全面丰富、社会交往的普遍性和人对社会关系的全面占有与共同控制。"②

3. 人的需要的全面满足

"在任何情况下,个人总是'从自己出发的',……由于他们的需要即他们的本性,以及他们求得满足的方式,把他们联系起来(两性关系、交换、分工),所以他们必然要发生相互关系。但由于他们相互间不是作为纯粹的我,而是作为处在生产力和需要的一定发展阶段上的个人而发生交往的,同时由于这种交往又决定着生产和需要,所以正是个人相互间的这种私人的个人的关系、他们作为个人的相互关系,创立了——并且每天都在重新创立着——现存的关系。……由此可以得出结论:一个人的发展取决于和他直接或间接进行交往的其他一切人的发展……"③

个人总是"从自己出发的",马克思点明了人总是从自己的需要出发,而满足自己的需要往往不是一个人能够独立完成的,需要把人与人联系起来。生产和需要又同生产和需要的条件联系起来,即需要的满足要有能够实现生产的条件。比如,飞机没有生产出之前,想做一次空中旅行,就无法满足。一个人的发展取决于和他直接或间接进行交往的其他一切人的发展。因此,人的需要的满足程度体现了一个社会和个人全面发展的程度。社会主义国家应该充分创造

① 马克思恩格斯文集:第八卷[M].北京:人民出版社,2009:172.
② 徐斌.制度建设与人的自由全面发展[M].北京:人民出版社,2012:116.
③ 马克思恩格斯全集:第三卷[M].第一版.北京:人民出版社,1960:514-515.

条件满足人的需要，促进人的全面发展，以此突出制度自身的优越性。

4. 人的个性的全面发展

马克思关于人的全面发展的内涵不是说每个人都达到完人或圣人的状态，也不是说消除了人的差异性，而是说人具备并拥有全面发展的条件和权力。人可以去尝试想要发展的各种能力，不会因外在力量的逼迫去被动地进行学习或生产。"人不是在某一种规定性上再生产自己，而是生产出他的全面性；不是力求停留在某种已经变成的东西上，而是处在变易的绝对运动之中。"①因此，人的自由而全面发展不是人如一个模子刻出来的人，毫无区别。如果真是这样，就不是自由社会了。人仍然有着自己的个性和脾性，有着自己的特长。有人擅长演说，有人擅长雕刻，有人擅长绘画，等等。自由而全面发展，自由指选择的由己性，全面指多样性和某方面发展的彻底性。现代社会应该充分保证人的个性的全面发展。

马克思关于人的全面发展理论为人类一切活动指明了方向和设定了目标。生活思政教育作为培养人、发展人的一项实践活动，也应该自觉围绕这一目标开展活动。

二、陶行知的生活教育理论

陶行知先生是我国伟大的人民教育家。他高举爱国爱民的大旗，高举教育与实业携手的大旗，高举发明创造的大旗，为人民教育事业奉献了一生。他批判地继承中外历史上先进的教育学说，结合我国国情，提出了"生活即教育、社会即学校、教学做合一"的伟大命题，创建了"生活教育"学说。他的教育理论为生活思政奠定了理论与实践基础，为生活思政开展提供了有益的启示。

（一）生活即教育

陶行知先生认为："生活教育是给生活以教育，用生活来教育，为生活向前向上的需要而教育。"②这一定义概括了生活教育的内容、过程和目的都是围绕人的生活展开。"生活教育是一种自然而然的'人命贵于一切''人生超过一切'的教育，是一种自我的直观教育，它有自然人向社会人转化的巨大潜能和不知

---

① 马克思恩格斯文集：第八卷［M］.北京：人民出版社，2009：137.
② 陶行知.陶行知文集［M］.南京：江苏人民出版社，1981：694.

不觉的潜意识,它是泛教育论意义下一切教育的基础。当然不是唯一的基础。"①陶行知对生活教育的定义,对我们开展生活思政工作具有启发意义。他说生活教育是给生活以教育,用生活来教育。这句话把生活和教育的辩证关系展现出来。生活决定教育,但是,教育反过来也会改变生活。给生活以教育,说明教育可以改变生活,并不是对生活无所作为而是有所作为,这样赋予教育独立的意义。但是教育又不能对生活任意作为。教育就是让学生学会生活,学会生活就要以生活为师。因此,生活教育的根在生活。

同样一件事情,不同的人教的效果不同,说明教育是有方法的。方法从何处来,生活中怎么做就怎么学,怎么学就怎么教。生活教育的最终目标是什么,是为生活向前向上的需要。这就点出了生活教育既依据现实生活,也依据我们在外部见到的别人的生活,还点出了生活教育的目标和开放性。生活教育不仅是当下原有的生活改进,还有借鉴外面的生活突破当下落后的生活的意义。生活教育既要立足自己的生活实际,也要放眼看天下。生活教育的思想与生活思政工作目标不谋而合。生活思政也是立足生活,通过生活来开展思政教育。思想政治素质的提升是满足为生活向前向上的需要必备的因素。因此,生活思政在目标上与生活教育是相通相连的。可以说,生活思政是生活教育在新时代的衍生和拓展。

陶行知先生作为杜威的学生,从我国教育实际出发,提出与杜威不同的又相通的教育理念:生活即教育。陶行知的"生活即教育"理论,针对中国教育的实际情况,当时的教育太重书本,不敢碰触现实社会和人的生活,将教育与生活相分离。于是,他将杜威的"教育即生活"的提法"翻了半个筋斗"。这不是字面上的游戏,而是针对中国传统教育读死书、死读书的实际作的理论批判和创造。两种理论字面上相对,但是又可以互相关联。他们都强调生活与教育的一致性,突出生活的教育意义。

陶行知先生的教育内涵针对中国现实,适应了中国国情。陶行知主张"千教万教教人求真,千学万学学做真人"。求真和做人都离不开生活,生活是人的真实的存在方式。因此,教育要回归生活、面向生活,要为人的生活服务,要解决人的生活问题。但是,专制社会人的生活处于苦难之中,莫谈国事、不及现实

---

① 李春芳.生活教育精义[M].徐州:中国矿业大学出版社,2012:2.

是当时社会的普遍情况。教育空洞地堕入心性之中，回避残酷的社会现实，美化统治者的所作所为。陶行知先生从民族生存发展的角度出发，提出生活即教育，是具有极大的勇气的革新举动。因此，"生活即教育"对思想政治教育有着指导作用，空洞的教育不能唤起人的生活同感，教育就会失效。

生活思政工作抓住了教育的本质，立足生活，在生活中教育。生活思政作为思想政治教育创新的思路与陶行知先生这种批判和改造传统教育的精神是一脉相承的。生活思政正是基于对现有思政教育在贯彻过程中的不足而提出的。生活思政也是在针对大学生中出现的知行脱节、随大流、做老好人等与社会主义核心价值观的要求相违背的现象而提出的。就此而言，"生活即教育"的批判精神和生活思政的时代创新精神并行不悖。

（二）社会即学校

"社会即学校"这一原则要把教育从鸟笼里解放出来，是陶行知先生相对于"生活即教育"的又一教育理论创造。学校的教材远离生活，要人们两耳不闻窗外事，一心只读圣贤书。把学生拘束在人设的所谓象牙塔之中，不让学生接触生活，接触社会，甚至把社会贫民矮化为庸众。"万般皆下品，唯有读书高"的灌输让知识分子脱离群众、脱离社会。陶行知面对旧教育的这种弊端，认为承袭传统的教育无法改变当时中国现状，于是提出"社会即学校"的主张。让学生走出学校，到田间地头向农民学习农业生产，将教育与社会紧密结合起来。

将学校、社会、自然等微观环境与宏观环境有益结合，将一切场所均变为可以学习的地方。"工厂、农村、店铺、家庭戏台、茶馆、军营、学校、庙宇、监牢、客堂、灶披、晒台、亭子、坟墓等"[①]，均可作为课堂，农民、蚕妇、木匠、裁缝等七十二行之人都可以作为老师，教人以知识、授人以技能。"这种学校是以青天为顶，大地为底，二十八宿为围墙，人人都是先生都是学生都是同学"[②]。这大大拓展了学习的空间范围，丰富了学习的内容，拓展了教育的途径。

陶行知先生"社会即学校"的理论是站在批判传统学校教育弊端的基础上形成的，仍具有现实意义。生活思政工作与"社会即学校"的主张有相合之处，让思政教育从社会中来，到社会中去，在社会中发现问题，在社会中学习并在社

---

① 华中师范学院教育科学研究所.陶行知全集：第3卷[M].长沙：湖南教育出版社，1985：63.

② 华中师范学院教育科学研究所.陶行知全集：第2卷[M].长沙：湖南教育出版社，1985：721-722.

会中解决问题。"社会即学校"也是生活思政工作的一种方式。

(三)教学做合一

"'教学做合一'是生活法亦即教育法。为要避免瞎做、瞎学、瞎教,所以提出在'劳力上劳心'以期理论与实践之统一。"①"教学做合一"是陶行知先生生活教育思想的方法论,是教学和实践不能脱离的核心原则。陶行知先生对传统教育中的教学分离的做法深恶痛绝,认为这样的教育只能出现教书死、死教书的糊涂先生和读书死、死读书的书呆子。陶行知将传统的教授法改为教学法,把传统重教轻学和教学脱离的问题解决,后来在实践中进一步完善,提出了"教学做合一"的方法。

陶行知于1931年在《教学做合一下之教科书》中指出:"教的方法根据学的方法,学的方法根据做的方法。事怎样做便怎样学,怎样学便怎样教。教与学都以做为中心。"②教和学都要以如何做为中心,教学是知的过程,做是行的过程,在生活中要做到行知合一。在思想道德修养方面,陶行知非常强调行的重要性。他认为旧教育的弊端之一就是修身理论脱离实际,思想与行为不一致,形成学生"嘴上讲道德,耳朵听道德,而所行所为却不能合乎道德的标准,无形无影当中,把道德与行为分而为二"。③

陶行知先生"教学做合一"方法是现代教育不可或缺的三个环节。缺少任何一个,都失去教育围绕人、围绕生活的本质。陶行知将教育中心落在做上,就是教育要面对现实,要落实到行动上,要看教师和学生做得怎么样。有行动、有效果,才是教育有效的本质。陶行知"教学做合一"的思想与生活思政的教育方法相通。生活思政也是要在"教学做合一"的原则下,完整地实现思政教育的各项目标。在课堂上给予学生大量的思想政治方面的知识,而生活中缺乏学生的践行印证,就是思政教育的半拉子工程,教育的链条在实践环节脱链了。生活思政既补牢了实践环节,同时,也抓好教学环节,使思政教育在"教学做"上完成合一。当然,离真正实现"教学做"的目标还任重道远。因为"教学做合一"不是教育单独这一社会职能所能完成的,它还有赖于深化改革、社会进步,才能最

---

① 陶行知.陶行知文集[M].南京:江苏人民出版社,1981:694.

② 陶行知.陶行知全集:第2卷[M].成都:四川教育出版社,1991:650.

③ 陶行知.陶行知全集:第1卷[M].成都:四川教育出版社,1991:31.

终实现。

第二节 生活思政概论

对生活思政的理论研究，首先应破解"生活思政是什么""生活思政有何鲜明特征"等基本元命题。其中，对生活思政内涵的科学界定是理论建构的逻辑起点。

一、生活思政的内涵界定

（一）高校生活思政的内涵

高校生活思政是以马克思列宁主义、毛泽东思想、邓小平理论、"三个代表"重要思想、科学发展观和习近平新时代中国特色社会主义思想为指导，以"立德树人"为中心环节，遵循高校思想政治工作规律，聚焦实现全员全过程全方位育人，以挖掘大学生日常生活中的生活常理、生活伦理和生活哲理等思政元素，通过大学生现实生活和环境观感，在校园内所有"教育场"开展的日常思想政治教育活动。

高校生活思政旨在创新日常思政教育理念，丰富日常思想政治教育内涵和拓展日常思想政治教育外延，有效实现思想政治教育的时代性、主体性、针对性和实效性，提升大学生的思想政治素养和综合道德能力，促进大学生全面发展和可持续发展。

就理念创新而言，高校生活思政丰富了高校思想政治教育工作内涵，增强了高校思想政治教育的亲和力和生命力，是一项旨在构建并能真正实现全员、全程、全方位育人工作格局的教育理念创新。就具体内容而言，高校生活思政主要是由高校后勤服务部门和行政教辅部门的师生员工在校内参与并开展的思想政治教育理论与实践活动，更体现在大学生自身在思想政治教育理论学习和实践活动中内化于心、外化于行的所有环节。就方法论而言，高校生活思政既通过挖掘日常生活中的生活常理、社会生活中的生活伦理、精神生活中的生活哲理等不同层级和类型的思政元素，体现在显性的思想政治教育中，又通过大学生的现实生活和环境观感，体现在所有"教育场"的隐性思想政治教育中。

就价值论而言,高校生活思政更加强调思想政治教育应当面向"真实的人"和"具体的人"全面展开,有力彰显了高校思想政治教育"以人为本"的价值追求。

1. 拓宽了育人内容

生活思政挖掘生活中蕴含的思想政治教育资源,把思想政治教育融入生活的广阔天地之中,发挥生活的思想政治教育功能,在生活中进行思想政治教育。生活思政着重强调生活与思想政治教育之间的血脉相连关系,它以实现人的美好生活与全面发展为价值追求。在生活思政中,生活主要是指学生的校内日常生活。在校园生活中,学生除参加课堂生活外,还拥有广阔的日常生活。这些日常生活主要包括食堂生活、宿舍生活、科研生活、体艺生活、自习生活等。它无处不在、无时不有,与学生发生密切关联,并在潜移默化中影响、塑造着学生的世界观、人生观和价值观。由于日常生活具有内容上的广泛性以及时空上的延伸性,因此,生活思政大大拓宽了育人内容,延伸了育人时空,体现出处处育人、时时育人的鲜明特点和巨大优越性。

2. 扩大了育人主体

现有的日常思政的工作主体主要是辅导员、班主任、心理咨询师等学生管理人员。其中,辅导员是做好大学生日常思政教育和管理的骨干队伍,他们是组织者、实施者和指导者。辅导员、班主任、心理咨询师围绕大学生在学习生活中的实际问题从不同角度开展日常思政工作,并具体实施各项工作部署,指导学生开展各种教育活动。生活思政在此基础上扩大育人主体。由辅导员、班主任、心理咨询师等学生管理人员扩展到包括学校行政管理部门、后勤服务公司以及大学生自身等。具体来说,如一些行政干部、教辅人员、图书管理员、宿管人员、食堂人员、保安、清洁工、大学生等。他们以"行为"影响着学生,是最能在生活中影响学生思想的人。虽处于不同工作岗位,但都承担着育人职责,也是育人主体。生活思政容纳庞大的育人队伍,形成彼此协同、目标一致的育人主体。

3. 强化了主阵地作用

日常思政是思想政治教育的主阵地。2006年4月,教育部部长周济在《切实推进高校辅导员队伍建设 为加强大学生思想政治教育提供坚强的组织保证》的报告中指出,"大学生思想政治教育包括思想政治理论教育和日常思想政治教育两个重要的方面，一个是主渠道，一个是主阵地，二者相互依存、互为补充，主阵地要积极配合主渠道，共同做好大学生思想政治教育"[①]。日常思政的"主阵地地位"被明确，并一直沿用至今。

生活思政作为日常思政实现的有效途径，将思想政治教育渗透于学生日常生活之中，主要在课外对学生进行潜移默化的熏陶，既是对思政课程在时空范围上的延伸，也是对思政课程在生活中的深化、巩固和践行。生活思政的开发与实施，极大拓展了思想政治教育的途径和渠道，有效整合了育人的力量与资源，极大延伸了思想政治教育的时空范围，巩固了日常思政的主阵地作用，有力促进了思想政治教育效果的提升。

4. 稳固了育人重心

思政课程和课程思政都以课堂教学为阵地，教师以向学生传授思想观念、政治观点和道德规范等理论知识为主要目标，强调的是理性认知在学生思想政治素质形成中的主导地位，通过训练学生的思维活动来提高他们的认知水平，注重的是"知道"。就此而言，思政课程和课程思政主要是通过课堂主渠道作用于学生"知"的层面，强调教师对学生政治引领、价值引导的重要作用。

生活思政则发生在课堂之外的广阔天地里，更多的是通过学生的真实生活体验作用于"行"的层面，强调情感在学生思想政治素质形成中的核心地位。学生通过亲身参与、体验和践行来深化认识、陶冶情感、磨炼意志、坚定信念、养成行为，注重的是"体道""悟道"和"践道"，在实践活动中提高自身行为能力。生活思政突出学生主体地位，强调学生自主建构，将育人重心稳固在现实生活中。

5. 开辟了育人新路径

思政课程是以课堂为阵地，通过课堂教学对学生进行有组织、有计划、有系统的思想政治教育。各高校按照教育部相关文件，成立专门的思想政治教育工作机构，配备一定数量的专兼职思政课教师，落实课程学分，保障思政课达到规定教学时数。教师使用由马克思主义理论研究和建设工程所编写的全国统一教材。随着互联网时代的发展以及新时代大学生网络原住民的特点，高校思想政治教育还积极利用现代网络技术，推动思政课课堂教学改革，把思政课建设

---

① 周济.切实推进高校辅导员队伍建设 为加强大学生思想政治教育提供坚强的组织保证——在全国高校辅导员队伍建设工作会议上的报告[R].中华人民共和国教育部教思政(2006)2号.

变成大学生真心喜爱、终身受益的"金课"。

课程思政则主要通过学科教师(包括公共基础课教师和专业课教师)、课程教学来实现隐性思想政治教育。其中,学科教师是关键。在当前,育时代新人是教师的基本职责。对学科教师而言,要争做"四有好老师",在传授专业知识的同时,还要对学生进行正确的价值引领,当好学生"四个引路人"。正如习近平总书记在全国高校思想政治工作会议上所说:"教师做的是传播知识、传播思想、传播真理的工作,是塑造灵魂、塑造生命、塑造人的工作。教师不能只做传授书本知识的教书匠,而要成为塑造学生品格、品行、品味的'大先生'。"①

日常思政的实现路径则较为多样。根据 2012 年教育部印发的《高等教育专题规划》规定:"发挥日常思想政治教育主阵地作用,加强校园文化建设、学生党团组织建设、网络思想政治教育、心理健康教育,帮助学生排忧解难。"据此,日常思政的实现路径主要有校园文化、党团组织、网络思政和心理健康教育。生活思政作为日常思政的实现方式,在原有基础上开辟了育人新路径。主要有如下几点:一是学生日常生活。主要包括干净整洁温馨舒适的学生宿舍、清洁卫生文明安全的学生食堂、安静有序学习氛围浓厚的学生图书馆等。一般来说,这些净化的、美化的、优化的日常生活空间会对学生产生"润物细无声"的影响。二是校内实践活动。实践性是生活思政的根本性特征。生活思政离不开实践活动。学校要组织一些丰富多彩的校内实践活动,为学生提供在"做中学"的种种条件和机会。在活动中深化认识、丰富情感、坚定意志,实现知行合一。

(二)生活思政与相关概念辨析

为防止对生活思政的误读、误解,准确把握生活思政的内涵,还需要对以下几组相近概念予以辨析。

1. 生活思政与思想政治教育生活化

学术界对思想政治教育生活化(或生活化的思想政治教育)的研究至今已有 10 多年。学者们主要从以下两个视角提出了一些有代表性的观点:

第一,把人及人的生活作为思想政治教育的根本,强调生活的奠基作用。

李焕明认为:"思想政治教育生活化是思想政治教育对人的生活世界的回

---

① 习近平在全国高校思想政治工作会议上强调:把思想政治工作贯穿教育教学全过程 开创我国高等教育事业发展新局面[N].人民日报,2016 - 12 - 09(1).

归,是向马克思主义'人本论'和'生活观'的回归,是对生活世界的主体参与。"①胡凯则提出:"思想政治教育生活化,就是要把思想政治教育真正奠基于生活的基石之上,以生活为基点来考察和描述思想政治教育的方方面面,让思想政治教育紧密围绕生活、在生活中、结合生活、通过生活来进行,最终实现或达到预期的教育效果,从根本上克服思想政治教育由于脱离生活而带来的弊病。"②以上两种界定都强调了人及人的生活是思想政治教育的根本、基石。

第二,把思想政治教育生活化作为一种教育模式或教育途径。

尚丽娟把思想政治教育生活化作为一种教育模式来界定。她认为:"所谓思想政治教育生活化,是指思想政治教育要立足于生活世界,在生活中找依托、以人为主体、以生活为中心、以教育为导向的教育模式。"③同时,也有学者把思想政治教育生活化视为一种教育途径。张国启说:"思想政治教育生活化,要以现实生活为中心,遵循现实性与理想性相统一的原则,是一种关注人的生活世界、关心人的生活体验、引导人的生活实践的思想政治教育路径。"④无论是作为教育模式还是教育途径,思想政治教育生活化都以生活为中心。

综观以上观点发现,思想政治教育生活化强调以生活为基点,强调思想政治教育要回归生活,融入生活,在生活中进行。而这里的生活是指学生整体的生活,是指学生生活的方方面面。而生活思政则是挖掘大学生日常生活中的生活常理、生活伦理和生活哲理等思政元素,通过大学生现实生活和环境观感,体现在校园内所有"教育场"的思想政治教育活动。一方面,生活思政要求思想政治教育生活化,回归生活、联系生活,在生活中进行;另一方面,生活思政还要求利用生活中的生活常理、生活伦理和生活哲理等思政元素来进行思想政治教育。显然,两者不是同一概念,不能混用。详见图2-1所示。

---

① 李焕明.思想政治教育生活化[J].山东师范大学学报(人文社会科学版),2004(3):115.
② 胡凯.思想政治教育生活化研究[D].上海:复旦大学,2007:13.
③ 尚丽娟.思想政治教育应生活化[J].思想政治工作研究,2005(10):24.
④ 张国启.论思想政治教育生活化的发展向度[J].思想理论教育,2009(07):28.

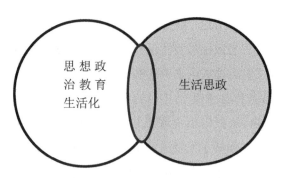

图 2-1　思想政治教育生活化与生活思政的关系

2. 生活思政与生活德育(或德育回归生活)

国内学术界关于生活德育的研究始于 1997 年,至今已历经 20 多年。在生活德育领域,已取得了丰硕的研究成果。关于生活德育的概念界定主要有以下观点:

第一,从生活与德育、道德之关系来界定生活德育内涵。这种定义较为普遍。

生活德育论的倡导者高德胜认为:"生活德育是整体性、社会性、实践性、真实性、有效性的德育,它是以人的生活经验为起点,以生活世界为坚实依托在生活中展开,并最终回到生活的德育。"①他把生活作为生活德育的起点、过程和目标。与之相似,成尚荣认为:"生活德育就是给生活以道德教育,用生活来进行道德教育,为生活向前向上的需要而进行道德教育。"②这一概念揭示了生活与德育之间的内在关联。还有学者从生活与道德之关系去定义。唐汉卫认为:"生活德育就是要让学生在热爱生活、了解生活、亲自去生活的过程中培养德性,学会过一种道德的生活,而不是在现实生活之外的另外一个世界里去培养人的道德。"③

第二,把生活德育视为一种在生活场景中开展的教育活动。

张忠华等人提出:"生活德育就是指有目的、有计划、有组织地通过利用和

①　高德胜.学校德育范式的转换[J].教育研究与实验,2004(1).
②　成尚荣.生活德育的坚守与困境的摆脱[J].中国德育,2012(19).
③　唐汉卫.生活道德教育论[M].北京:教育科学出版社,2005:126.

创设有价值的生活场景，以直接影响人的德性发展的教育活动。"①从上述定义中不难发现，生活德育，简言之，就是围绕生活而进行的道德教育。生活既是生活德育的起点，也是生活德育的过程，更是生活德育的追求目标。生活德育中的德育，是指通常意义上的思想政治教育。

　　生活思政与生活德育两者十分相近。生活思政特指通过学生日常生活开展的思想政治教育。显然，生活德育的内涵比生活思政更为丰富，外延更为广大。两者是包含与被包含的关系，不能相互等同。详见图 2 - 2 所示。

图 2 - 2　生活思政与生活德育的关系

（三）高校生活思政提出的意义

　　高校生活思政的提出具有重要的理论意义和实践意义。从理论层面来看，它是新时代高校思想政治教育理论创新的突破口。生活思政是高校思想政治教育理论研究的一个空白点和盲点。因此，对生活思政相关理论问题展开研究，不仅可以大大丰富高校思想政治教育理论研究成果，也可以为今后深入开展生活思政研究奠定坚实的基础。

　　从实践层面来看，生活思政的提出，使被传统思想政治教育遗忘了的生活重回人们视野，即从遗忘生活到重视生活，从工作视角上使得非传统意义上的高校思政工作者，即高校广大行政管理和后勤服务人员全面纳入高校思想政治工作体系，提升相关教职员工思想政治工作的意识，并将价值工具和理性工具自觉结合起来，逐渐形成参与大学生思想政治教育的能动和自觉，真正补齐了

---

① 张忠华，李明睿.生活德育：我们研究了什么[J].现代大学教育，2009(4)：33.

育人短板,拓宽了育人渠道,丰富了育人载体,凝聚了育人力量,创新了育人方法,提升了育人价值。

二、生活思政的基本特征

生活思政将思政教育融入日常生活,以隐性教育为主要教育方式。隐性教育是让受教者在不知不觉中接受生活中蕴含的社会主义核心价值观,感受国家治理的高效、人民生活的幸福和社会制度的优越。生活思政具有以下基本特性:

(一)日常性

生活思政的日常性是指把思想政治教育融入学生日常生活,使学生耳之所听、目之所触、身之所感、心之所想都与思想政治教育紧密结合起来,使学生既成为思政教育的接受者,又是思政教育的活教材,二者互相促进形成良性循环。生活思政的日常性表现在以下三个方面:

1. 施教者的日常性

教育者不再仅仅是具体的课程老师,而是包括在校园课外生活中与学生接触的行政管理干部、教辅人员、后勤员工、学生自身等施教者。其中,学生既是生活思政的接受者,也是生活思政的施教者。学生在不同区域都会和施教者接触,在行政区会遇到行政干部,在学院会遇到教辅人员,在学生社区会遇到后勤人员,在寝室会和同学在一起。教育主体无时不在,无处不在,施教方式不需固定教室和设施设备。机动灵活、面对面的服务和教育,直接拉近师生距离,充分体现了生活思政在施教方面的日常性。

2. 内容的日常性

生活思政教育的内容不仅限于书籍和教师所教授的内容。校园内一人、一物、一景无不蕴含着思想政治教育内容,社会主义核心价值观的宣传标语、横幅、喷绘是教材,人民英雄的雕塑是教材,园林景观中蕴含的传统文化和美学理念是教材,过往人群的积极向上的精神面貌是教材,人与人交往的礼貌用语是教材,校史馆、图书馆、陈列室等也都是教育的内容。教材内容多样化、日常化,将外环境教材化,使得生活思政内容体现出日常性。

3. 受教者的日常性

生活思政教育对象突破课程教育的对象固定、受众小的局限性。生活思政教育面对的受众是全体学生。只要你在校园生活之中，无论你是哪个学院、哪个班级的学生，也无论你学的是文科还是理工科，无论你是在课上还是在课下，作为受教者都可以在生活思政的教育情境中获得平等教育。学生在校园中无时不受教，无处不可学，显示出受教者的日常性。

（二）系统性

生活思政是教育理念的提升和方法的改变，思想政治教育的目的和本质没有改变。生活思政也是有重点、有层次的系统安排。生活思政是在校级层面由学校党委总揽全局、统筹进行顶层目标设计和提出培养要求；在学校职能部门层面，各职能部门协调配合具体实施；在学院和后勤层面，由各二级学院教辅人员、后勤人员及全体学生共同参与的系统教育工程。

根据人才培养要求，结合学生思想政治素养实际，有目的、有计划、有系统地设置教育内容。比如要强化学生爱国主义教育，在校园景观中可设置英雄雕像、爱国人士雕塑群等。在社区小舞台可组织学生观看有关爱国主义的话剧，举行爱国歌曲演唱比赛等。生活思政教育可利用固定自然景观环境，也可搭建人造景观进行针对性教育。自然景观蕴含着自然中自由、自在的观念，人造景观中蕴含着历史和时代的价值观念。根据教育需要，对校园景观进行合理修建、改造，让学生在其中受到熏陶和教育。因此，生活思政不是无所作为的价值被动反射，而是大有作为需要系统安排和组织实施的价值直射。

根据教育和时代的需要，针对学生中存在的问题，教育者必须每学年分阶段有变化地完成生活教育的内容设置，可以通过改造学生生活环境进行价值教育。环境改造既可以是对硬件环境的改造，也可以是对软件环境的改造。随着物质条件的提升，学生宿舍每年都进行维修和改造。那么，这些维修和改造在保持方便实用的同时，要融入美学教育、德育元素。要使环境设计符合人对美的追求。优美的环境可以净化人的心灵，实现对受教者主观世界的改造。软环境改善主要是提升服务人员素质，举止文明。学生面对后勤人员热情、大方、文明的服务，就能受到这种高素质服务的影响，从而改变自己急躁、粗鲁等不文明的举止。

这些环境改造和人的素质提升都不是自发存在的，生活思政有自身的教育计划和培养目标，对教育过程进行系统的安排。根据学生道德品质发展状况，每年提前规划,系统实施教育。无论从师资配备、内容设置、考核评价等都经过系统组织,体现出生活思政的系统性。

(三)潜隐性

生活思政教育融合在生活之中,通过生活交往实现思想政治教育。因此,潜隐性是生活思政的最大特征和优势。潜隐性教育的难度最大,也最有效,即让受教者在不知不觉中接受教育。习近平总书记在全国高校思想政治工作会议上指出,要"提升思想政治教育亲和力和针对性,满足学生成长发展需求和期待"。其中,亲和力就蕴含着教育者要有"踏雪无痕、育人无声"的渗入功夫。生活思政是细致浩大的教育工程,每一步行动都是人和社会生活知行合一的实践,是走向人与价值统一的过程,是用人类取得的成果来教育和引导人的思想改变的过程。把教育和生活融合,真正达到了陶行知先生所提出的"生活即教育"的理想境界。为什么说潜隐性教育要比直接的课堂灌输显性教育要好?因为潜隐性教育更多的是一种行动教育,不是课堂的口头教育。

例如,浙江省高校师生一站式服务大厅的全面推行,就蕴含着"以生为本"办学理念的思想价值。这个"以生为本"的感受感知,不是来自教师在课堂上的反复说教,而是通过在大厅内不出门就可以实现涉及学生所有事务的办理,高效、方便是学生的亲身感受和体验,说教的空洞效果和这种自身体验的效果无法相比。当前高校推出"最多跑一次"服务活动,就蕴含着从管理型到服务型职能转变的理念价值,学生在办事时体验了"最多跑一次"的方便快捷,感受到服务的为他性。这些通过生活进行理念和价值的传播与教育,就是生活思政存在和其潜隐性教育的最好案例。

(四)开放性

生活思政教育不是封闭式教育,而是具有开放性的品质的教育,是理论自信的具体表现。生活思政无论是教育形式还是教育内容都是开放的。生活思政以马克思主义理论为主导,吸收中外优秀文化,有着兼容并包的开放品性。实践已经证明,关起门来搞封闭教育,缺乏国际视野、交流互鉴,既是信心不足的表现,也失去了向优秀学习的机会,是不能走远、不能长久的。因此,不敢展示于人,不敢接受实践检验的教育是非马克思主义的思想政治教育。这种缺乏开放性的教育违背人的自由发展理念,与马克思主义指导下的生活思政教育不相容，必然不会成功。

生活思政教育的开放性相比其他几种思想政治教育方式，更为彻底。论述生活思政的开放性，不是否定其他方式的开放性。其他几种教育方式也具有开放性，只是开放的程度和彻底性不同。生活思政面向所有学生开放，生活思政涵盖的人、事、物、景以及施教者都是全开放的。因此，生活思政在完全开放的场域下实施，只要身在其中，就会受到潜在的教育、熏陶和感染。

开放性也是实施生活思政教育的意义所在，在课堂上进行思政教育缺乏生活思政所具有的广度和效度。生活思政因其常态性、开放性与生活的契合度，适应教育服务生活的本质，是思想政治教育改革创新的方向。"杜威肯定各种教学的道德教育价值，但却坚决否定专门修身课的道德教育效用，认为这种课不具备与社会生活、与有着个体主动参与的活动相联系的特点。"[①]生活思政的开放性和实践性，可以化解杜威认为的道德教育弊端。

（五）实践性

脱离实践的理论就是空谈。实践既是检验一切教育效果的方法，也是教育目的归宿。从某种意义上说，生活思政是对课堂思政实践环节不足的矫正。注重实践，是生活思政与其他思政教育的重要区别之一。

生活思政不是静态教育，而是动态的实践教育。不仅体现在生活思政的施教者是实践的，同时受教者也是实践的，包括内容也是实践的。说内容是实践的是说生活思政的内容是活的而不是现成的，是在教育过程中生成的而不是拿在手里的纸质教材，是鲜活的活动过程。一切教育的最终目的，就是在实践中检验并取得实际效果，以达到发展人的目的。生活思政教育就是给每个人提供学习和实践的机会，实现了做中学、学中做的完整教育链。学而不做为空学，做而不学为盲做。中华传统文化讲究知行合一，荀子说"知之不若行之"[②]，揭示出知识来源于实践并回归实践的本质。

实践性是生活思政的鲜明特征。生活思政坚持用实践教育人、培养人。施教者通过自己的服务育人是实践，生活思政的目标转化为生活环境的改造是实践，生活思政中的"教—学—做"整个过程是实践，学生学习成效在生活中的展

---

① 沈壮海.思想政治教育有效性研究[M].武汉：武汉大学出版社，2008：50.
② 荀子.荀子[M].沈阳：万卷出版公司，2009：105.

现也是实践。比如：学生必须用自身行动来表现自己的品质，而不是根据口头言语来评判；必须用自身行动去影响人、教育人和感染人，而不是背诵教材中的德育条目。

第三节　回归生活世界的思想政治教育

"全部人类历史的第一个前提无疑是有生命的个人的存在。"①"意识在任何时候都只能是被意识到了的存在，而人们的存在就是他们的现实生活过程。"②生活是人自我展开的起点，生活的底线内涵首先就是活着，就是个人的存在。"生活世界是一个始终在先被给予的、始终在先存在着的有效世界，但这种有效不是出于某个意图、某个课题，不是根据某个普遍的目的。每个目的都以生活世界为前提，就连那种企图在科学真实性中认识生活世界的普遍目的也以生活世界为前提。"③在活着的前提下，才能回答"人为何活着，人如何活着，人活着有何意义"。活着是人类一切问题存在和得以回答的前提。就此而言，思想政治教育作为提升和发展人的道德品质、维护社会稳定和谐、促进国家发展进步的一种手段，就必须与人的生活紧密结合起来。要与生活结合起来，就必须研究人所处的社会和人的实际状况，以及人的思想政治教育能够开展的前提。

思想政治教育得以开展的前提之一是人的本质是后天形成的，不是先天生成的。如果是先天生成的，就难以改变，那么，教育就无法开展。马克思提出了人的本质"在其现实性上，它是一切社会关系的总和"④的著名论断。马克思终结了历史上关于人的本质的抽象规定，将人的本质规定在人的历史性、现实性、社会性之中。也就是将人的本质与人的现实生活紧密关联起来，人的本质不在人的生活之外，而在人的生活之中。人的本质"是一切社会关系的总和"的论述，说明对于人的本质的生成，教育是可以施加影响的，也说明人的本质是历史变化的。既然社会是历史变化的，那么，思想政治教育就可以参与到人的本质的生成和社会关系变化过程中去，也就是参与到人的生活中去。马克思说："不

① 马克思恩格斯选集：第一卷[M].北京：人民出版社，2012：146.
② 马克思恩格斯选集：第一卷[M].北京：人民出版社，2012：152.
③ 倪梁康.现象学及其效应[M].北京：生活·读书·新知三联书店，1994：131.
④ 马克思恩格斯选集：第一卷[M].北京：人民出版社，2012：135.

是意识决定生活，而是生活决定意识。"①

那么，为什么人的生活需要思想政治教育呢？关于人所处的生活的存在状态，"恩格斯提出了需求的'生存、享受、发展'三层次理论，其中，第一个层次属于生存型需求，后两个层次属于发展型需求"②。生存需求的满足是人存在的基础，人的生活意义不仅仅在于生存需求的满足，重点在于发展型需求，这一需求满足人的个性发展和幸福自由的存在意义。人的生活的提升是一个历史过程，由低级向高级发展的过程。那么，在生活过程中，人都想追求享受和发展的高层次，但是，现有的社会生产力发展水平无法满足所有人的高层次生活要求。人的需求的满足和社会生产力发展不平衡之间的矛盾，导致人与人之间产生了矛盾。现实中，有的人可能会通过损人利己的手段来达到自己生活享受的目的，如何制约这种损人利己的行为？善恶观念、道德思想随着这种抑制他人非人损人利己的社会需要而产生。古人说："君子爱财，取之有道。"③此道就是人之道，就是要在取财时不要损人的道德之道。道德何来？道德不是天生的道德，而是来源于现实缺乏道德的产生的现实矛盾。因此，中国古代传说圣人立德教化民众，逐渐使人从精神领域的野蛮走向文明。人类生活的历史事实告诉人们，人的社会和生活是需要思想道德教育的，思想政治教育是人走向文明的有效途径。

思想政治教育是人的生活和社会所需要的。那么，什么样的思想政治教育可以最大化地实现人的发展需要？人不是静态存在的，人的需要和社会关系是动态发展变化的，而这一发展变化需要思想政治教育的引导。思想政治教育在不同国家、不同制度下的要求和目标是不一样的，那么，对在社会主义制度下应该选择什么样的思想政治教育，思想政治教育的目标是什么，这些问题都必须作出科学回答。

社会主义制度作为对资本主义社会存在的矛盾和人的异化状况的否定和超越，是现存世界在理论上最为先进的一种制度，是一种全新的需要人类去不断实践完善的制度，这个制度的立足点就是消灭生活中人对人的剥削和消除人

① 马克思恩格斯选集：第一卷[M].北京：人民出版社，2012：152.
② 布和朝鲁.富民论[M].北京：人民出版社，2013：3.
③ 朱用纯.朱子家训·增广贤文[M].赵萍主编.长春：吉林大学出版社，2010：21.

的异化状况,实现人在生活中的自由而全面的发展。因此,当前的思想政治教育就是坚定共产主义远大理想和中国特色社会主义共同理想,是在中国共产党的领导下进行社会主义道路、制度、理论、文化、政治、道德、品德的思想政治教育。

以上简要概括了思想政治教育得以实施的前提,教育可以介入人的生活和人的本质生成过程,思想道德来源于社会和人的生活需要,社会主义制度下的人的生活需要党领导下的思想政治教育。高校思想政治教育在新中国成立后对学生的政治、思想、品德教育发挥了不可替代的作用。但不可否认的是,当前高校思想政治教育在实践中还需要完善,尤其在与学生实际生活结合方面,只有融入生活才能满足新时代思想政治教育的使命。

当前,高校思想政治教育的目标实现方式,主要依靠思政课程、日常思政、和课程思政组成的"三维"模式组织实施。这"三维"模式经过多年发展,日趋成熟,在学生政治、道德、品德等方面的发展发挥了其他课程不可替代的作用。"三维"教育虽然有其积极意义,但在某些方面也存在明显不足。比如,教育的范围与生活这一广阔而丰富的区域不匹配,"三维"教育更多是做内化于心的工作,而在外化于行的教育和监管上存在短板,导致大学生知行脱节问题产生,使思想政治教育效果难尽人意。生活思政正是在对思想政治教育中学生知行脱节、内化于心有余、外化于行不足等情况以及在"三全教育"体系下人员不全、过程不全、方位不全等问题的解决中应运而生。

思想政治教育回归到生活的广阔天地中,在生活中生根、生长,更有利于实现教育的目的——促进、提升、改善人的生活,实现人的自由全面发展。因此,高校思想政治教育回归生活是由思想政治教育的政治、道德、个人品质教育的目标决定的,是教育目标实现的必然要求。

一、生活与思想政治教育之关系

(一)对生活的理解

1. 生活的丰富性

社会千变万化,生活丰富多样。人的存在就是人的生存或生活过程,评价生活的标准不同,对生活的认识不同,生活的形态以及对待生活的态度不同,人生活存在的方式也就千差万别。何谓人应该过的生活？这是一个实践的问题，不完全是一个自然规律的问题，生活无法求得形式的完全统一。不同社会，不同时代，哲人们给出的生活内涵也不一样。

从现有社会形态看：从内容上分，生活有政治生活、经济生活、体育文化生活、科技生活、文艺娱乐生活等；从信仰角度，可分为宗教生活和世俗生活；从大众角度，可分为大众生活、团体组织生活、家庭生活、个人生活等；从隐私角度看，又可以分为公共生活和私人生活。若从个人爱好兴趣、生活习惯、社会风俗、地域差异等角度去理解生活，生活更加复杂多样。因此，对生活的把握无法做到完全的图谱式呈现，而这种多样性的生活方式正体现了人的生活的丰富性。

虽然生活有着众多方式，各种方式之间存在差异，但生活也存在本质和共性。否则，生活就失去了建设和改造自己的方向和目标。因此，更多的人不是为总结才列举不同的生活方式，而是通过列举不同的生活方式，去比较它们给人带来的不同结果，启示生活的本质和社会内在的必然性，去研究生活的基础，从而呈现出更加有利于人的幸福、发展和进步的生活方式。

2. 对人的本质理解的多样性

生活的丰富性基于人的特殊性，对人的特殊性的偏重，导致对人的本质的多样性理解。很多哲人对人的本质执其一端。东西方都有哲人或主张人性善论，或主张人性恶论，或主张人性不善不恶论。中国古代孟子主张人性善，荀子主张人性恶。西方苏格拉底可能是最早思考人的问题的哲人，他"特别强调'认识你自己'，并提出'未经反思的生活是不值得过的'"[①]，提倡人应该作为伦理道德的存在者。亚里士多德说人是政治动物；康德说人是理性动物；卡希尔说人是符号动物；海德格尔说人是被抛的存在，是被抛入这个常人世界的存在。"只要此在作为其所是的东西而存在，它就总处在抛掷状态中而且被卷入常人的非本真状态的漩涡中。"[②]这些结论都是从抽象的意义上对人给予定性，都没有将人与人的生活和社会存在条件结合起来，历史地看待人。

现实中的人，都以生活为前提，在成长中必然受到现有社会传统的影响，人

---

① 邓晓芒.中西文化心理比较讲演录[M].北京：人民出版社，2013：487.

② 海德格尔.存在与时间[M].陈嘉映，译.北京：生活·读书·新知三联书店，1999：207.

的成长是一个历史发展变化的过程。因此,马克思不是抽象唯心地理解人的本质,他认为人是天生的社会动物。"这是因为人即使不像亚里士多德所说的那样,天生是政治动物,无论如何也天生是社会动物。"①马克思之所以不否认亚里士多德的观点,是因为政治也属于人的社会关系的一种。马克思在更高层次上将人的本质归结为"一切社会关系的总和"。

3. 生活的复杂性

生活说其复杂是因为人所处的历史阶段和社会不同,对生活的理解不同。生活的层次不同,每一个人的生活方式就不同。要给予生活一个统一而内涵明确的概念是极其困难的。究其根本,不能给予生活的明确概念正是人存在的本义,人本身就是具有不确定性的,只能说人表现为什么,不可以问人是什么。"是什么"是对现成事物的发问,不能对生成中的存在物如此发问。萨特说"人是其不是,不是其所是"②。

人除了物质生活的满足,还有精神生活的需求。物质指向自然世界,精神生活的满足往往需要指向人自身——人的社会。人不仅要面对吃、喝、穿、住等本能需求,还要面对爱恨情仇和生离死别的精神体验。杨国荣在《意义世界的生成》一文中谈及成物与成己的关系时,实际要表达的就是人的物质需求满足和人的精神需求满足的划分,同时论证人的意义的生成。

成物实际上是人成就物,这里的成就是物由自然之物变成了人化之物,即被人认识并改造了的物,使物成为为我之物。从这里得出物的意义来源于人的意义,那么,人本身的意义是什么?是成己。人刚出生还处于本然状态(生物学意义上的生命个体),这种状态为天然本然状态即人未介入的状态,谓之天,成己就是要由天之天(天然本然状态,人未介入的状态)转为人之天(扬弃其本然性,人已介入的状态)成为自由存在的过程。"动物总是停留在本然形态('天之天'),从而只能'是其所是';人则能够超越'其所是'(扬弃本然形态或'天之天'),走向'其所不是'(获得社会的品格)。"③成己的目标又是什么呢?"价值目标本身并非超验的对象,它总是在历史演进的过程中获得具体的形态,展现

① 马克思恩格斯选集:第二卷[M].北京:人民出版社,2012:207.
② 高兆明.道德文化:从传统到现代[M].北京:人民出版社,2015:100.
③ 杨国荣.意义世界的生成[J].哲学研究,2010(1):58.

为具有现实内涵的理想形态。"①这样的价值目标结论也是与现实联系起来的动态目标,而不是永恒不变的现成目标,实际成己就是人的自由实现的程度。

卢梭说:"人是生而自由的,但却无往不在枷锁之中。自以为是其他一切的主人的人,反而比其他一切更是奴隶。"②这句话说明卢梭意识到了在资本主义社会人自身的异化的严重性,但只表现出无奈,没有能够指出出路。

只有马克思确定了人的生活的意义。马克思将人的生活分为人的和非人的生活。马克思说,资本主义制度下工人过的是非人的生活。这里"非人"是指本来应该过人的生活,却在资本主义制度的奴役下使人沦为物。这里"非人"不是指和人有区别的其他现成自然物。这两种划分实际都突出了人的生活的历史性,告知我们在不同的历史条件下,人的生活实现的程度不同,也从反面否定了人的生活的抽象性。马克思把人的发展看成是一个历史过程,既对现实社会状况提出批评,又同时肯定现有社会的历史作用。在批判现实的基础上,马克思提出人类新社会的理想。马克思建构了一个物质极大丰富和人的全面发展的自由人联合体的理论,"在那里,每个人的自由发展是一切人的自由发展的条件"。共产主义社会实现人的全面而自由发展,在那里,宗教、国家、阶级、家庭等异化形式都将消亡。马克思的科学理论创造是基于对资本主义社会不可克服的生产矛盾,对人的残酷压迫和剥削的社会状况的同情、对人的异化批判、对社会发展历史规律的科学把握基础之上,要建立一个消除异化和人的自由而全面发展的世界。他的理论和构想是基于资本主义社会现实矛盾和社会历史发展规律,超越了时空。

自由人联合体,一个如天堂般的现实世界的理论构想,在反对或者不信仰共产主义的人看来,无异于疯狂,必然极力反对或予以剿灭。马克思在《共产党宣言》中写道:"一个幽灵,共产主义的幽灵,在欧洲游荡。为了对这个幽灵进行神圣的围剿,旧欧洲的一切势力,教皇和沙皇、梅特涅和基佐、法国的激进派和德国的警察,都联合起来了。"③在中国封建专制社会,统治阶级残酷压迫、剥削民众,有些人无可奈何遁入佛门。佛家要出世,认为只有跳出三界外,才能隔断

---

① 杨国荣.意义世界的生成[J].哲学研究,2010(1):59.
② 卢梭.社会契约论[M].李平沤,译.北京:商务印书馆,2011:4.
③ 马克思恩格斯选集:第一卷[M].北京:人民出版社,2012:399.

红尘之苦，方得解脱。佛家认为，人活着局限于各种物质利益纠葛，尔虞我诈、互相争斗实是苦痛之极，要四大皆空才能无挂碍。

马克思的自由人联合体解决了人的利益纠葛、精神纠缠之痛。那里物质极大丰富，按需分配，没有压迫和剥削，每个人都可以自由而全面地发展。可以达到孟子的尽心尽性状态，可以实现人的四大皆有却又不被佛家所言的红尘之苦所累，可以实现陶渊明不为形役的理想追求，可以悠然见南山，又不必心远地自偏。在此，对马克思全面发展的内涵要辩证认识。全面发展不是说每个人都达到完人或无所不能的状态，也不是说消除了人的差异性，应该说每个人都具备并拥有全面发展的条件和自由。人可以去尝试想要发展的各种能力，不会因外在力量的干涉或逼迫而被动进行学习或生产。

尽管生活丰富多样，生活复杂难以把控，马克思还是以其理论的实践性、前瞻性和科学性，抓住了生活的本质和人的本质就是人的现实性和社会的历史性，使人不再迷茫于、纠缠于生活的复杂和多样，为人和人类的生活和社会发展指明了方向，给予人类终极关怀。马克思始终将人和对人的生活的理解同人所处的社会和时代紧密联系起来，从来不抽象地谈一个人的存在。"每个历史时期的人都受到'自己的生产力的一定发展以及与这种发展相适应的交往的制约'，'他们是什么样的，这同他们的生产是一致的——既和他们生产什么一致，又和他们怎样生产一致。'"①

根据马克思的历史和社会的观点，我们将生活概括为：生活是人在一定社会形态和一定的社会关系条件下，以物质生产为基础，以精神文化创造为标志，以人的自由而全面发展为目的，与人、自然、社会进行交往的实践过程。马克思历史的实践的生活观点是思想政治教育开展的理论基石，人的生活就是人的时代和社会的具体展现，思想政治教育就是对人如何去生活的教育。人离不开生活，思政教育也离不开生活。

（二）思想政治教育

思想政治教育是阶级社会中的统治阶级用一定的思想观念、政治观点、道德规范，遵循当时社会所能达到的施教基础和原则进行的实践活动。

自阶级社会形成和国家产生以来，思想政治教育这项实践活动就是一种客

---

① 全国马克思主义哲学史研究会.马克思主义哲学史论集[M].上海：上海三联书店，1982：193.

观存在，它是伴随着人类阶级社会的产生、发展而产生和发展起来的。不过，在过去相当长的历史时期里，它往往包含在伦理学、教育学、政治学等学科知识体系和人的日常交往的言行之中，并未分离出来成为一门独立的学科。"19世纪中叶马克思主义的诞生，为无产阶级思想政治教育学的形成奠定了理论基础。以马克思主义为思想基础和理论指导的国际共产主义运动，一开始就非常重视对工人阶级和人民群众进行思想政治教育。在很大程度上讲，无产阶级阶级意识的形成进而登上历史舞台，离不开以马克思主义为指导的思想政治教育。"[①]

思想政治教育现象普遍存在，但不是所有国家都能按照学科和人的发展规律来建设和完善思想政治教育。"只有无产阶级执政党——中国共产党的思想政治教育才能做到这一点，因为只有我们把思想政治教育作为科学来建设。"[②]

传统的思想政治教育任务接近或等同于思政课程教育任务。后来逐渐扩大范围，将日常思政纳入思想政治教育，直至现在将课程思政引入。但从逻辑上说，还是没有做到圆满，还缺乏生活思政教育一环。这一环突破了课内课外、固定对象和时空区域，真正做到了全员、全方位和全程实施，完整实现思想政治教育目标。

（三）生活和思想政治教育的关系

在科学把握生活与思想政治教育各自内涵的基础上，还要探究两者之关系。只有深刻理解生活与思想政治教育之间的内在关联，才能真正明了"回归生活是思想政治教育的本真"。

1. 生活是思想政治教育生命之源、实践之域

思想政治教育从范畴上讲，属于生活方式中的一种特殊形式。教育来源于生活的需要，思想政治教育是教育范畴中的一种。思想政治教育是将现存社会的观念和政治意识形态，以适合人的方式给予传播，从而指导人生活的一种方式，本身就属于人的生活的一部分。思想政治教育要传播教授的观念和意识形态，来源于现存社会和人的生活。人的生活是教育内容的来源，教育者是来源于现存社会中的人，实施教育的主体来源于现实社会或国家。因此，思想政治

---

① 邱伟光.思想政治教育学原理[M].北京：高等教育出版社，1999：1.
② 李春华，上官苗苗.论科学把握思想政治教育内涵的基本原则——以界定思想政治教育内涵为视角[J].中国社会科学院研究生院学报，2017(6)：34.

教育和人的生活紧密联系,无论是手段和目的都和生活相一致。从根源上看,生活和思政教育同构一体。生活的范畴要比思想政治教育广阔,思想政治教育只是生活中的一个方面。生活决定了思想政治教育的内容,思想政治教育结果反作用于人的生活。思想政治教育为了人的生活。

将一定的观念或意识植入人的脑中的方法很多。一是暴力植入,即如果不认同现有社会的统治阶级的观念和形态,可以用暴力强迫人认同。二是通过迷信或信仰方式让人认同。如果不能认同,就会有一种罪恶感,或者莫名恐惧。如迷信使人相信君权神授,不服从于君就会获罪于天,人们因此产生被动恐惧而接受。三是以教育的形式。以讲道理的方式,使人接受现行的观念。

历史上,思想政治生活是阶级社会中人们不可摆脱的一种生活方式。统治者为了维护自己的统治,在可能的情况下,都会采用和平的方式,把自己的思想和意识灌输给民众。思想政治教育就是要将现有的政治观念、道德思想通过教育的方式灌输或者植入被教育的对象的头脑中,让被教育者接受并信奉这种政治模式和日常的道德思想。思想政治教育的社会功能在于统一社会成员的思想,凝心聚力,发挥群体力量,产生最大社会效益。

思想政治教育如何确保自身的科学和有效性,主要取决于思想政治教育的内容是否具有真理价值。如果内容缺乏真理价值,不具有公共性,违背人和社会发展的需要,这种教育就会失败。以马克思主义为指导的我国思想政治教育,是对未来社会进行建设的科学理论,其内容有现实性和真理性的品质,是以通向人的自由发展道路为目的的教育,是为了最终实现以下这个目标而进行的教育:"代替那存在着阶级和阶级对立的资产阶级旧社会的,将是这样一个联合体,在那里,每个人的自由发展是一切人的自由发展的条件。"①

2. 实现美好生活是思想政治教育的价值追求

人类一切活动都是追求美好生活的过程,思想政治教育的价值追求,也是以实现人的美好生活为目标。思想政治教育就是在青年学生中进行共产主义远大理想和中国特色社会主义共同理想教育。通过教育使学生充分认识到中国共产党领导的必然性和长期执政的重要性。思想政治教育的目的就是维护社会稳定与发展,做到"要集中全国人民的智慧和力量,聚精会神搞建设,一心

---

① 马克思恩格斯选集:第一卷[M].北京:人民出版社,2012:422.

一意谋发展"①，做到"不动摇、不懈怠、不折腾"②，"人民对美好生活的向往就是我们的奋斗目标"③。这些都是思想政治教育需要实现的目标。在思想政治教育者的引导下，学生把相关知识和观点内化为自己的认知和素养，并通过外化机制，在生活中积极践行，与落后的生活态度、自私自利的利己主义、不劳而获的享乐主义、挥霍无度的奢靡主义等不良风气做坚决斗争。这样就会优化社会风气，我们国家不仅要在教育中实现大学生的爱国、爱党、爱民的思想统一，同时也要在党内、社会上实现思想统一。这些观念的坚持和践行，是实现国内社会稳定、和谐、发展的前提。有了国内的稳定、和谐、发展，美好生活的结果才会出现，目标才能实现。

二、回归生活：思想政治教育之本真

（一）生活是高校思想政治教育的场域

"人们的存在就是他们的现实生活过程。"④物质的存在方式是运动，人的存在方式是生活。生活是人的生活，是人的存在方式。因此，在某种意义上可以说，人即生活。人居住于世界之中，必须融入世界。人生存于世界之中，与自然、社会以及人发生各种联系。这种联系，从人的视角看就是"生活"，它既指物质生活又指精神生活，是日常生活与非日常生活的统一。其中，"所谓日常生活是指人的自在的、自发的、欠反思的、非主题化的生活样式、生活状态或存在方式，与此相应，非日常生活则指人的自觉的、自为的、反思性的、主题化的生活样式、生活状态或存在方式。"⑤简言之，日常生活是人的自发存在状态，非日常生活是人的自为存在状态。"生活"是人在世界中的存在方式，是人的生成过程。而以培养人的思想品德和政治素养为目的的高校思想政治教育，归根结底源于生活、立足生活，又服务于生活，承担着引领生活的重要责任，生活是高校思想政治教育得以开展的场域。

---

① 江泽民文选：第三卷[M].北京：人民出版社，2006：539.
② 胡锦涛文选：第三卷[M].北京：人民出版社，2016：171.
③ 习近平谈治国理政：第一卷[M].再版.北京：外文出版社，2018：4.
④ 马克思恩格斯选集：第一卷[M].北京：人民出版社，2012：152.
⑤ 李文阁.回归现实生活世界[M].北京：中国社会科学出版社，2002：227.

1. 生活中蕴含着立德树人的丰富资源

早在两千多年前,苏格拉底就指出,"未经反思的生活是不值得过的"①。什么样的生活才值得过?什么才是美好的生活?这都是对生活的追问,也是对人本身的反思,更是思想政治教育题中应有之义,而它的答案都藏在人的生活之中。

根据人类历史发展规律,东欧新马克思主义的代表人物赫勒,把人类社会结构划分为金字塔形的三个层面:金字塔的基层是日常生活层,即由衣食住行、饮食男女、婚丧嫁娶等日常消费活动、日常交往活动和日常观念活动构成的日常生活领域,是人类生存的基础。金字塔的中间层是社会活动层,包括了政治、经济、技术操作、经营管理、公共事务、社会化大生产等,也称为"制度化领域"。金字塔的塔尖层是精神和知识层,由科学、艺术和哲学等构成,属于非日常的、自觉的人类精神和知识领域。其中,第一层面就是日常生活世界,相当于现代人的私人生活领域,第二、三层面则构成了非日常生活世界,指公共生活领域和精神的生产领域。

本书中的生活,是包含了三个层面的广义上的生活。生活,本质上是个体的再生产。正是基于这三个层面的人类社会结构的"生活"构成,我们可以发现,生活中蕴含着丰富的立德树人资源,如果离开了生活,思想政治教育将变成空洞盲目的教育。

把"立人之德"和"树有德之人"有机结合与辩证统一起来,便是所谓"立德树人"。《左传》有言:"太上有立德,其次有立功,其次有立言,虽久不废,此之谓不朽。"意指人生最高境界在于形成良好品德,确立德行。而此间"德行"归根结底蕴含于生活之中,从我国传统美德到新时代道德、社会主义核心价值观,无一不是来源于生活,又指导生活。今天,我们通过思想政治教育进行"立德树人",一定要用好生活这个天然的思政教育资源库。

2. 日常生活中蕴含思想政治教育的生活常理

我们每个人要维持自己的生存,都离不开衣、食、住、行。寒冷时没有衣服穿,我们就会冻病甚至冻死;饥饿时没有食物吃,我们就会饿死;没有房子住,我们就会流落街头、无家可归。如果失去了腿脚而不能行走,我们的生活就会留

---

① 邓晓芒.中西文化心理比较讲演录[M].北京:人民出版社,2013:487.

下很多遗憾；如果没有现代交通工具，我们就会行之不远。其实，我们的生活不仅离不开衣、食、住、行，而且离不开语言或者言语，有意识、有表达、有交往的生活才是人的生活。同时，人要生存和发展，无论对工作的意义如何看，一般都要先有个工作，否则我们就可能无所事事。我们不仅需要工作，也需要休闲；不仅需要休闲，还需要娱乐。这一切都以身体健康为前提，健康是生命存在的正常状态。如果失去健康，我们的生命存在和生存质量就会受到威胁。

我们在母亲的腹中被孕育，一朝来到这个世上，由此就开始了我们的人生之旅，它既有起点，又有终点。而这其中，都蕴含着丰富的生活常理。生活，特别是日常生活活动，是社会活动和社会领域的根源。它不仅是作为人的一种存在的方式，也是一种不可或缺的隐喻，其中包含着一个人对生活的看法和洞察，"面向生活之思，化成生活之行"。日常生活是指那些日复一日发生的、平常的生活。日常生活，是维系人的生命存在和延续发展所不可缺少的、庸常的、反复的生命活动，即日常实践或日用常行。

在日常消费、交往活动中，构成的人与人之间的关系，正是一种社会关系。在这种社会关系中，如何与人交往？如何处理个体与社会的关系？如何让自己的生活更好？诸如此类，每个生活实践的背后都蕴含着日常生活中的常识、常理与常情，有的是显性的，有的是隐性的，这正是日常生活的实践与反思的双重价值。正是这种双重价值，给高校思想政治教育带来了丰富的资源。它未经提炼时犹如璞玉，一旦被提炼，有时候不需要讲大道理，就能给人以启发，使人明智，日常生活中的常理犹如白开水，朴素却能沁人心脾。

3. 社会生活中蕴含思想政治教育的生活伦理

社会生活中还蕴含着丰富的生活伦理。生活是事实存在，伦理是价值意义。所谓生活伦理，主要指直接产生于日常生活中的，与习俗、行为方式、生活方式保持高度一致的伦理观念和行为规范。"道德是为了人，是为了人的生活，是为了人生活得幸福。远离人、远离生活、远离幸福的道德，必然是异化的道德，人、生活、幸福也必然远离它，抛弃人、抛弃生活、抛弃幸福的道德，也必然被人、被生活、被幸福所抛弃。"[①]在社会生活中，这种生活伦理体系，也是为了维护在平等主体对话协商基础上形成的价值共识。生活伦理，不仅包含着对人与

---

① 易小明，李伟.道德生活概念论析：兼及道德与生活的关系[J].伦理学研究，2013(9)：64.

人、人与社会和人与自然之间关系处理中的行为规范,而且也深刻地蕴含着依照一定原则来规范行为的深刻道理。在社会生活层面的制度化领域中,政治、经济、社会等多维度的生活伦理,帮助"人"更好地完成社会化的过程。社会生活中的各种生活伦理,比如涉及法律、道德、家庭等领域的各类案例,给人以启发与警示。

4. 精神生活中蕴含思想政治教育的生活哲理

"人为什么活着?""人应该怎样活着?""人生的意义是什么?"这是对人生的终极追问,也是人生观的主要内容,用哲学的理性评判去反思生活,选择与追求顺应自然本性的善与德的生活,正是生活中所蕴含的丰富的人生哲学。

比如,亚里士多德说快乐有两种:一种是偶性的快乐,一种是本质的快乐。前者在恢复自然属性中生成快乐,后者在实现活动中享受快乐;前者为了其他目的而快乐,后者的本身便是快乐;前者只是在局部享有快乐,而后者追求的是总和的快乐。当我们饥饿时吃饭,当我们生病时治病,当我们无知时求知;在饥饿时获得饱足、生病时获得健康、无知时获得知识的过程中,我们享有了偶性快乐。这种快乐并无法长久,随着目的的达成而逐渐减弱。在饥饿那刻吃饭,吃饭给你莫大的开心;可当饱足后继续吃,肚子就会难受。在物质高度发展的今天,人们享受的物质快乐多是偶性的。

本质的快乐是什么呢?那是作为健全的人在活动实现过程中所享有的善的快乐。例如在道德活动中,通过帮助他人而获得的道德上的愉悦,有益于人类的科学发现和发明等,才是正常的,也是本质上的快乐。本质的快乐不会在实践过程中因满足而消失,实现活动本身便是目的,每一刻你都享有快乐。因此,不需要名贵的服饰,不需要佳肴美味,你仅仅感知实现活动中存在的善,便能快乐。这正是在最为日常的生活中,看到了最深奥的生活哲理。

(二)生活是构建思想政治教育的广阔舞台

思想政治教育本质上是培养人、塑造人的工作,需要以人为中心,关注生活世界"现实的学生",尊重学生的主体地位。为培养现实的人,就要有实现理论性和实践性相统一、显性教育和隐性教育相统一的思想政治教育。生活,只有生活,才是高校思想政治工作的大舞台。思想政治教育所形成的价值观念和意识形态无不体现在人们的日常生活中,只有在师生日常生活实践中,大学生思政课的获得感才能被具体外化。也只有学生的日常生活实践，才能成为检验思想政治教育工作质量的重要标尺。

生活是思想政治教育的起点，也应是思想政治教育的最终归宿，生活资源为人的多元发展提供了全面的教育机会，使个体得以全面地占有社会生活经验。当代大学生接受思想政治教育，不断成长与发展，就需要从生活中来又回到生活中去，通过生活体验生成的思想政治品德。

当前的大学生，作为新时代青年，也是网络原住民。他们在成长过程中呈现需求多样性、心理矛盾性、稳定性较弱等特征，极易受到多元化社会思潮和网络庞杂信息的影响。同时，他们自主意识较强，比较抗拒直接的灌输。要让思想政治教育起到"春风化雨、润物无声"的效果，必须融入生活之中，关注学生的人生境遇和个体发展需求，贴近学生思想、心灵和生活的实际。

开展生活教育在我国有着一定的理论与实践基础。著名教育家陶行知先生既是生活教育理论的构建者，也是生活教育的践行者。最好的教育就是从生活中学习，从经验中学习，社会是生活场所，也是教育场所。同样，整个生活大舞台亦是思想政治教育的大舞台。学校与社会应该密切关联，创设出思想政治教育的生活情境。生活世界是思想政治教育的源泉，当我们围绕生活世界和生活体验来设计思想政治教育的方式方法和途径时，会发现生活中的教育资源是那么富有生命力和充满生机。当在生活中渗透了思想政治教育的内容，思想政治教育的感召力和吸引力也会得到极大的增强。

构建生活的思政大舞台，需要创设生活的教育情境。一方面创设认知情境，用好思想政治课主渠道，将以往教师强势话语灌输路径转化为师生双向互动路径，在师生平等交流、互动沟通中，针对社会问题和现实问题，有的放矢、生动活泼地开展教育引导工作，深入学生的日常生活实践，将空洞抽象的教育内容与学生喜闻乐见的形式相结合进行宣传，使学生更加自觉、主动地接收，实现内化于心，外化于行的教育效果。另一方面创设体验情境，让学生在情境中参与、体验、感悟，借助榜样典型创设鼓励情境，结合表演体会创设体验情境，联系生活实际创设鲜活情境，通过第一课堂的生活模拟和第二课堂的生活实践，真正让学生成为生活舞台的主体和中心。同时，通过日常生活平台，将思想政治教育元素融入日常生活，在此过程中，师生互学互利：教师渊博的知识、高尚的情操都会影响学生人格的形成;学生的独特视角给教师思维注入新鲜的血液,激发灵感,产生高质量的精神产品,在增强教师强烈的社会责任感的同时,实现教师的能力提升、行为塑造,进而增强学生参与日常生活实践的成就感和体验感。

生活是构建思想政治教育工作的广阔舞台,这里的生活是指开放的而不是封闭的符号化的生活世界。这就意味着思想政治教育不能故步自封,把自己限定在一个狭小的范围内,只关心大学生所生活的校园内的日常生活世界,或者只关心大学书本中所谓抽象的、符号化的日常生活世界。应以一种开放的姿态,加强学校、家庭和社会的联系和交往,特别要提倡思想政治教育受体加强与外界的联系,提倡建构一种动态的、开放的、主体间共有的和生动鲜活的动态世界,共同构建起教育者和受教者在场的、健康的、积极的大思政舞台。

在这个舞台中,推动思想政治教育的生活实践,借助生活世界的实证场域和鲜活技术,让学生在广阔的社会天地中去感受、去体验,获取全方位的信息。在生活实践中的体验是最真实的,从而有所思考、有所感悟、有所触动,使学生得到思想洗礼、心灵涤荡和精神提振。

（三）生活是思想政治教育获得感和幸福感的落实之地

生活满足学生思想政治教育"在理"的求知需求。生活蕴含着思想政治教育的理念,有效验证学生关注的综合性、深层次理论问题和认识问题,不断满足学生成长成才的需求和期待。思想政治教育也是生活的延续,生活的过程也是思政知识的建构和实践的过程,这样的双向互动促进了学生主观思想和客观现实的统一,知识不再是符号化的存在,而是成为客观的"有用性"的收获,这是一种实实在在的获得感。通过这种获得感,大学生在主观上的心理感受和客观价值存在不断被整合和统一。

生活满足学生思想政治教育"在心"的情感需求。作为一种特殊的精神生成实践和精神交往实践,思想政治教育关注现实的人,关注人的日常生活的情感,思政教育者用心用情,倾听学生有声语言和生活无声语言,在情感上与学生产生共鸣,不断促进学生的幸福感。在此过程中,学生获得"思想通达之感、政治清醒之感、道德成熟之感、心理和谐之感、价值认同之感、精神皈依之感"①。思想政治教育对象的观念通过与生活碰撞，在日常生活中的一些思想困苦、情感困扰、道德困惑、精神困顿等问题，将获得即时性的豁然开朗。通过生活，思想政治教育主体不断感受到学生气息，与学生息息相通，为学生实现人生价值、人生理想而助力，帮助他们在自我成长和发展中不断提升幸福感。

　　生活满足学生思想政治教育"在场"的参与需求。生活是大学生"知、情、意、行"的统一场所，在生活中能够实现学生从被动接受到主动参与的转换。在生活场域中，学生将会感受到人与人之间的平等尊重，能有效激发他们学习积极性和创造性，弥补抽象理论的符号化场景中的不足。生活是过去、现在和未来的统一，带给学生的"获得"是可持续发展的。"现在"的获得在成长过程中不但不会消失，反而会因为与生活的深度融合，更能促进教育对象在未来生活中的成长力量沉淀，这是一种更深层次的获得感。而这种深层获得感指向人的未来和终身成长，引领政治方向、激发精神动力、调控品德行为、塑造健康人格，与人的终极人生价值息息相关。生活是当下的人的"在场"，也是未来人的"发展"的"在场"，体现了当下获得与未来发展的统一。

---

① 郭超，王习胜.高校思想政治教育要让大学生有获得感[J].华北电力大学学报（社会科学版），2017（12）：122.

第三章

高校日常思政工作价值新论：生活思政的价值指向

何谓价值？马克思曾说："'价值'这个普遍的概念是从人们对待满足他们需要的外界物的关系中产生的。"①它是"人在把成为满足他的需要的资料的外界物……进行估价，赋予它们以价值或使它们具有'价值'属性。"②可见，马克思主义哲学中的价值是一个关系范畴，它表征的是主体人与客体物之间被满足与满足的相互关系。离开主体人的需要，客体物的价值就无从体现与呈现。

高校思想政治教育是一种培养人的社会实践活动。"培养什么人、为谁培养人以及如何培养人"是其必须要回答的基本问题。其中"培养什么人"和"为谁培养人"体现了高校思想政治教育的价值立场。从价值的一般内涵出发，思想政治教育只有满足国家、社会和个人发展的需要，才能彰显其价值。因此，作为高校思想政治教育主阵地的日常思政，应把它置于国家、社会和学生个体的三维关系考察中才能明晰其价值。实践已经证明，日常思政在为我国培养大批社会主义建设者和接班人、在为社会造就德才兼备的有用人才以及促进学生身心发展方面发挥了重要作用。

在新时代，生活思政作为高校日常思政的拓展、延伸和丰富，由于其打通了育人"最后一公里"、画出了育人"最大同心圆"、奏响了育人"最美和谐曲"，不仅为高校日常思政赋能增值，而且使高校日常思政呈现出新价值。本章从国家、社会和学生个体三个层面，分别阐释生活思政的重大价值。在我们看来，这正是新时代高校日常思政创新的重要价值所在。

---

① 马克思恩格斯全集：第十九卷[M].第一版.北京：人民出版社,1963:406.
② 马克思恩格斯全集：第十九卷[M].第一版.北京：人民出版社,1963:409.

第一节　国家层面：社会主义建设者和接班人

　　青年是国家的未来、民族的希望。青年一代的精神风貌决定了未来整个社会的精神面貌。十八大以来，党和国家高度重视、关心青年的成长成才。十九大报告指出："青年兴则国家兴，青年强则国家强。青年一代有理想、有本领、有担当，国家就有前途，民族就有希望。"①大学生是青年中的优秀群体，他们的成长成才更关系到党和国家事业发展的全局。换言之，把青年学生培养成什么人，是事关国家前途与命运的战略工程、党的执政根基的基础工程。为此，习近平总书记在2018年全国教育大会上指出："教育是国之大计、党之大计。"②

　　习近平总书记站在党和国家发展的战略高度，对教育的首要问题"培养什么人"进行了深入思考并作出了科学回答。2018年，他在全国教育大会上指出："我国是中国共产党领导的社会主义国家，这就决定了我们的教育必须把培养社会主义建设者和接班人作为根本任务，培养一代又一代拥护中国共产党领导和我国社会主义制度、立志为中国特色社会主义奋斗终生的有用人才。"③因此，"为党育人、为国育才"，为实现中华民族伟大复兴打造"梦之队"，这是新时代高等教育肩负的重大历史使命。

　　生活思政作为思想政治教育的一个内在规定，也是教育的一个组成部分，它必然要服从和服务于"培养德智体美劳全面发展的社会主义建设者和接班人"这一教育的根本目标与任务。在此前提规定下，生活思政从自身特殊性出发，着力提高人的思想政治道德素质，为国家培养社会主义合格建设者和可靠接班人。这是新时代高校生活思政应有的担当和作为，也是其价值的彰显与呈现。总之，生活思政的国家价值，在于把学生培养成为德智体美劳全面发展的人，成为国家栋梁之材。

① 习近平.决胜全面建成小康社会 夺取新时代中国特色社会主义伟大胜利——在中国共产党第十九次全国代表大会上的报告[M].北京:人民出版社,2017:70.
② 习近平在全国教育大会上强调:坚持中国特色社会主义教育发展道路 培养德智体美劳全面发展的社会主义建设者和接班人[N].人民日报,2018-09-11(01).
③ 习近平在全国教育大会上强调:坚持中国特色社会主义教育发展道路 培养德智体美劳全面发展的社会主义建设者和接班人[N].人民日报,2018-09-11(01).

一、全面贯彻新时代党的教育方针

(一)教育方针内涵及教育优先发展战略地位

所谓的教育方针,是指"党和国家在一定历史条件下关于教育发展的总方向和指导思想,表现为教育'为谁培养人''培养什么人''如何培养人'三个基本方面,体现了教育的阶级性、民族性、时代性。"①它是一定社会历史条件下党和国家对人才培养的总要求,是学校开展一切教育教学实践活动的根本指针。新中国成立70多年来,中国共产党坚持一切从实际出发,遵循教育规律和学生身心发展规律,根据社会发展和人的需求,在社会主义革命、建设和改革不同时期提出了不同的教育方针,为培养社会主义建设者和接班人提供了根本指针。教育在我国经济社会发展中具有基础性、全局性和战略性地位。

中国特色社会主义进入新时代,这是我国发展新的历史方位。新时代下,从国家发展战略目标来看,我们正面临着实现"两个一百年"的奋斗目标以及中华民族伟大复兴中国梦,迎来从富起来到强起来的伟大飞跃。从国际发展形势来看,当今世界正面临百年未有之大变局,大国战略博弈全面加剧,国际秩序深度调整。对此,重大机遇与风险挑战并存。

正是在科学把握国情、世界形势基础上,党的十九大报告提出了"优先发展教育事业"的重要战略。早在2014年,习近平总书记指出:"'两个一百年'奋斗目标的实现、中华民族伟大复兴中国梦的实现,归根到底靠人才、靠教育。源源不断的人才资源是我国在激烈的国际竞争中的重要潜在力量和后发优势。"②当前,教育对于我国发展比以往任何时候都更为重要。

(二)新时代党的教育方针

习近平总书记根据时代发展以及国内外形势新变化,对教育"培养什么人""为谁培养人""怎样培养人"这三个根本问题进行深入思考并作出科学回答,为新时代党的教育方针修订提供了根本遵循。2021年4月29日,第十三届全国人民代表大会常务委员会第二十八次会议通过了《全国人民代表大会常务委员

---

① 本书编写组.思想政治教育学原理[M].第二版.北京:高等教育出版社,2018:155.
② 习近平.做党和人民满意的好老师——同北京师范大学师生代表座谈时的讲话[J].中国高等教育,2014(18).

会关于修改〈中华人民共和国教育法〉的决定》。《中华人民共和国教育法》(2021 年修订版)明确规定："教育必须为社会主义现代化建设服务、为人民服务,必须与生产劳动和社会实践相结合,培养德智体美劳全面发展的社会主义建设者和接班人。"这一教育方针可简单概括为"两个服务"(教育为社会主义现代化建设服务、为人民服务)"五育"(德智体美劳)并举。

在"为谁培养人"上,习近平总书记于 2016 年 12 月在全国高校思想政治工作会议上明确指出,教育要"为人民服务,为中国共产党治国理政服务,为巩固和发展中国特色社会主义制度服务,为改革开放和社会主义现代化建设服务"①。在"培养什么人"上,习近平总书记于 2018 年 9 月在全国教育大会上强调:"在党的坚强领导下,全面贯彻党的教育方针,坚持马克思主义指导地位,坚持中国特色社会主义教育发展道路,坚持社会主义办学方向……培养德智体美劳全面发展的社会主义建设者和接班人。"②以上"四个服务"和"五育并举"为我国教育发展指明了方向。

2019 年 3 月 18 日,习近平总书记在学校思想政治理论课教师座谈会上强调:"新时代贯彻党的教育方针,要坚持马克思主义指导地位,贯彻新时代中国特色社会主义思想,坚持社会主义办学方向,落实立德树人的根本任务,坚持教育为人民服务、为中国共产党治国理政服务、为巩固和发展中国特色社会主义制度服务、为改革开放和社会主义现代化建设服务,扎根中国大地办教育,同生产劳动和社会实践相结合,加快推进教育现代化、建设教育强国、办好人民满意的教育,努力培养担当民族复兴大任的时代新人,培养德智体美劳全面发展的社会主义建设者和接班人。"③这一重要论断包含着对教育"培养什么人""为谁培养人"和"怎样培养人"这三个根本问题的回答,是对新时代党的教育方针的拓展、丰富和完善。

毋庸置疑,习近平总书记对新时代党的教育方针的重要阐述,不仅在理论

---

① 习近平在全国高校思想政治工作会议上强调:把思想政治工作贯穿教育教学全过程 开创我国高等教育事业发展新局面[N].人民日报,2016 - 12 - 09(01).

② 习近平在全国教育大会上强调:坚持中国特色社会主义教育发展道路 培养德智体美劳全面发展的社会主义建设者和接班人[N].人民日报,2018 - 09 - 11(01).

③ 习近平主持召开学校思想政治理论课教师座谈会强调:用新时代中国特色社会主义思想铸魂育人 贯彻党的教育方针落实立德树人根本任务[N].人民日报,2019 - 03 - 19(01).

上深化了对教育规律的认识,而且在实践上为我国教育发展提供了科学指引。这就是,新时代我国教育要坚持社会主义办学方向,围绕"四个服务"根本要求,构建德智体美劳全面培养的教育体系,为中华民族伟大复兴提供不竭的力量源泉,为中国特色社会主义事业提供源源不断的人才支持。

新时代党的教育方针是我国教育事业发展的总方向和总指针,对我国一切教育教学活动具有统领作用。换言之,我国所有的教育教学活动都要在党的教育方针指引下开展。若偏离党的教育方针,那么,中华民族伟大复兴中国梦就难以实现,中国特色社会主义事业就会遭受挫折。因此,生活思政价值的实现,最重要的前提就是要全面贯彻党的教育方针。在此前提下,还应把实现"培养德智体美劳全面发展的社会主义建设者和接班人"这一根本任务转化为自觉行动,并为此作出积极努力。

(三)生活思政全面贯彻党的教育方针的基本路径

全面贯彻党的教育方针是生活思政实现国家价值的根本。那么,生活思政该如何全面贯彻党的教育方针? 主要路径如下:以理想信念教育为核心,以爱国主义教育为重点,以培养德智体美劳全面发展的社会主义建设者和接班人为目标。生活思政要在以上三个方面下功夫,才能获得其在国家层面上的价值。

1. 以理想信念教育为核心

对个体而言,理想信念是人的精神之"钙"、人的思想的"总开关"。对国家而言,理想信念是事业成功的"法宝"。理想指引人生方向,信念决定事业成败。习近平总书记在全国教育大会上强调:"要在坚定理想信念上下功夫,教育引导学生树立共产主义远大理想和中国特色社会主义共同理想,增强学生的中国特色社会主义道路自信、理论自信、制度自信、文化自信,立志肩负起民族复兴的时代重任。"[①]因此,学校要高度重视对青年学生的理想信念教育,为他们扣好人生"第一粒扣子"。

生活思政应把理想信念教育摆在核心位置。一方面,运用榜样学习法,如向以钟南山、张伯礼、张定宇、陈薇等为代表的一大批抗疫英雄学习,引导广大青年学生志存高远,树立科学人生理想,正确处理好小我与大我、个人与国家的

---

① 习近平在全国教育大会上强调:坚持中国特色社会主义教育发展道路 培养德智体美劳全面发展的社会主义建设者和接班人[N].人民日报,2018-09-11(01).

关系，把青春梦融入中国梦，并在实现中国梦中成就青春梦。另一方面，引导广大青年学生重视理论学习，学好、用好马克思主义这个"看家本领"，尤其是习近平新时代中国特色社会主义思想，在学思践悟中坚定对马克思主义的信仰，对共产主义的信念，对中国特色社会主义道路、理论、制度和文化的信心。总之，理想信念教育的目标，是要筑牢青年学生信仰之基、补足精神之钙，坚定"四个自信"，为实现"两个一百年"的奋斗目标和中华民族伟大复兴中国梦而不懈奋斗。

2. 以爱国主义教育为重点

爱国主义是中华民族的民族心、民族魂，是中华民族最宝贵的精神财富。为在全社会大力弘扬爱国主义精神，2019 年 11 月，中共中央、国务院印发了《新时代爱国主义教育实施纲要》。《纲要》明确指出，"新时代爱国主义教育要面向全体人民、聚焦青少年"。可见，青少年学生是新时代爱国主义教育重点对象。因此，新时代学校要加强爱国主义教育，通过多种教育途径和多样教育方式，让爱国主义精神入耳入脑入心入行。习近平总书记在全国教育大会上说："要在厚植爱国主义情怀上下功夫，让爱国主义精神在学生心中牢牢扎根，教育引导学生热爱和拥护中国共产党，立志听党话、跟党走，立志扎根人民、奉献国家。"①

生活思政应以《新时代爱国主义教育实施纲要》为指南，把爱国主义教育融入大学生日常生活，落细落小落实落微；根据青年学生兴趣特点与接受习惯，通过微视频、抖音等喜闻乐见的方式唱响爱国主义主旋律；组织青年学生听取英模人物报告、参加志愿服务活动等丰富实践活动，躬身力行、知行合一，厚植家国情怀；充分利用当前抗击新冠肺炎疫情鲜活素材，生动讲好爱国、爱党和爱民故事，使青年学生深入理解"中国共产党为什么能""中国特色社会主义为什么好"，把爱国、爱党和爱社会主义高度统一起来。通过爱国主义教育，使广大青年学生强爱国情、立强国志和践报国行，成为心中有国、心中有党、心中有民、心中有责的时代新人。

3. 以大学生全面发展为目标

人的全面发展是马克思主义理论追求的价值目标，也是我国教育方针的重

---

① 习近平在全国教育大会上强调：坚持中国特色社会主义教育发展道路 培养德智体美劳全面发展的社会主义建设者和接班人［N］.人民日报,2018 - 09 - 11(01).

要内容。新中国成立 70 多年来,我国教育方针虽在不同时期有不同表述,但"培养全面发展的人"这一点始终未变。当然,人们对"全面发展的人"的认识经历了一个从"德智体"到"德智体美"再到"德智体美劳"的不断深入发展过程。1957 年 2 月,毛泽东在《关于正确处理人民内部矛盾的问题》中指出:"应该使受教者在德育、智育、体育几方面都得到发展。"①2002 年,党的十六大报告提出要"培养德智体美全面发展的社会主义建设者和接班人"。2017 年在中共中央国务院印发的《关于加强和改进新形势下高校思想政治工作的意见》中指出,要"培养又红又专、德才兼备、全面发展的中国特色社会主义合格建设者和可靠接班人"。2018 年,习近平总书记在全国教育大会上提出要"培养德智体美劳全面发展的社会主义建设者和接班人"。

生活思政应坚守以人为本的价值立场,着眼于学生成长成才,围绕学生、关照学生、服务学生,以培养全面发展的人为目标。要对青年学生科学引导,精心培育,帮助树立科学的理想信念和正确的"三观"。加强马克思主义理论教育,用党的理论创新成果武装学生头脑,为其一生发展奠定科学的思想基础。弘扬爱国主义精神,教育引导学生爱国、爱党和爱社会主义。发扬中华传统美德、继承中国革命道德和建设社会主义道德,教育引导学生做新时代道德的践行者、传播者和引领者。帮助学生重视科学文化学习,追求学问、真理,增长知识,练就本领。帮助学生树立健康第一的观念,加强体育锻炼,强身健体,发展健全人格。增强学生审美意识,提升审美情趣,使其发现美、欣赏美、追求美和创造美。重视劳动教育,增强学生劳动意识,树立正确的劳动观念,培养热爱劳动的好习惯。总之,新时代党的教育方针是一切教育工作的根本遵循。生活思政要在全面贯彻党的教育方针前提下,着眼于铸魂育人,促进学生全面发展,为党和国家事业发展提供人才支撑。如果说,全面贯彻新时代党的教育方针是生活思政实现其国家价值的前提条件,那么,落实立德树人这个根本任务则是生活思政实现其国家价值的必由之路。

---

① 毛泽东文集:第七卷[M].北京:人民出版社,1999:226.

二、以立德树人为根本任务

(一)立德树人的提出

国无德不兴，人无德不立。公民的道德素质是衡量一个国家经济发展水平与文明程度的重要标志。正因为如此，党的十九大报告中指出："要提高人民思想觉悟、道德水准、文明素养，提高社会文明程度。"①一直以来，中华民族都非常重视道德教育，将"立德""修身"放在首位，倡导崇德向善，不断加强自身道德修养，提高思想道德境。中国共产党人继承了中国民族优秀传统文化，将"立德树人"作为教育的根本任务与使命，把学校作为培养公民道德的主渠道。2006 年 8 月 29 日，胡锦涛同志在中共中央政治局第三十四次集体学习时指出："要坚持育人为本、德育为先，把立德树人作为教育的根本任务，努力培养德智体美全面发展的社会主义建设者和接班人。"②这是党和国家领导人首次提出要把"立德树人"作为教育的根本任务。

(二)习近平总书记关于"立德树人"的重要论述

进入新时代后，"立德树人"再次成为党和国家的重大关切。它被正式写入党的十八大报告中。十八大报告明确指出，要"把立德树人作为教育的根本任务，培养德智体美全面发展的社会主义建设者和接班人"。③习近平总书记在科学把握时代发展、社会进步对人才培养要求的基础上，对教育的三个根本之问，即"培养什么人""为谁培养人"和"如何培养人"作出了新思考，并赋予其新内涵。2016 年 12 月 7 日，他在全国高校思想政治工作会议上强调指出，"高校立身之本在于立德树人""要坚持把立德树人作为中心环节"。④ 2017 年 10 月 18 日，党的十九大再次提出，"要全面贯彻党的教育方针，落实立德树人根本任

---

① 习近平.决胜全面建成小康社会 夺取新时代中国特色社会主义伟大胜利——在中国共产党第十九次全国代表大会上的报告[M].北京：人民出版社，2017：42.

② 胡锦涛.坚持把教育摆在优先发展战略地位 努力办好让人民群众满意的教育[N].光明日报，2006 - 08 - 31(01).

③ 胡锦涛.高举中国特色社会主义旗帜　为夺取全面建设小康社会而奋斗——在中国共产党第十八次全国代表大会上的报告[N].人民日报，2012 - 11 - 18(01).

④ 习近平在全国高校思想政治工作会议上强调：把思想政治工作贯穿教育教学全过程 开创我国高等教育事业发展新局面[N].人民日报，2016 - 12 - 09(01).

务……培养德智体美全面发展的社会主义建设者和接班人。"①

在习近平总书记关于教育的重要论述中，谈得最多的是"立德树人"。他对"什么是立德树人""为何要立德树人"以及"如何立德树人"等重要问题上作出深入思考，并提出了一些新观点、新看法，成为新时代我国教育发展的根本遵循。习近平总书记强调："人才培养一定是育人和育才相统一的工程，而育人是本。人无德不立，育人的根本在于立德。这是人才培养的辩证法。办学就要尊重这个规律，否则就办不好学。"②可见，立德树人是人才成长的根本规律。那么，如何培育时代新人？他说："育新人，就是要坚持立德树人、以文化人，建设社会主义精神文明、培育和践行社会主义核心价值观，提高人民思想觉悟、道德水准、文明素养，培养能够担当民族复兴大任的时代新人。"③总之，围绕立德树人这个根本，坚持德育优先、育人为本已成为我国人才培养的鲜明特色。

（三）生活思政落实立德树人根本任务的实现路径

1. 以《新时代公民道德建设实施纲要》为根本遵循

2019 年 10 月 27 日，中共中央、国务院印发了《新时代公民道德建设实施纲要》。④ 这是基于新时代对我国公民道德建设作出的顶层设计与最新规定，是推进新时代我国公民道德建设的总纲领。高校作为公民道德建设的重要阵地，要结合学校实际情况，制订相应实施方案，保障新时代公民道德建设落地落实。就生活思政来说，要把《新时代公民道德建设实施纲要》融入学生生活之中，对学生进行社会公德、职业道德、家庭美德和个人品德的教育引导，继承传统美德、弘扬革命道德和社会主义道德，做到"学生在哪里，道德教育也要在哪里"，使学生潜移默化地受到道德熏陶，教化人心。

具体来说，美化校园环境、丰富校园文化生活、评选校园最美人物等多样活动，可以营造有利于修身立德的良好氛围，陶冶学生情操。开展丰富多彩的校园活动，如"大学生科研创新大赛""大学生创新创业活动"和"大学生志愿（公益）服务活动"等，在活动中培养学生品德。强化国庆节、校庆日、体育节、文化

---

① 习近平.决胜全面建成小康社会夺取新时代中国特色社会主义伟大胜利 ——在中国共产党第十九次全国代表大会上的报告[M].北京：人民出版社，2017：45.
② 习近平.在北京大学师生座谈会上的讲话[N].人民日报，2018－05－03(02).
③ 习近平谈治国理政：第三卷[M].北京：外文出版社，2020：312.
④ 中共中央、国务院印发《新时代公民道德建设实施纲要》[N].人民日报，2019－10－28(01).

艺术节等重要节日的仪式感、参与感，增强学生爱校、爱国的归属感与认同感。重视网络空间道德教育，引导学生自觉遵守网络道德规范，养成网络自律行为，做网络秩序的维护者、推动者和受益者。此外，还要注意两点：一是要将正确的道德认知与道德行为相结合，用知行合一推进学生道德建设；二是要将倡导与惩戒相结合，弘扬高尚德行，惩戒失德行为，扬善惩恶。

2. 以社会主义核心价值观为引领

社会主义核心价值观是新时代全国各族人民的共同价值追求，是实现中华民族伟大复兴中国梦的强大思想基础。它属于道德范畴。2014 年 5 月 4 日，习近平总书记在北京大学师生座谈会上指出："核心价值观，其实就是一种德，既是个人的德，也是一种大德，就是国家的德、社会的德。"①因此，社会主义核心价值观是"立德树人"题中的应有之义。自党的十八大以来，以习近平同志为核心的党中央把培育和践行社会主义核心价值观作为凝魂聚气、强基固本的基础工程。中共中央先后印发了《关于培育和践行社会主义核心价值观的意见》(2013)、《关于进一步把社会主义核心价值观融入法治建设的指导意见》(2016)、《社会主义核心价值观融入法治建设立法修法规划》(2018)等纲领性指导意见。

高校要自觉承担起对青年学生进行社会主义核心价值观的教育引导。这是因为，"青年的价值取向决定了未来整个社会的价值取向，而青年又处在价值观形成和确立的时期，抓好这一时期价值观的养成十分重要。"②就此而言，高校要坚持以社会主义核心价值观为引领。对生活思政而言，就是要把社会主义核心价值观与学生生活紧密相连，融入学生生活的方方面面，在落细、落小、落实上下功夫，使核心价值观的影响像空气一样无所不在、无时不有。要把抽象的、理性的社会主义核心价值观具象化、生活化、感性化和情景化，让学生在生活中感知它、领悟它和践行它。只有这样，才能使青年学生把社会主义核心价值观内化于心，外化于行，成为自己日用而不觉的行为准则，自觉做社会主义核心价值观的践行者、示范者和引领者。

3. 加强育人主体师德修养

教育者先受教育。立德树人的旨归是提高学生的思想道德素质，而要实现

① 习近平谈治国理政：第一卷[M].北京：外文出版社，2014：168。
② 习近平谈治国理政：第一卷[M].北京：外文出版社，2014：172.

这一目标,首先就须教育者加强师德修养,以身作则,率先垂范,做立德树人的榜样。教育大计,教师为本。党的十八大以来,习近平总书记高度重视教育队伍建设,对教师工作、教师队伍建设作出一些重要论述。2014 年,他在与北京师范大学师生座谈时说:"教师重要,就在于教师的工作是塑造灵魂、塑造生命、塑造人的工作。"①2016 年,他在全国高校思想政治工作会议上指出,教师要"坚持教书和育人相统一",做到"以德立身、以德立学、以德施教"。为培养德智体美劳全面发展的社会主义建设者和接班人,应努力造就一支高素质的专业化教师队伍。对此,他提出了"四有"好老师、"四个引路人"和"四个相统一"等一系列标准。

对生活思政育人主体而言,除努力达到以上要求外,还要做到"六要"。2019 年 3 月 18 日,习近平总书记对思政课教师明确提出"六要",即政治要强、情怀要深、思维要新、视野要广、自律要严、人格要正。这同样适用于生活思政育人主体。生活思政的育人主体较为广泛,包括行政管理人员、教辅人员、图书管理员、宿舍管理员、食堂人员、学校保安、清洁工等后勤服务人员等。他们的言行举止、工作态度等都会给学生带来一定影响。因此,要求生活思政育人主体加强个人品德修为,养成道德自律,不断提高自身道德素养。要在"文明礼貌、爱岗敬业、诚实守信、办事公道、服务学生"上下功夫,做言行一致、知行合一的示范者。用自身高尚品行和人格魅力来影响学生、感染学生,以德育德。

4. 确立学生主体地位,在实践中践行品德

个体道德品质的形成需遵循"知、情、意、行"的发生发展规律。虽然,正确的道德认知在个体道德发展中处于优先地位,但培养德行却是道德教育的指向目标,也是评判个体道德水平高下的重要依据。而个体德行的养成离不开实践活动。古希腊哲学家亚里士多德曾说:"正如其他技术一样,我们必须先进行实践活动,才能获得这些德性。……我们做公正的事情才能成为公正的,进行节制才能成为节制的,表现勇敢才能成为勇敢的。"②在他看来,人的美德只有在实践中通过行动才能达成。亚里士多德的道德教育智慧启示我们,生活思政一

---

① 习近平.做党和人民满意的好老师——同北京师范大学师生代表座谈时的讲话[J].中国高等教育,2014(18).

② 苗力田.亚里士多德选集:伦理学卷[M].北京:中国人民大学出版社,1999:31.

定要充分发挥学生的主体作用,让他们"在做中学",在实践中养成良好品行。

生活思政如何发挥学生主体性,使他们积极主动参与实践活动?

一是确立学生主体地位。传统型师生关系是一种主客二分的不平等关系,教师是主体,操纵着话语权,学生则是被改造的客体,个性发展受压抑。这就需重构师生关系,从主客二分"我—他"关系转变为主体间性"我—你"关系,还学生以主体。

二是坚持以生为本,关照学生需求,激发学生内在动力。生活思政要坚持以生为本育人理念,了解学生、关爱学生,想学生之所想,做学生之所需,为学生排忧解难。关照学生需求,推进生活思政供给侧改革,为学生提供精准优质服务,满足学生成长发展需求。

三是改革考核评价内容与指标。生活思政是学校日常思政工作的重要组成部分,应把它纳入日常思政考核评价范围,规定生活思政最低分值,把考核结果与评奖评优、入团入党、推选干部等与学生切身利益直接挂钩。

需要注意的是,仅凭生活思政一己之力完成立德树人之根本任务,既不可能,也不现实。学校须将立德树人根本任务贯穿于教育教学全过程,整合一切资源,汇聚所有力量,实现教育合力最大化,才能真正完成。应以系统思维、整体思维,把思政课程、课程思政和日常思政统整于一体,协同一致,发挥课程、管理、科研、资助、实践和环境等育人功能,使学校每一位教职员工都承担起指导学生成长成才的育人责任。

总之,要实现生活思政的国家价值,就必须全面贯彻党的教育方针,以立德树人为根本任务,培养和造就一批又一批"德智体美劳全面发展的社会主义建设者和接班人"。就是要把广大青年学生培养成为有坚定理想信念、爱国、爱党和爱社会主义的忠诚爱国者,做新时代公民道德和社会主义核心价值观的坚定信仰者、积极传播者和模范践行者,成为知行合一、全面发展、堪当民族复兴大任的时代新人。这是新时代高校生活思政应有的担当与作为,也是其实现国家价值的必由之路。

第二节　社会层面：德才兼备、奉献社会的人

生活思政的社会价值,是指生活思政能否满足和在多大程度上满足社会发

展的需要。正如其国家价值一样,生活思政通过培养一批批"德智体美劳全面发展的社会主义建设者和接班人",为中国特色社会主义提供源源不断的人才支撑,从而实现其国家价值。那么,生活思政的社会价值也在于通过培养青年学生,为社会发展输送大批德才兼备的高素质优秀人才,在推动社会进步中实现其社会价值。可以说,能否为社会培养符合特定要求的人是生活思政社会价值实现的关键。

以马克思主义为指导,生活思政应为社会"培养什么人"? 这要从当前我国所处的国内外客观现实出发。新时代是中华民族从富起来到强起来的伟大飞跃时代,也是实现"两个一百年"奋斗目标和中华民族伟大复兴中国梦的时代,更是夺取中国特色社会主义伟大胜利的时代。新时代我国社会的主要矛盾是"人民日益增长的美好生活需要和不平衡不充分的发展之间的矛盾"。实现伟大梦想、建设伟大事业和解决我国社会主要矛盾,都离不开高素质优秀人才。

当前,世界正面临百年未有之大变局,大国与大国之间的博弈、竞争更为激烈。而国家竞争的关键,归根到底是人才竞争。基于国内外客观现实,我国对高素质优秀人才的渴求比历史上以往任何时候都更为强烈。而"立德树人"既是新时代高校的立身之本和根本任务,也是人才成长的根本规律。因此,生活思政只有把青年学生培养成为德才兼备的高素质优秀人才,才能实现其社会价值。

一、德才兼备、以德为先

党的十八大以来,以习近平同志为核心的党中央高度重视人才培养,他亲自主持召开一系列相关工作会议,坚持"德才兼备,以德为先"的人才培养目标和选人、用人标准。2014 年,习近平总书记在北京大学师生座谈会上指出:"道德之于个人、之于社会,都具有基础性意义,做人做事第一位的是崇德修身。这就是我们的用人标准为什么是德才兼备、以德为先,因为德是首要、是方向,一个人只有明大德、守公德、严私德,其才方能用得其所。"[①]2017 年,党的十九大

---

① 习近平谈治国理政:第一卷[M].北京:外文出版社,2014:173.

报告要求"落实立德树人根本任务"。① 2019 年,他在纪念五四运动 100 周年大会上向新时代中国青年提出了"六要":"要树立远大理想、要热爱伟大祖国、要担当时代责任、要勇于砥砺奋斗、要练就过硬本领、要锤炼品德修为。"②这些论断无不表明,"德才兼备,以德为先"仍是新时代我国人才培养与用人标准。在此背景下,高校生活思政应如何作为? 有以下实现方法和路径。

(一)锤炼品德修为

这里的"品德"是指人的思想道德素质,包括政治道德、家庭美德、职业道德、社会公德和个人品德等。政治道德是指评判人们政治行为的道德规范与准则,主要包括为人民服务、集体主义、爱国主义、廉洁奉公等。家庭美德是指在家庭生活中处理家庭成员之间关系的道德规范,如尊老爱幼、男女平等、夫妻和睦、勤俭持家、邻里团结。职业道德是指从业人员在职业生活中应遵循的行为准则,主要包括爱岗敬业、诚实守信、办事公道、服务群众、奉献社会。社会公德则是指在社会公共生活领域应遵循的行为规范,如文明礼貌、助人为乐、爱护公物、保护环境、遵纪守法。个人品德则是一定社会道德原则和规范在个人思想、行为中的体现。《新时代公民道德建设实施纲要》规定,要"推动践行以爱国奉献、明礼遵规、勤劳善良、宽厚正直、自强自律为主要内容的个人品德,鼓励人们在日常生活中养成好品行。"那么,生活思政如何帮助青年学生锤炼道德品质呢?

1. 从中华优秀传统文化中汲取道德精髓

中华优秀传统文化的道德精髓实质就是中华传统美德,它是中华民族的"根"与"魂",拥有穿透时空的精神力量,在当今仍具有时代意义。如强调"言必信,行必果""仁者爱人""与人为善""己所不欲,勿施于人""以德报德";强调"天下兴亡,匹夫有责""精忠报国""克己奉公""鞠躬尽瘁";强调"天人合一""和而不同""以和为贵";强调"父慈子孝""兄友弟恭""孝老爱亲";强调"独善其身""兼济天下",等等。这些传统美德永不过时、永不褪色,具有永恒价值,需要广大青年学生大力继承与弘扬,做美德传承人。为此,高校生活思政可利用传统

---

① 习近平.决胜全面建成小康社会 夺取新时代中国特色社会主义伟大胜利——在中国共产党第十九次全国代表大会上的报告[M].北京:人民出版社,2017:45.

② 习近平.在纪念五四运动 100 周年大会上的讲话[M].北京:人民出版社,2019:6 - 11.

节日让学生亲身体验、感悟和践行美德,如端午节、重阳节、中秋节和春节等。

2. 树立榜样典型,引导学生学榜样、做榜样

榜样教育法就是用典型身上的先进精神、高尚品质和人格魅力来感染人、激励人、引领人,以提高人们思想认识的教育方法。习近平总书记曾指出,学榜样,"最关键的是要学精神、学品质、学方法。"①他还说,"榜样的力量是无穷的。善于抓典型,让典型引路和发挥示范作用,历来是我们党重要的工作方法。"②榜样教育法具有生动、形象、直观、鲜活的优点,具有很强的感染力和说服力,是一种有效的教育方法。为此,生活思政可通过评选"校园最美人物",发现先进典型,讲好先进典型故事,宣传先进事迹和先进思想,推广先进人物,学习先进人物,激发广大青年学生崇德向善,积极向上,向先进人物看齐,营造学先进、赶先进和做先进的良好氛围。需要注意的是,在榜样教育法中,应坚持正面教育为主,即发挥正面榜样引领示范作用,引领人、鼓舞人。

3. 注重道德实践,实现知行合一

2013 年,习近平总书记在十八届中央政治局第十二次集体学习时的讲话中强调:"道德建设,重要的是要激发人们形成善良的道德意愿、道德情感,培育正确的道德判断和道德责任,提高道德实践能力尤其是践行能力。"③可见,个体道德修养,一定要把正确的道德认识与躬行道德实践统一起来,做到知行合一。否则,离开道德实践,培养的终将是夸夸其谈的"口头道德家"或言行不一的"伪善家"。苏联教育家赞科夫曾说:"假定以善良和同情为题进行谈话,然后布置相应的作业,指望用这种方法培养出善良和有同情心的人,那是不可能的。用这样的方法最容易培养伪君子和伪善的人。"④为此,生活思政可组织、引导学生积极参与一些志愿公益服务活动,在服务他人的实践活动中把社会道德规范内化为自身德性,并把德性外化为德行。经过多次反复活动,形成稳定道德,完成品德锤炼。

(二)练就过硬本领

"德才兼备"中的"才"是指人所具有的专业素养和工作能力,掌握某一领域

---

① 习近平.之江新语[M].杭州:浙江人民出版社,2007:218.

② 习近平.之江新语[M].杭州:浙江人民出版社,2007:212.

③ 中共中央文献研究室.习近平关于社会主义文化建设论述摘编[M].北京:中央文献出版社,2017:137-138.

④ [苏]列·符·赞科夫.和教师的谈话[M].北京:教育科学出版社,1980:41.

专业知识和专业技能的程度。从内容上看,主要包括专业理论知识,解决问题、分析问题的实际应用能力,创新创造能力等。作为全面发展、德才兼备的高素质优秀人才,既要有高尚的道德品行,又要有硬核的专业技能,成为某一领域的专家、行家。只有德才兼备,才能为社会作出更大贡献。若学校培养的是有德无才("次品")、无德无才("废品")或有才无德("危险品")之人,则他们不仅无益于社会,相反还可能危害社会。因此,生活思政既要培养学生良好品行,又要重视学生学习,掌握专业知识和专业技能,练就过硬本领,用知识才干服务社会,造福人民。

自近代以来,科学技术在人们认识世界和改造世界中发挥了重大作用。科学技术的每一次重大发明创造,都极大地解放了社会生产力,从而推动着人类社会的前进。科学技术由此奠定了它在人类社会中不可撼动的地位。人们尊重知识,推崇科学,追求真理,寄希望科学技术为人类造福,推动社会进步。当今世界,国与国之间的竞争是以经济和科技为基础的综合国力的较量,归根到底是科技人才的竞争,也是教育的竞争。换言之,拥有大量高质量人才是一国制胜的法宝。因此,世界各国政府都高度重视科技人才培养,希望能在高科技领域占领制高点。而高素质人才的培养离不开教育的发展。今天,学校教育肩负着比以往任何时候都更加重大的责任与使命。为使广大青年学生更加努力学习科学文化知识,练就过硬本领,生活思政应在以下三方面着力。

1. 增强学生成才意识

组织学生认真学习《习近平关于科技创新论述摘编》。通过深入学习,深刻理解几个关键问题:"科技创新对我国社会发展有何重大战略意义""为什么要坚定不移走中国特色自主创新道路""如何走好中国特色自主创新道路""科技创新应牢牢把握好哪三个问题"等。通过学习习近平总书记关于新时代科技创新重要论断,结合自身实际情况,着重思考、回答"我能为国家科技创新做什么,现在应该怎么做"等相关问题。增强学习、成才的紧迫感和使命感,把学习作为自身第一要务,把成才作为立身之本。广大青年学生要立鸿鹄之志,勇攀科学高峰,努力实现我国科教兴国战略、人才强国战略、创新驱动发展战略和科技强国战略,建功立业新时代。

2. 营造良好学习环境

重视专业教育引导,让学生了解、熟悉、热爱自己所学专业;帮助学生制订科学、合理的专业学习计划,有计划、分步骤地实现学习目标,夯实专业基础;开展专业知识和专业技能竞赛,通过学习竞赛,寻找学习薄弱环节,补短板、强弱项;开展师生、生生结对,组建学习共同体;帮助学生提前了解职业,正确认识自我,做好职业生涯规划,并用其来指导当前学习;制定上课学习守则、图书馆自修制度等,用制度规范、约束学生学习行为,养成良好学习习惯;在学生寝室、食堂、图书馆、教室等场所,张贴学习标语,激发学生学习热情;宣传、表扬、奖励学习优秀生或学习先进分子,用先进引领后进,达到共同进步。总之,要营造出爱学、乐学、竞学、助学的浓厚学习氛围。

3. 重点培养学生创新思维

大学是传承知识、创造知识和传播知识的重要场所。培养学生创新思维,开展科学研究是大学需承担的重要职责之一。广大青年学生要珍惜大学求学时光,以培养创新思维为重点,不满足于学习现有科学文化知识,敢于质疑,勤于思考,勇于探索,刻苦钻研,求得真知识,练就真本领。生活思政可组织学生参加一些学习小组、研究社团、创新团队等,或参加一些科研创新项目或竞赛类项目。在学习、竞赛和科研中培养创新思维,提高创新能力,了解科技发展前沿,掌握最新理论知识,努力成长为创新型人才。

二、牢记使命、担当责任

(一)使命、责任的内涵

马克思曾说:"作为确定的人,现实的人,你就有规定,就有使命,就有任务,至于你是否意识到这一点,那都是无所谓的。这个任务是由于你的需要及其与现存世界的联系而产生的。"[1]在此,确定的、现实的人的"规定""使命"和"任务"实质是指人在特定社会历史条件下所肩负的责任。这一论断包含以下丰富内涵:每一个体都生活在一定的社会历史条件下,都有特定的时代使命,都应履行自己的责任,而不能逃避或推卸责任。每一个体都应有社会责任感,承担起相应的社会责任,服务社会、奉献社会,推动社会前进。那么,何谓使命? 所谓使命,"古指使者奉命出行,引申为肩负重大任务和责任"[2]。可见,使命、责任

---

① 马克思恩格斯全集:第三卷[M].第一版.北京:人民出版社,1960:329.
② 冯秀军.时代新人培养与新时代的大学使命[J].东北师范大学学报(哲学社会科学版),2019(2).

两者意思相近，可合并使用。

（二）使命、责任的意义

使命、责任是一个国家或社会根据特定历史条件对其公民或社会成员作出的外在规定性。国家或社会之所以对个体有这样或那样的规定性，是出于国家发展目标或社会发展任务完成的需要。而这种规定性由于每一社会成员所扮演的角色不同，其使命责任也就不同。虽然每一个体所承担的使命责任各异，但有一点相同，即每一个体都有责任和使命，不存在超越使命责任之外的人。因为，社会性是人的本质属性，人不能离开社会而独立存在。只要你是社会中的一员，那么，社会就会赋予你相应责任使命。正因如此，无论你是否意识到、是否愿意，你都应承担相应的使命责任。作为个人集合体的国家或社会，只有当其成员认真履行并完成各自责任使命，才能实现预期目标。

使命、责任也是个体成人和实现人生价值的内在要求。习近平总书记指出："责任是人的社会属性的集中体现，是人之为人的本质要求"。在他看来，如果一个人没有责任，那他就不是社会人，而是一个生物人。他还将履行责任作为衡量人生价值大小的标准。他说，"个人价值大小与承担社会责任成正比""一个人履行责任的过程实际上就是体现自身价值的过程，而他个人价值的大小，也是和承担的社会责任成正比的"。此外，他还提出大学生责任感最基本的体现在对"自己、亲人、周围的人和更多的人"负责。

（三）中国共产党人的初心和使命

中国共产党诞生于国家和民族危难之际。1921 年 7 月，在其成立之初，就将"为中华民族谋复兴，为中国人民谋幸福"作为自己的初心和使命，并把它镌刻在共产党人的心中。正是在这一初心和使命的召唤下，中国共产党人勇担时代重任，克服了一个又一个困难，战胜了一次又一次挑战，夺取了一个又一个胜利。在半殖民地半封建社会，中国共产党人挽救国家、民族于危难之中，不怕牺牲，排除万难，经过艰苦卓绝的奋斗，终于推翻了压在中国人民头上的三座大山，取得了新民主主义革命的胜利，迎来了新中国的成立，中国人民从此站起来了。实践证明，不忘初心、牢记使命既是中国共产党克敌制胜的法宝，也是全面夺取中国特色社会主义事业伟大胜利的根本。

新中国成立后，如何把一个落后的农业国建成一个先进的工业国，改变一穷二白的落后社会面貌,建设现代化国家,成为党面临的新的重大课题。经过艰难探索,我们党终于建立起社会主义制度,走上了社会主义道路。在社会主义建设时期,中国共产党人发扬艰苦奋斗精神,带领全国各族人民艰苦创业,为社会主义现代化建设奠定了物质基础。1978 年年底召开的十一届三中全会,开启了改革开放历史新时期。在中国共产党的坚强领导下,经过 40 多年的努力,我国社会发生了翻天覆地的新变化,迎来了从站起来到富起来的伟大飞跃。当今,中国特色社会主义进入新时代。党面临着新的重大风险挑战。因此,必须要推进党的建设伟大工程。"不忘初心、牢记使命"主题教育实践活动正是在此背景下展开。

高校党委要在师生党员中认真开展"不忘初心、牢记使命"主题教育,始终牢记全心全意为人民服务的根本宗旨,筑牢信仰之基,增强"四个意识",坚定"四个自信",坚决做到"两个维护",为实现人民对美好生活的向往而不懈努力奋斗。广大师生党员要切实担当起实现中华民族伟大复兴的历史使命,认真学习习近平新时代中国特色社会主义思想,深刻领会理论精髓和核心要义,并用以指导实践行动。广大师生党员要自觉锤炼党性修养,锻造先进性和纯洁性,把历史使命转化为教书育人、勤学修身的根本动力,以身示范,凝心聚力,围绕立德树人根本任务,以担当精神和务实作风,在各自岗位上履职尽责,做有理想、有本领、有担当的时代新人。

(四)每一代青年的使命与担当

青年兴则国兴,青年强则国强。青年是国家前途、民族未来的希望。梁启超在《少年中国说》写道:"故今日之责任,不在他人,而全在我少年。"李大钊说:"凡以冲决历史之桎梏,涤荡历史之积秽,新造民族之生命,挽回民族之青春者,固莫不惟其青年是望矣。"纵观中国近代以来社会发展历史,广大青年始终站在时代前列,勇担时代使命与责任,为国家富强、民族振兴、人民幸福而接续奋斗。在新民主主义社会,广大青年将"爱国、救亡"作为己任,用实际行动积极探索救国救民之出路。在社会主义革命和建设时期,广大青年积极响应党和国家号召,奔赴祖国最需要的地方,在各行各业艰苦创业,建设伟大的祖国,用青春热血谱写时代之歌。在改革开放新时期,广大青年积极投身于改革大潮,开拓创新,锐意进取,奋发有为,成为时代的弄潮儿。

当前，广大青年要正确把握国内、国际两个发展大势，认清自己所处的时代坐标，肩负起时代使命与重任。从国内来看，实现中华民族伟大复兴，是近代以来中国人民最伟大的梦想。在新时代，这一伟大梦想比以往任何时候都更加接近，迎来了光明前景。"中国梦是历史的、现实的，也是未来的；是我们这一代的，更是青年一代的。"①广大青年是追梦人、筑梦人和圆梦人。从国际来看，当今世界正处于百年未有之大变局。对此，习近平总书记发出了"这个世界到底怎么了，我们应该怎么办"的世界之问。面对世界变局，他提出了"构建人类命运共同体"的中国方案，为世界贡献了中国智慧。而广大青年是构建人类命运共同体的有生力量。总之，新时代青年要积极行动起来，担当起实现"中国梦"和构建人类命运共同体的时代重任。

（五）生活思政在"牢记使命、担当责任"中的作为

1. 加强"四史"学习，增强使命、担当意识

习近平总书记曾指出："历史是最好的教科书""历史是最好的清醒剂"。要引导广大青年学生学习中国革命史、党史、改革开放史和社会主义发展史。从"四史"学习中，深刻领悟"中国共产党为什么能""中国共产党人的初心和使命是什么？为什么要做到不忘初心、牢记使命""为什么说改革开放是决定中国命运的关键一招""为什么要坚持和发展中国特色社会主义""如何坚持和发展中国特色社会主义"等重大理论与实践问题。继承和弘扬革命精神，如红船精神、井冈山精神、长征精神、抗战精神、延安精神、西柏坡精神等；牢记党的初心与使命，听党话，跟党走；坚定中国特色社会主义道路自信、理论自信、制度自信和文化自信；认清自身肩负的历史使命，自觉担当起时代重任。

2. 组织学生积极参加实践，了解国情、社情和民情

要把实践活动纳入学生思想政治教育考核的重要范围，以评促学，调动学生参加各类活动的积极性和主动性。通过多种途径了解国家、走向社会、接触群众，认清形势、把握国情、感知社情、体察民情。在此基础上，广大青年学生才能树立起报效祖国、奉献社会、服务人民的远大志向和人生理想。通过实践活动，青年学生的使命感、责任感和担当意识进一步被激发，才能不辱时代使命，

① 习近平.决胜全面建成小康社会 夺取新时代中国特色社会主义伟大胜利——在中国共产党第十九次全国代表大会上的报告[M].北京：人民出版社，2017：70.

不负人民期望,作出与时代同向、与祖国同行、与人民同在的人生价值选择,做新时代的开拓者、奋进者和奉献者。青年大学生在实践中才能放飞梦想,磨炼意志,增长才干,不忘初心,砥砺前行,不断成长。

3. 用实干、奋斗践行责任担当

党的十九大报告指出:"中华民族伟大复兴,绝不是轻轻松松、敲锣打鼓就能实现的。全党必须准备付出更为艰巨、更为艰苦的努力。"①中国梦的实现,要在一代代青年的接续奋斗中才能变为现实。新时代"是全国各族人民团结奋斗、不断创造美好生活、逐步实现全体人民共同富裕的时代,是全体中华儿女勠力同心、奋力实现中华民族伟大复兴中国梦的时代"②。因此,新时代是属于奋斗者的时代。广大青年学生必须要牢记习近平总书记的谆谆教导,"空谈误国,实干兴邦""立鸿鹄志,做奋斗者""幸福都是奋斗出来的""只争朝夕,不负韶华""撸起袖子加油干"。新时代青年要有所作为,就必须自觉肩负起民族复兴重任,投身于中国特色社会主义伟大事业,扎扎实实干事,踏踏实实做人,在实干、苦干中成就青春梦想,在不懈奋斗中书写人生华章。

总之,要实现生活思政的社会价值,就必须把青年学生培养成德才兼备、有本领、有担当的时代新人。具体来说,就是要明大德、守公德、严私德,具备扎实的专业知识、过硬的业务能力,胸怀两个大局,认清世界和中国发展大势,不忘初心、牢记使命、担当重任、锐意进取、开拓创新,做有益人民、奉献社会的时代新人。

第三节　学生层面:实现人的全面发展

生活思政除了国家价值、社会价值外,还具有个体价值,即生活思政满足学生成长、成才,促进其全面发展的需要。新时代下,党和国家高度重视学生成长成才,要求把青年学生培养成德智体美劳全面发展的时代新人。但长期以来,一些大学生言行不一、知行脱节,成为高校人才培养的一个"顽症",成为育人的

---

① 习近平.决胜全面建成小康社会 夺取新时代中国特色社会主义伟大胜利——在中国共产党第十九次全国代表大会上的报告[M].北京:人民出版社,2017:15.

② 习近平.决胜全面建成小康社会 夺取新时代中国特色社会主义伟大胜利——在中国共产党第十九次全国代表大会上的报告[M].北京:人民出版社,2017:11.

"断点"和"痛点"。如何克服"顽症"，打通"断点"，消除"痛点"，把大学生培养成全面发展的时代新人？生活思政以其自身优势，为大学生全面发展找到了一条有效路径。

一、生活思政打通育人"最后一公里"

长期以来，一些大学生言行不一、知行脱节，成为思想政治教育育人的"最后一公里"，那么，如何才能打通这"最后一公里"？生活思政以其自身独特优势，帮助学生实现知行合一，培养全面发展的人，打通育人"最后一公里"。

（一）生活思政重视情感体验

与主知主义、科学主义把理性认知作为人的思想政治品德形成的唯一或全部不同，生活思政侧重的是人的内心体验，重视情感、意志等非理性因素在人的思想政治品德形成中的突出地位，从而找到了克服知行矛盾的关键。

在个体思想政治道德素质的形成过程中，如果说对思想观念、政治观点和道德规范的认知所解决的是"知道"问题，那么，情感则要解决的是对思想观念、政治观点和道德规范的"体道""悟道"问题，这是一个体验、感悟和反思的内心活动过程。对思想观念、政治观点和道德规范的认知只有经过情感的渲染，才能走进个体内心，获得个体的认可、支持和接纳，才能实现从知到行的达成。可见，情感体验在人的思想政治素质形成发展中是不可或缺的。一些学生之所以出现知行脱节，一个十分重要的原因是没有在情感上认同、接纳社会所倡导的思想观念、政治观点和道德规范。正是从这个意义上说，动情是思想政治教育的关键。

有越来越多的研究表明：思想政治教育的有效性取决于学生在生活实践中的体验、感悟以及情感的触发。英国教育哲学家彼得斯在《伦理学与教育》中说："一个人接受道德原理是在具体的社会情景中亲自体验的。"[①]只有经过亲身体验而获得的感知、领悟、反思和觉醒往往才最深刻，也最能对人产生影响，实现从知到行的转变。因此，在思想政治教育中，一定要抓住情感体验这个关键。实践已充分证明"动之以情"是思想政治教育的有效方法。倘若只有干瘪的知识传授，而没有学生情感体验，那么，思想政治教育就容易落空。为此，教

---

① 转引自：王东莉.德育人文关怀论[M].北京：中国社会科学出版社，2005：354.

育者一方面要用心瞄准学生的思想共鸣点、抓住情感触发点,用心用情用力讲好动人故事,另一方面要通过生活增强学生情感体验,丰富情感,培养知行合一的人。

(二)生活思政倡导学做结合

长期以来,实践活动在高校思想政治教育中没有得到足够重视,学校未能给学生提供种种做事的条件或机会,学生只有在"听中学"而没有在"做中学",导致他们理论与实践的割裂、知与行的脱节。而生活思政是以实践为基石的思想政治教育,实践性是它的根本特征。这种实践性主要体现在:生活思政坚持理论联系实际,鼓励学生学以致用;倡导学做结合,要求学生在"做中学"。由此,生活思政成为沟通此岸(认知)与彼岸(行为)的中介,是弥合知行鸿沟的桥梁,从而为实现知行合一找到了一条行之有效的路径。

大量研究已证明:实践是人的思想政治道德素质形成、发展的根本机制与途径。① 离开实践,人的思想政治道德发展只停留在"知道"层面,难以实现从"知道"到"体道""悟道""信道"再到"行道"的系列转化,培养出的很可能是只知不行、言行不一的人。"生活教育"理论的创建者陶行知先生,曾就学校在修身伦理上重知轻行的错误做法作出如下批评:"修身伦理一类的学问,最应注意的,在乎实行;但是现今学校中所通行的修身伦理,很少实行的机会;即或有之,亦不过练习仪式而已。"②因此,人的思想政治道德素质发展不能只通过知识学习,而要在实践活动中,在学生的亲身参与、体验与践行中,化知识为素养。正如杜威所说:"从做中学比从听中学是一种更好的方法。"③

针对传统学校存在的种种弊端,陶行知提出了"教学做"合一的教学方法。他说:"教、学、做是一件事,不是三件事。我们要在做上教,在做上学。……先生拿做来教,乃是真教;学生拿做来学,方是实学。不在做上用功夫,教固不成为教,学也不成为学。"④在"教学做"合一中,"做"是中心、是根本。"做",简言之,是指实践活动。生活思政之所以能够打通育人"最后一公里",达到知行合一,根本原因在于它的实践性。生活思政给学生提供了种种做事的条件和机

① 范树成.当代学校德育范式转换与走向研究[M].北京:人民出版社,2011:208.
② 胡晓风,等.陶行知教育文集[C].第2版.成都:四川教育出版社,2007:55.
③ [美]约翰·杜威.学校与社会·明日之学校[M].赵祥麟,等译.北京:人民教育出版社,2005:286.
④ 胡晓风,等.陶行知教育文集[C].第2版.成都:四川教育出版社,2007:176.

会,让他们在生活中体验,在实践中磨炼,寓学于做,身体力行,躬行践履。生活思政通过学做结合,让学生在实践活动中深化认知、丰富体验、内化规则、生成信念和养成行为,不断推动学生思想政治道德发展"从知到行",再"从行到知"的飞跃与螺旋上升。

（三）生活思政彰显学生主体

长期以来,思想政治教育在以生产实践观为哲学思想的主导下,教育者以主体人存在,受教者则以客体物而存在。受教者是被直接改造的对象,他们被视为"美德之袋"（科尔伯格语）或"道德之洞"（科尔伯格语）。教育者把受教者置于消极、被动的地位,按照社会要求对他们进行雕琢、塑造,千篇一律、千人一面。这样一来,受教者作为鲜活的、具体的和现实的人不见了,人的独立性和主体性被消解。这种没有受教者主动参与、独立思考及践行的学习效果注定是有限的。正如苏联著名教育家巴班斯基所认为,任何教要产生预期的教学效果,不能离开学生积极地、自觉地学习。

生活思政把思想政治教育融入生活,在生活中开展思想政治教育。而这里的生活是指学生的生活,而不是其他人的生活,学生是自己生活的主人。这就意味着,生活思政把学生作为一个现实而具体的人来看待,把他们从客体中解放出来,确立起主体地位,让被遮蔽的主体得以彰显,高扬了人的主体性。在生活思政中,,学生不仅是生活思政实践的指向对象,更是生活思政的实践主体。生活思政以学生为中心,相信学生、围绕学生、关照学生、服务学生,从学生的兴趣、需要和能力出发,调动他们的积极性、主动性和创造性,使他们积极参与、主动践行生活思政,做生活思政的"主人",给他们以获得感和幸福感,从而切实提高思想政治教育实效性。

思想政治工作从根本上说是做人的工作,必须坚持以人为本。生活思政把学生从客体提升为主体,坚持以学生为中心,满足学生的成长发展需求和期待,确立人的主体地位,重视人的全面发展,这是思想政治教育本体价值、内在价值的回归。生活思政一方面始终坚持思想政治教育的社会意识形态功能,对学生进行政治、信仰和价值观等教育;另一方面则着眼于学生个体的成长发展,以实现人的全面发展为旨归,体现了对人的真正关怀。生活思政科学地把握了个人与社会之间的辩证关系,协调了个人发展与社会要求之间的关系,这样的思想政治教育更易为学生所喜欢,也更能实现教师价值引导和学生自主建构的统一,从而能够真正打通育人"最后一公里",实现知行合一、全面发展的培养目标。

二、生活思政画出育人"最大同心圆"

长期以来,思想政治教育主要通过思政课程主渠道和日常思政主阵地两者结合而进行。进入新时代,党和国家高度重视高校思想政治教育工作,提出了要"挖掘其他课程和教学方式中蕴含的思想政治教育资源",开展课程思政。这使得高校思想政治教育的渠道更加多样,资源更加丰富,力量更加强大。但对照"三全育人"理念和"十大育人"体系,按原有日常思政工作内容未能凝聚育人最大力量。正是在此背景下,生活思政作为新时代高校日常思政理念与实践创新进入了人们视野。因此,新时代下的高校思想政治教育,由思政课程、日常思政(包含生活思政)和课程思政三个重要部分组成有机整体。它们以育人为圆心,彼此形成协同效应,共同画出育人"最大同心圆"。

(一)构建大思政工作格局

自党的十八大以来,以习近平同志为核心的党中央从国家发展战略出发,高度重视思想政治教育工作,先后召开全国高校思想政治工作会议、全国教育大会和学校思想政治理论课教师座谈会等重要会议,围绕高校"培养什么人、如何培养人、为谁培养人"等根本性问题作出重要指示。其中,构建"大思政"工作格局是习近平总书记在上述会议中始终强调的重要思想之一。

2016 年 12 月,习近平总书记在全国高校思想政治工作会议上强调:"要坚持把立德树人作为中心环节,把思想政治工作贯穿教育教学全过程,实现全程育人、全方位育人,努力开创我国高等教育事业发展新局面。"他还指出:"要用好课堂教学这个主渠道,思想政治理论课要坚持在改进中加强,提升思想政治教育亲和力和针对性,满足学生成长发展需求和期待,其他各门课都要守好一段渠、种好责任田,使各类课程与思想政治理论课同向同行,形成协同效应。"①这些重要论断表明,思想政治工作是学校各项工作的生命线,在高校人才培养

① 习近平在全国高校思想政治工作会议上强调:把思想政治工作贯穿教育教学全过程 开创我国高等教育事业发展新局面[N]. 人民日报,2016 - 12 - 09(1).

中居于极端重要地位，应使各类课程与思政课同向同行，努力构建起全程全员全方位的育人网络体系，实现育人效果的最大化。

习近平总书记以整体思维、全局思维来统筹推进教育事业发展。2018年9月，他在全国教育大会上指出："办好教育事业，家庭、学校、政府、社会都有责任。家庭是人生的第一所学校，家长是孩子的第一任老师，要给孩子讲好'人生第一课'，帮助扣好人生第一粒扣子。教育、妇联等部门要统筹协调社会资源支持服务家庭教育。全社会要担负起青少年成长成才的责任。各级党委和政府要为学校办学安全托底，解决学校后顾之忧，维护老师和学校应有的尊严，保护学生生命安全。"①在他看来，办好教育事业离不开家庭、学校、政府和社会多方力量的整合与协同。这种整体思维、全局思维同样适用于思想政治教育，即要形成校内与校外一体，学校与家庭、社会协同育人的网络体系。

2019年3月，习近平总书记在学校思想政治理论课教师座谈会上就思政课改革创新提出："要坚持理论性和实践性相统一，用科学理论培养人，重视思政课的实践性，把思政小课堂同社会大课堂结合起来……要坚持显性教育和隐性教育相统一，挖掘其他课程和教学方式中蕴含的思想政治教育资源，实现全员全程全方位育人。"他还进一步提出："要建立党委统一领导、党政齐抓共管、有关部门各负其责、全社会协同配合的工作格局，推动形成全党全社会努力办好思政课、教师认真讲好思政课、学生积极学好思政课的良好氛围。"②以上重要论述为新时代高校思想政治教育提供了根本遵循，即要在党委统一领导下，建立大思政工作格局。

在党中央的全面部署和坚强领导下，2017年12月，为贯彻落实全国高校思想政治工作会议和《中共中央国务院关于加强和改进新形势下高校思想政治工作的意见》，教育部印发了《高校思想政治工作质量提升工程实施纲要》，其成为新时代高校思想政治工作质量提升的指导性文件。各高校聚焦"立德树人"根本任务，根据大思政工作理念，把思政课程与课程思政相统一，把教学、科研、组织、宣传、学工、后勤等各部门相协调，把思政教师、专业教师、辅导员、班主

---

① 习近平在全国教育大会上强调：坚持中国特色社会主义教育发展道路 培养德智体美劳全面发展的社会主义建设者和接班人[N].人民日报，2018-09-11(1).

② 习近平主持召开学校思想政治理论课教师座谈会强调：用新时代中国特色社会主义思想铸魂育人 贯彻党的教育方针落实立德树人根本任务[N].人民日报，2019-03-19(1).

任、行政管理人员、后勤服务人员等各队伍相配合，充分发挥课程、科研、实践、文化、网络、心理、管理、服务、资助、组织等方面工作的育人功能，完善育人机制，切实构建"十大"育人体系，努力形成大思政工作格局。

为何新时代高校思想政治教育要构建大思政工作格局？根本原因在于思想政治教育是一项复杂的系统工程，不是单凭思想政治理论课教师一己之力、思想政治理论课专门课程、马克思主义学院单个部门就能完成的，而是需要挖掘校内校外一切育人资源，整合校内校外一切育人力量，利用网上网下一切育人阵地。只有以系统思维、整体思维推动高校思想政治教育，才能画出育人"最大同心圆"，确保教育效果，最终实现德智体美劳全面发展的社会主义建设者和接班人的培养目标。总之，构建大思政工作格局，是对以往专门的、狭隘的思想政治教育工作反思、超越的必然结果，也是实现知行合一、人的全面发展培养目标的必然要求，更是遵循思想政治教育工作规律的必然选择。

（二）生活思政是大思政工作的重要部分

大思政工作格局是新时代高校思想政治教育的必然选择。那么，它大在何处？首先是育人力量之大。以往的教育力量主要来自校内相关部分教师如党务工作者、思想政治理论课教师、学生辅导员、班主任、党团组织老师等。当前，还整合了专业教师、教辅人员、行政人员和后勤服务人员等校内一切人员，这就大大增强了育人力量。其次是育人阵地之大。以往的育人阵地主要集中在思想政治理论课课堂、校内日常活动以及校园网络之中。当前，各高校正努力挖掘其他课程的思想政治教育功能，实施课程思政，还把思政小课堂与社会大课堂相连接。这都大大拓展了思想政治教育阵地。最后是育人效果之大。把思想政治教育作为一项系统工作，在其内部建立起上下联动、左右互通的工作机制，使内部各子系统处于有序协同状态，实现同频共振，进而达到育人效果的最大化。

从当前来看，高校主要从以下两方面努力构建大思政工作格局。一是坚持立德树人的根本任务，把思想政治教育渗透于其他课程或学科之中，实施课程思政。2016 年，习近平总书记在全国高校思想政治工作会议上指出，课程思政要与思政课程"同向同行，形成协同效应"。2017 年，课程思政从上海试点向全国普及推广，已成为当前高校课程改革与人才培养的重要工作。二是积极挖掘各种育人资源,实施显性与隐性思想政治教育相统一。根据 2017 年教育部印发的《高校思想政治工作质量提升工程实施纲要》相关规定,切实构建集"课程育人、科研育人、实践育人、文化育人、网络育人、心理育人、管理育人、服务育人、资助育人和组织育人"于一体的"十大"育人体系。

高校大思政工作格局呼唤着生活思政的出场。生活思政是以挖掘大学生日常生活中的生活常理、生活伦理和生活哲理等思政元素为主要内容。而在当前的思想政治教育中,这些内容是不被重视、被忽略,甚至是遗忘的。事实上,生活蕴涵丰富的思想政治教育资源,具有育人功能。19 世纪,瑞士著名教育家裴斯泰洛齐指出:"生活具有教育的作用。"[①]他说:"不要忘记基本的原则,即生活是伟大的教育者。"[②]因此,我们要挖掘生活中的思想政治教育资源,在生活中开展思想政治教育,把思想政治教育融入生活,开展生活思政。生活思政是大思政工作格局下不可或缺的育人阵地。没有生活思政,大思政工作格局是不完整、不全面的。

生活思政是对高校日常思政的拓展,对构建大思政工作格局意义重大。思想政治教育对象是人,学生在哪里,思想政治教育舞台就应出现在哪里。生活思政就是把思想政治教育舞台搬到学生生活的广阔天地中,在学生生活的细微中落实思想政治教育,让学生体验到思想政治教育的"亲切"与"温度"。践行生活思政,可大大拓展、延伸高校思想政治教育的时空范围。思政课程、日常思政(包含生活思政)和课程思政协同共振,真正实现全员全程全方位育人。

总之,建立、健全大思政工作格局,生活思政不能缺席。当然,在大思政工作格局中,要以思政课程为中心,保持思政课程、日常思政(包含生活思政)和课程思政的同心同力,方能画出育人"最大同心圆"。

三、生活思政奏出"最美和谐曲"

如果把思政课程、日常思政(包含生活思政)和课程思政看成一个个独立的音符,那么,它们如何才能奏响育人"最美和谐曲"? 在我们看来,需要具备一定的条件和基础,同时,还要抓住一个重点。

---

① 张焕庭.西方资产阶级教育论著选[C].北京:人民教育出版社,1979:208.
② 裴斯泰洛齐. 天鹅之歌[A].任钟印.西方近代教育论著选[C].北京:人民教育出版社,2001:281.

(一)条件:互为补充、相互依存

思政课程、日常思政(包含生活思政)和课程思政显然不是同一个概念,它们在育人地位、育人重心、育人主体和育人方法方面具有一定差异性。然而,它们之间不是没有任何关联的,而是共同围绕"育人"圆心,互为补充、相辅相成、相得益彰的。因此,思政课程、日常思政(包含生活思政)和课程思政是一种各自具有相对独立性且彼此相互依存的关系,共同构成完整的思想政治教育体系。

1. 育人地位相辅相成

思政课程是大学生思想政治教育的主渠道,也是落实立德树人根本任务的关键课程。习近平总书记在学校思政理论课教师座谈会上强调:"思想政治理论课是落实立德树人根本任务的关键课程。青少年阶段是人生的'拔节孕穗期',最需要精心引导和栽培。我们办中国特色社会主义教育,就是要理直气壮开好思政课……思政课作用不可替代……"①可见,思政课程是关键,是核心,要理直气壮开好它、想方设法办好它。日常思政是大学生思想政治教育的主阵地,是对思政课程的补充和配合。尤其作为日常思政重要组成部分的生活思政,将思想政治教育渗透于学生日常生活之中进行隐性教育,既是对日常思政的延伸和拓展,也是对思政课程的深化与践行。课程思政是将思想政治教育渗透于学科教学之中,把学科知识与价值引领相结合,是对思政课程的拓展和巩固。当前,已形成以思政课程为主,日常思政(包含生活思政)和课程思政为辅的有中国特色的高校思想政治教育"三维"育人体系。

2. 育人重心相互补充

思政课程和课程思政都以课程为载体,以第一课堂为渠道,以向学生传授思想观念、政治观点和道德规范等理论知识为主要目标,强调理性认知在学生思想政治素质形成中的主导地位,通过训练学生的思维活动来提高他们的认知水平,作用于学生"知"的层面,注重"知道";突出教师对学生政治引领、价值引导的重要作用。而日常思政尤其是生活思政,则主要发生在第二、第三课堂,突出学生主体地位,更多通过学生的真实生活体验作用于"行"的层面,强调情感

---

① 习近平主持召开学校思想政治理论课教师座谈会强调:用新时代中国特色社会主义思想铸魂育人 贯彻党的教育方针落实立德树人根本任务[N].人民日报,2019-03-19(1).

在学生思想政治素质形成中的核心地位，重在学生自主建构。通过学生亲身参与、体验和践行来深化认识、陶冶情感、磨炼意志、坚定信念、养成行为，注重"体道""悟道"和"践道"，在实践中提高行为能力。思政课程、课程思政、日常思政（包含生活思政）通过不同着力点，作用"知、情、意、行"每个环节，从而构成一个完整的思想政治教育过程。

3. 育人主体彼此协同

思政课程的育人主体是指以马克思主义学院为主体的思想政治理论课教师，包括校内外特聘教师和兼职教师等。对于课程思政来说，其育人主体则是指除了马克思主义学院之外的其他专任教师，如公共基础课教师和专业课教师等。日常思政的育人主体则是高校日常思想政治工作人员，主要包括党委宣传部、党委学工部、党委研工部、团委、学生辅导员、班主任和心理咨询师等。而作为创新日常思政的生活思政来说，其育人主体则较为广泛，是指除传统定义上的高校思政工作人员以外的行政管理、后勤服务人员和广大学生等。如行政管理干部、教辅人员、图书管理员、后勤员工（如宿管人员、食堂人员、保卫人员、清洁人员等）和学生自身等。对于以上这些育人主体，需做好内外沟通协调，形成彼此协同、目标一致的教育整体。

4. 育人方法相互统一

在思想政治教育中，按照教育手段是否公开、直接，可分为显性教育法和隐性教育法两大类。思政课程是以课程形式在规定教学时间、地点对青年学生进行公开的、直接的、有系统的马克思主义理论教育，是显性思想政治教育最重要、最常见的形式。课程思政是将思想政治教育渗透于其他课程和教学方式中，发挥课堂教学育人主渠道作用，是隐性思想政治教育的重要形式。日常思政则通过校园文化、党团组织、网络思想政治教育和心理健康教育等途径对青年学生进行或显或隐的思想政治教育。而作为日常思政重要组成的生活思政，则将思想政治教育渗透于学生校园生活之中，在生活中进行潜移默化的熏陶，是隐性思想政治教育的新拓展。显性教育法与隐性教育法各有特点，要使两者相互促进、相互统一，形成优势互补，从而提升思想政治教育效果。

（二）基础：目标趋同、性质一致

思政课程、日常思政（包含生活思政）与课程思政的关联在于它们目标的趋同性、性质的一致性。它们同向同行,共同构成新时代高校思想政治教育有机统一体,真正形成大思政工作格局。

从目标来看,无论是思政课程、日常思政(包含生活思政)还是课程思政,它们都指向立德树人这一根本目标。2018 年,习近平总书记在全国教育大会上指出:"要把立德树人融入思想道德教育、文化知识教育、社会实践教育各环节,贯穿基础教育、职业教育、高等教育各领域,学科体系、教学体系、教材体系、管理体系要围绕这个目标来设计,教师要围绕这个目标来教,学生要围绕这个目标来学。"①对思想政治教育来说,也要围绕立德树人这个目标进行精心设计,做好铸魂育人工作。思政课程、日常思政和课程思政作为思想政治教育的重要组成部分,都以立德树人为目标。其中,"思政课是落实立德树人根本任务的关键课程"。而作为对日常思政工作有力拓展的生活思政,同样以立德树人为目标,在科研、管理、资助和服务中完成育人之根本。

从性质来看,无论是思政课程、日常思政(包含生活思政)还是课程思政,它们都属于思想政治教育范畴。思政课程是专门对学生进行系统的马克思主义理论教育而设置的多门课程的总称。目前,本科院校思政课包括《思想道德与法治》《中国近现代史纲要》《马克思主义基本原理》《毛泽东思想和中国特色社会主义理论体系概论》《形势与政策》。课程思政则是挖掘其他课程的思想政治教育功能,以其他课程(包括公共基础课、专业课和实践课等)为载体进行思想政治教育。而包含了生活思政的日常思政,除了通过网络、学生党团组织、校园文化和心理健康课程等日常工作进行思想政治教育外,还通过生活中所蕴含的思想政治教育元素进行育人。

(三)重点:构建协同机制,实现同频共振

思政课程、日常思政(包含生活思政)和课程思政各自均为相对独立的系统。为奏出"最美和谐曲",就要谨防各系统处于离散、无序状态,变成一座座"孤岛",这就必须运用协同学原理,以协同学思维来整合它们的关系。在彼此之间建立起上下联动、左右互通的协同工作机制,使它们目标一致、协同配合,成为有机统一体,从而实现"部分之和大于整体"的最大优化。唯有如此,才能

---

① 习近平在全国教育大会上强调:坚持中国特色社会主义教育发展道路 培养德智体美劳全面发展的社会主义建设者和接班人[N].人民日报,2018-09-11(1).

奏出"最美和谐曲"。否则，缺失任何一个系统或者各自为政、矛盾冲突、力量相左，奏出的必将是杂乱无章的噪声，而绝不可能是优美动人的乐章。

协同学是一门研究系统中各个子系统之间在相互协同作用下，系统从无序向有序转变的科学。它强调各个子系统要克服各自为政、独立运动，通过内部有机联系，相互协调、合作而产生协同效应。协同学为人们认识事物、处理问题提供了新方法。将协同学运用于新时代高校思想政治教育工作，为整合教育资源，凝聚教育力量，实现整体最优指明了方向。构建协同工作机制，要求思政课程、日常思政（包含生活思政）和课程思政各司其职、有效配合、有序运行，营造出"人人育人、事事育人、时时育人、处处育人"的环境与氛围，最终形成相互衔接、同向同行、协同发力、同频共振、不可分割的统一整体。

1. 育人资源要优化协同

高校必须充分挖掘、统筹协调、优化整合校内与校外、院内与院外、课内与课外、网上与网下等各方教育资源，实现育人资源最大化。实践已证明，高校思想政治教育仅依靠专门的、单独的、直接的思想政治理论课教育教学，效果十分有限。此外，高校还应坚持价值性和知识性相统一，把思想政治教育渗透到各类课程之中，赋予各类课程以思想政治教育功能。除课堂教学主渠道外，高校还应挖掘校园文化、党团组织、网络和心理等大学生日常工作中的思想政治教育资源，使之成为思想政治教育主阵地。尤其是要充分挖掘大学生日常生活中的生活常理、生活伦理和生活哲理等思政元素，以管理服务为主要手段，赋予所有"教育场"以思想政治教育功能，作为对日常思政的拓展延伸与有益补充。只有一切育人资源都实现优化协同，才能实现教育效果的最大化。

2. 育人主体要齐心协力

育人是教师的根本职责。2018 年 5 月 2 日，习近平总书记在北京大学师生座谈会上强调指出，"要坚持教育者先受教育，让教师更好担当起学生健康成长指导者和引路人的责任"①。新时代，每一位高校教师首先是德育教师，要坚持以德立身、立德立学、以德施教，担当起育时代新人的重大使命。高校应把思想政治教育贯穿于人才培养体系之中，举全体教职员工之力，汇聚起思想政治教育的强大合力。要着重推进高校党政干部、共青团干部、思政理论课教师、哲

---

① 习近平.在北京大学师生座谈会上的讲话[N].人民日报，2018-05-03(02).

学社会科学课教师、辅导员、班主任、心理健康教育者、宿管人员、食堂工作人员、图书管理员、教学管理员、学校保卫人员、清洁人员等其他后勤服务管理人员的队伍建设,使他们心往一处想,劲往一处使,上下拧成一股绳,相互支持配合,齐心协力,实现全员育人。

3. 育人平台要互联互通

根据 2017 年教育部印发的《高校思想政治工作质量提升工程实施纲要》规定,当前高校内部有课程、科研、实践、文化、网络、心理、管理、服务、资助和组织十大育人平台。这些育人平台分布在思政课程、日常思政(包含生活思政)和课程思政之中。为奏出"最美和谐曲",高校要对这些育人平台进行调查研究,摸清建设现状、育人效果等相关情况,找问题,剖原因,寻对策,着力解决育人平台中的不平衡不充分问题。在调查研究基础上,要聚焦盲点、弱点,理清平台建设思路,明确平台建设目标,抓住工作重点,加强薄弱环节,补齐工作短板。要系统设计、科学统筹,合理规划好平台建设所需的人、财、物等资源。在育人平台建设中,尤其要重视各育人平台间的相互协作、无缝对接,打通育人障碍、壁垒,实现互联互通。

总之,新时代高校思想政治教育要守正创新。一方面要改革创新思政课程,淘汰"水课",打造"金课",不断提升思政课教学质量和水平;另一方面也要大力推进课程思政和日常思政建设,尤其是要加强以生活思政来推动日常思政的创新探索。充分发挥它们各自优势,形成相互支撑、优势互补的思政工作大格局,打通育人"最后一公里"、画出育人最大"同心圆"、奏响育人"最美和谐曲"。努力为国家培养社会主义优秀建设者和可靠接班人,为社会培养德才兼备、服务人民的时代新人,满足学生成长发展需求,从而更好实现生活思政的国家价值、社会价值和个体价值。

第四章

高校日常思政工作主体新构：生活思政的主体解析

　　思想政治教育主体作为高校思想政治教育过程中最基本的构成要素，是高校有效开展思想政治教育的前提和基础。但长期以来，高校思想政治教育主体是指高校思政工作职能部门的工作队伍和从事思想政治教育教学与研究的相关人员，这样的思想政治教育主体定位，不仅使"三全育人"格局无法真正有效构建，而且使作为受教育者的学生，其主体作用不能得到充分发挥，直接影响了高校思想政治教育实效性。因此，科学认识和深入研究高校思想政治教育主体，有助于"三全育人"理念的落地和思想政治教育实效性的提高。

　　开展日常思想政治教育，要充分挖掘各类主体要素，调动主体能动性和内在潜力。生活思政充分利用了日常思政的隐性教育资源，有效发挥科研育人、管理育人、服务育人、资助育人、实践育人等方面工作的育人功能。除了传统定义上的高校思政工作人员以外，后勤服务人员和广大行政管理干部、教辅人员、学生自身也都是思想政治教育主体。本章节遵循生活思政的概念界定和内涵要求，从生活思政领导主体、施教主体、实践主体以及协同主体方面，试图厘清生活思政主体的主要构成、内涵要求以及作用发挥，更加全面把握生活思政的整体构建，进一步拓展日常思政的主体构成。

第一节　生活思政主体内涵及系统构成

　　生活思政虽然是日常思政的重要组成部分，但其自身也是一个由相关主体有机组成、有效联动的子系统。构成生活思政的各主体之间不是孤立、割裂的，而是按照一定方式组成一个整体。在教育实践中，需要突破高校原有思想政治教育主体的理论观念,改变思维范式,按照生活思政理念,实现高校生活思政主体的明确界定、内涵发展和作用发挥。

一、生活思政主体内涵

对生活思政主体研究同样离不开对"主体"追本溯源的解读,这里主要探讨主体是什么、思想政治教育主体是什么、生活思政主体是什么的问题。

(一)主体阐释

"主体"主要有以下几层含义:①古代指君主的统治地位。《汉书·东方朔传》:"〔接舆、箕子〕使遇明王圣主……图画安危,揆度得失,上以安主体,下以便万民,则五帝三王之道可几而见也。"②事物的主要部分。章炳麟《驳康有为论革命书》:"今日广西会党,则知己为主体,而西人为客体矣。"毛泽东《青年运动的方向》:"革命的主体是什么呢? 就是中国的老百姓。"③哲学名词,和"客体"相对。指对客体有认识和实践能力的人。④法学用语。民法中指享受权利和负担义务的公民或法人;刑法中指因犯罪而应负刑事责任的人;国际法中指国家主权的行使者与义务的承担者,即国家。

从哲学上来说,"主体"与"客体"相对,是指对客体有认识和实践能力的人。主体是一个历史性的哲学范畴。亚里士多德在他的《范畴篇》中指出:"主体是属性、状态和作用的承担者。"[1]可见,承担者是主体最早和最基本的涵义。近代哲学家笛卡尔提出了"我思故我在"的命题。当他把自我意识设定为主体时,也把自我意识以外的客观世界确定为对象和客体。他区分了主体与客体,并确定了人的主体地位,人的主体性由此开始。

直至 19 世纪,马克思从人的实践活动来理解主体。他在《关于费尔巴哈的提纲》中指出:"从前的一切唯物主义(包括费尔巴哈的唯物主义)的主要缺点是:对对象、现实、感性,只是从客体的或者直观的形式去理解,而不是把它们当做感性的人的活动,当做实践去理解,不是从主体方面去理解""没有把人的活动本身理解为对象性的活动。"[2]马克思指出,生产劳动的实践是人的存在方式。在对象性的实践活动中,人不仅成为自然界的主体,也成为社会历史的主

---

① 亚里士多德.范畴篇　解释篇[M].方书春,译.上海:上海三联书店,2011:11.
② 马克思恩格斯选集:第一卷[M].北京:人民出版社,2012:133.

体。马克思从实践角度阐述了人是能动地改造自然、创造历史的主体。

通过以上关于主体的阐释，可以认为，主体是在实践活动中对客体有认识和实践能力的人，是对实践活动有重要的激发、推动和促进作用的一方。从内容上来看，主体可以划分为认识主体和实践主体。认识主体主要以一定的观念方式能动地反映、预见和创造客体，使客体内容以信息的形式进入人的头脑，成为思想观念的内容，成为人的精神世界的一部分。实践主体主要在于自觉地以一定的实践活动方式利用、改变以至创造客体，使之成为人的生活和活动的内容。

（二）思想政治教育主体界说

国内学界对思想政治教育主体的认识，主要有"教育者主体说""受教育者主体说"和"双主体说"三种观点。[①]"教育者主体说"强调教育者在学生思想政治教育过程中处于绝对的主导地位，支配着整个学生思想政治教育活动，是绝对的且唯一的主体。此观点以生产实践观为哲学基础，将教育者（教师）视为主体，受教育者（学生）则为被改造的客体，是一种主体——客体的二元对立和不平等关系。在此观念下，学生的主体性被抑制，思想政治教育效果十分有限。

"受教育者主体说"则认为，学生在思想政治教育过程中并不是消极被动的刺激反应物，而是一个能够进行主动学习、自我建构的人，因此，学生才是真正的主体。这种观点将学生从被漠视的客体物提升为有一定能动性的主体人，是对学生以及学生地位的重新发现，在思想政治教育中具有重大意义。然而，它却将教育者从"前台"退至"幕后"，削弱了教师对学生的政治引导和价值引领，偏离了思想政治教育的初衷。因此，无论将思想政治教育主体定位在教育者（教师）一端，或者是受教育者（学生）一端，都没有进行科学、合理的定位。

与以上两种极端观点不同，"双主体说"则认为，"在思想政治教育过程中，教育者和受教育者都是主动行为者，都具有主动教育功能，因而都是思想政治教育过程的主体"。[②]这种观点是对以往观念的纠偏，它以交往实践为哲学基础，是一种以共同客体为中介的交往关系，即"主体—客体—主体"。这种教育模式将教育者（教师）与受教育者（学生）置于真正平等的位置，在师生平等交往

---

① 张小秋.学生思想政治教育主体研究[D].长春：东北师范大学,2016:15.

② 陈秉公.思想政治教育学原理[M].北京：高等教育出版社,2006:97.

中开展平等对话,实现教学相长。以上三种主要观点从不同维度反映了人们对思想政治教育本质认识的逐步接近。

（三）生活思政主体内涵

本书将从"双主体说"对生活思政主体做进一步的阐释和推进。按照前文对生活思政内涵的界定,生活思政以"立德树人"为中心环节,遵循高校思想政治工作规律,聚焦实现全员全程全方位育人。为实现"三全育人"目标指向,学校所有教职员工都应成为思想政治教育的主体。这为生活思政主体的拓展提供了可能。"挖掘大学生日常生活中的生活常理、生活伦理和生活哲理等思政元素"需要生活思政主体来具体实施。"日常生活中的生活常理、生活伦理和生活哲理"指明并拓展了生活思政要在第一课堂之外展开,并且需要有更多主体来参与,才有实现的可能。"通过大学生现实生活和环境观感体现在校园内所有'教育场'的思想政治教育活动",将受教育者和教育者置于人格平等地位,把学生明确为生活思政的践行主体。

综上所述,可以认为,高校生活思政主体是指领导、统筹、组织、实施并实践生活思政教育活动的承担者。它包括领导主体、施教主体、实践主体等。在具体实施过程中,学校党委是生活思政的统领者,二级学院党委是生活思政的组织推动者,后勤服务队伍是生活思政的主要实施者,行政教辅人员是生活思政的重要参与者,学生是生活思政的践行者,同时也是生活思政的受益者。此外,宣传部门、马克思主义学院等则是生活思政的协同主体,它们为生活思政与其他思政的有效协同提供了有力引导,从而全面促进并形成思想政治教育合力,构建起大思政工作格局。

二、生活思政主体系统构成

马克思主义哲学认为,矛盾规律是唯物辩证法的实质和核心,物质世界的普遍联系和永恒发展是唯物辩证法的总特征。任何事物都存在普遍联系、交互作用,诸多要素构成了系统。一般来说,系统是由相互关联的构成要素形成特定结构并对应特定功能的有机整体。系统作为整体性的存在,其构成要素相互联系、相互制约,形成了相对稳定的联系方式、组织秩序。

高校思想政治教育作为一个整体系统,主体间又具有内在有序性,"不同高校思想政治教育主体的地位和作用不能取消，也不能互相取代，主体间领导和管理的层次亦不能随意调整。"①生活思政的主体包含领导主体、施教主体、实践主体等，这些主体处于不同地位且密不可分。从整体看，各主体间不是孤立存在的，他们之间是一个整体范畴。从个体看，独立的主体必须依附于整体才具有意义。这决定了每一个主体都成为生活思政主体的一部分，同时又作为一个整体而存在。从当前来看，生活思政需要多主体协同，通力推进才能取得育人的真正成效。

第二节　生活思政的领导主体

在开创和发展中国特色社会主义事业的整个历史进程中，中国共产党始终发挥着总揽全局、协调各方的作用。党的十九大报告指出，党政军民学，东西南北中，党是领导一切的。坚持党对一切工作的领导是我国重大政治原则，坚持党的领导是高校办学的根本原则。习近平总书记指出："办好我国高等教育，必须坚持党的领导，牢牢掌握党对高校工作的领导权，使高校成为坚持党的领导的坚强阵地。"②生活思政作为高校思想政治教育工作的重要组成部分，要始终坚持党对它的全方位、全过程、全覆盖领导。

一、学校党委是生活思政的统领者

2016 年，习近平总书记在全国高校思想政治工作会议上指出："高校党委对学校工作实施全面领导，承担管党治党、办学治校主体责任，把方向、管大局、作决策、保落实。"③高校党委必须高扬党的旗帜，增强"四个意识"，坚定"四个自信"，做到"两个维护"，肩负起对学校工作实行全面领导的主体责任。

党对高校思想政治教育的全面领导，也为高校开展生活思政明确了根本遵循。学校党委在加强和改进思想政治教育的同时，面对新形势和新要求，必须

---

① 王东强.生态学视域下高校思想政治教育主体研究[D].成都：西南财经大学，2013：34.
② 习近平在全国高校思想政治工作会议上强调：把思想政治工作贯穿教育教学全过程开创我国高等教育发展新局面[N].人民日报，2016 - 12 - 09(1).
③ 习近平在全国高校思想政治工作会议上强调：把思想政治工作贯穿教育教学全过程开创我国高等教育发展新局面[N].人民日报，2016 - 12 - 09(1).

统筹推进生活思政,切实发挥学校党委在生活思政中的领导核心作用,确保生活思政始终保持正确而坚定的政治方向。

学校党委承担管党治党的主体责任,具有使学校各单位、部门都聚力思想政治教育的职责要求。生活思政作为高校思想政治教育的重要一维,也必然要纳入党委的主体责任。党委书记切实承担起学校生活思政第一责任人的责任,其他领导班子成员严格履行"一岗双责",既要抓好分管领域的业务工作,也要抓好分管领域的生活思政工作,要两手抓,两手都要硬。生活思政只有形成党委统一领导、党政分工合作、协调运行的常态工作机制,才能推进校内各二级学院和职能部门上下联动,协同育人,这一新的理念也就有了真正得以实施的可能,并确保与其他思政工作同向同行、相得益彰。

在具体工作推进中,有必要设置生活思政的领导机构,承担制定生活思政实施方案,梳理并建立健全生活思政的体制机制,有效协调校内各级组织参与活动。只有这样,才能确保在生活思政的具体实施中,学校各单位、部门责任分工明确、机制落实到位,学校的各种资源都能得到有效配置和利用,从而使多主体推进的生活思政能够打通育人"最后一公里",与其他思政工作一道画出"最大同心圆"。

学校党委在生活思政中履行的政治责任,在把好政治方向的同时,主要体现在做好生活思政的顶层设计。2018年,中共中央组织部、中共教育部党组印发的《高校党建工作重点任务》中,对高校党委的政治责任进行了明确规定:高校党委要充分发挥在学校各项工作中的领导核心作用。生活思政作为全新的思想政治教育理念,其目标指向依然是"立德树人"和培养社会主义事业的建设者和接班人,这也是学校党委在生活思政中的政治责任。

面对国内外形势风云变幻和社会生活的纷繁复杂,学校党委作为生活思政的统领者,需要着眼于立德树人根本任务,通过统筹和协调多主体参与,整合全方位育人资源,既要将思想政治教育有效融入学生生活,又不至于让"生活化"来消解思想政治教育功能的有效发挥,通过顶层设计,构建生活思政有效路径,使生活思政在政治层面、组织层面和效果层面均贴合时代要求和学生成才需求。

通过构建完善的评价监督机制,制定责任清单,做到职责明确、分工到位、落实到人，引导各单位、部门积极配合，在整体推进思想政治教育过程中，选择好生活思政的着力点，形成"多维思政"工作合力；通过动态检测生活思政实施情况，对生活思政协力思想政治教育效果进行科学评估，并反馈来优化和完善生活思政建设方案，促使生活思政有效推进和有力协同，确保"三全育人"的全面实现。

学校党委还要加强对生活思政的思想引领，只有将生活思政理念深入全校师生员工心里，全校上下才能在思想上、行动上达成高度一致。学校党委要切实发挥好生活思政的领导统筹作用，用习近平新时代中国特色社会主义思想铸魂育人，加强思想引领。同时，要善于将社会主义核心价值观落小落细落实，自觉将生活思政理念融入其中。通过理论培训和业务学习等多种途径，不断激发后勤服务人员、行政教辅人员和广大学生参与生活思政的动力和活力，为生活思政的有效开展提供强大思想保证。

二、二级学院党委是生活思政的组织推动者

"高校院系党组织是党在高校教学、科研、管理一线的战斗堡垒，对保证监督党和国家的方针政策及学校的各项规章制度在本单位贯彻执行起着桥梁和纽带作用。"[①]二级学院党委作为高校基层党组织，直接面向学生承担着思想政治教育的任务，也是学校生活思政的组织推动者。

随着高校内部管理的深化改革，通过建立"学校统一领导、校院两级管理"的管理运行机制，二级学院逐渐成为重要的"办学实体"。二级学院党委作为院系层面的政治核心，在高校思想政治教育方面同样发挥着重要的"承上启下"作用。高校党委的思想政治教育要求需通过二级党委的具体工作来贯彻落实，这决定了生活思政在二级学院推进过程中的直接效果。

学校党委在生活思政实施过程中，必须压紧压实基层党组织的主体责任，对生活思政进行任务分解、层层落实。二级党委根据学校党委的任务清单，构建领导体制和工作机制，共同研讨和评估生活思政开展和实施的具体效果。通过工作末端反馈的问题和不足，督促相关部门和人员做好整改，提升后勤人员

---

① 刘凯.浅析如何充分发挥高校院系二级党组织政治核心作用[J].山西高等学校社会科学学报,2019,31(2).

和行政教辅人员开展生活思政的能力水平和实施成效。通过组织有关生活思政的研讨和培训,为二级学院行政教辅人员参与挖掘大学生日常生活中的生活常理、生活伦理和生活哲理等思政元素创造条件。同时,引导并激发全体学生自觉自为参与到各项生活思政活动中去,使学校生活思政顶层设计方案在学院得以有效落实。

第三节　生活思政的施教主体

根据"三全育人"要求,育人工作不仅仅是教学部门的应有职责,高校所有部门、所有人员都要共同肩负起育人的重要职责。生活思政作为日常思政的一个重要组成部分,它的实施场所主要体现在"第一课堂"之外的校园生活区域。因此,高校学工部门、后勤服务人员和行政教辅人员责无旁贷地成为生活思政的施教主体。

一、学工部门是生活思政的直接实施者

在我国高等教育中,学工部门居于大学生思想政治教育一线,是党联系青年学生的重要桥梁和纽带,起到主阵地和主力军的重要作用,承担了日常思政的所有任务,这自然也就是生活思政的直接实施者,具体工作侧重于文化育人、网络育人、心理育人、组织育人,育人渠道通过校园文化、党团组织、网络思想政治教育、心理健康教育、社会实践等展开。育人主体通常包括学务工作者、辅导员、班主任和心理健康教育工作者等。

（一）学工部门实施生活思政的必要性和重要性

日常思政长期承担着大学生日常思想政治教育的功能,得到了有效推进,但是不可否认的是,仍存在如下不足:工作内容与现实生活世界相疏离,难以满足学生发展期待的问题;工作方法相对单一,难以确立学生主体地位;工作格局缺乏有效整合一切育人资源、挖掘一切育人要素、利用一切的育人平台,力量薄弱、资源有限、时空受限;工作评价重"知道",轻"体道""悟道"和"践道"的目标错位,难以实现知行合一的培养目标问题,导致思想政治教育效果不尽人意。

生活思政既通过挖掘日常生活中的生活常理、社会生活中的生活伦理、精

神生活中的生活哲理等不同层级和类型的思政元素，既体现在显性的思想政治教育中，又通过大学生在现实生活和环境观感，体现在所有"教育场"的隐性思想政治教育中。学生工作部门工作人员是除第一课堂之外，与学生接触最多、联系最广泛的一线思政教育工作者，理应也必须担起生活思政直接实施者的重任。

（二）学工部门实施生活思政的具体途径

学工部门开展生活思政育人，实现生活思政育人，需聚焦重点、难点问题，完善育人机制，组建一支兼具管理能力、教学能力以及实践能力的优秀思政队伍，充分了解当代大学生的内在需求与发展特征，从而找到最适宜的思政教育方式。

具体而言，学生工作部实施生活思政主要从以下几个方面具体展开。

第一，把握立德树人的育人方向。坚持以社会主义核心价值观为引领，围绕立德树人根本任务，以思想政治教育创新和提高其实效性为立足点，以促进学生德智体美劳全面发展为核心，在机制、体制上真正落实育人为本的理念。在日常思想政治教育中，依托自身优势构建人才培养体系，将"立德树人"思想理念全面贯彻其中，培养德智体美劳全面发展的社会主义建设者和接班人。

第二，优化一体化的育人机制。建立相关工作互嵌融合机制，健全学工干部深入基层联系学生工作、学生信息反馈机制，辅导员、班主任进课堂、进教室、进寝室的"三进"工作机制，为全面了解学生思想动态和真实生活状态提供精准判断。完善共青团、班级、社团和学生自治组织机制，将学风建设进一步贯穿到工作全过程，广泛发动班主任、辅导员、班团干部等，通过各种形式引导学生养成健康的学习、生活习惯，打造良好的学风，为第二课堂与生活思政融汇、提升生活思政育人实效奠定坚实基础。

第三，创建多形式的育人内容。育人工作中，要注重提升学生服务质量与便捷，实现"尽量不跑、最多一次"学生服务目标，形成线上线下互动呼应的工作机制。依托学校信息化手段，对学生考勤、晚归、图书借阅等大数据进行分析，在校内共享学生数据状态。培育学生理性平和的健康心态，努力将学校建设成为平安校园。将"感恩""责任""诚信""自强"等优秀品格和文化传承共同推进社区和网络，用学生喜爱的活动内容和方式吸引学生、引导学生、培育学生。

第四,聚焦核心素养的育人方式。要将社会主义核心价值观、中华民族优秀传统文化以喜闻乐见的形式融入学校各个场所、各个组织、各个阵地、各项活动中去,打造校园文化品牌,开展大学生说校园、说师长、说宿舍、说同学、说校友等活动,深入挖掘校园好故事。把德育与智育、体育、美育、劳动教育有机结合起来,寓教育与实践活动之中。以品德塑造和实践养成为目标,抓好典型选树,充分发挥身边典型榜样的示范引领作用。

第五,优化育人管理评价。将生活思政工作考核评价纳入学年综合评价,全面推行素质拓展学分与生活思政学分转换,规定生活思政学分可认定为相应的素质拓展学分,实现第一课堂与生活思政的对接。

二、后勤服务人员是生活思政的主要实施者

思想政治教育本质上是一种人文关怀,追求的是人生真善美的理想境界,关心的都是人类发展前途和终极命运,探寻的都是人生的真谛[①]。高校后勤作为学校的基础保障部门,服务对象为全校师生,更加需要注重人文关怀。通过服务和管理两方面体现育人功能,不但要当好"服务员",更要当好"教员",成为思想政治教育新主体,是高校生活思政主体的重要组成部分。

(一)高校后勤队伍的生活思政理念源起和发展

1985 年 11 月,高校后勤"服务育人"理念首次提出。时任清华大学后勤党委书记钱锡康在《后勤通讯》上刊登了学生赵维柏的感谢信并作编者按,赵维柏在信中谈到 14 号宿舍楼楼长刘淑琴、值班师傅和水暖修理工人认真负责的工作态度、对他无微不至的关怀让他从中受到教育和感触。《后勤通讯》指出:"从这封信可以看出,后勤工作不仅为培养学生提供学习、工作、生活的物质条件,而且还应当承担培养教育学生的光荣任务,为创造精神文明作出贡献。"[②]这是高校后勤工作的里程碑。

1987 年 5 月,高校"服务育人"首次写进中共中央文件。中共中央在发布《关于改进和加强高等学校思想政治工作的决定》中指出,"加强教职工队伍的

---

① 曾长隽.反思与建构:人文关怀视域下的高校思想政治教育[J].思政教育,2017(12):41.

② 杜松彭.保障 服务 育人——北京高校后勤五十五年[M].北京:中国广播电视出版社,2010:303 - 304.

思想建设,大力提倡教书育人、服务育人。""加强职工思想政治工作,帮助他们进一步树立为人民服务、为教学科研服务的思想,勤勤恳恳做好本职工作,搞好服务育人,这也是高等学校思想政治工作的重要方面。""服务育人"成为全国高校后勤工作的根本宗旨。

之后,广大高校后勤工作者对后勤"服务育人"进行了有益的探索。1987年2月,国家教委副主任、中国高校后勤管理研究会理事长刘忠德在全国高校后勤工作会议上对"服务育人"进行了总结:"后勤的教育职能,必须通过优质服务和科学管理来体现,必须寓教育于高校优质服务之中,寓教育于全心全意为人民服务和高尚的职业道德之中。"①

在这之后,高校后勤"服务育人"多次被写入中共中央文件。1994年8月,《中共中央关于进一步加强和改进学校德育工作的若干意见》指出:"进一步发挥全体教职工的育人作用。学校各项管理工作、服务工作也要明确育人职责,管理育人,服务育人。"②2004年,《中共中央国务院关于进一步加强和改进大学生思想政治教育的意见》指出:"后勤服务人员要努力搞好后勤保障,为大学生办实事办好事,使大学生在优质服务中受到感染和教育。"③这一系列文件的出台,既说明服务育人工作在高校人才培养中的重要性,也说明在高校各项管理工作和服务工作当中需要进一步树立服务育人和管理育人的理念和意识,并要求在工作实践中加以落实,真正体现在人才培养和育人成效上。

进入新时代,随着进一步加强和改进高校思想政治教育工作的要求,服务育人作为高校思想政治教育的内涵要求也得到进一步明确。2017年2月,中共中央国务院印发《关于加强和改进新形势下高校思想政治工作的意见》指出:"坚持全员全过程全方位育人。把思想价值引领贯穿教育教学全过程和各环节,形成教书育人、科研育人、实践育人、管理育人、服务育人、文化育人、组织育人长效机制。"④在这一文件中,进一步明确管理育人和服务育人是作为思想政治教育融入人才培养全过程的具体方式和工作机制,为生活思政理念的形成和生活思政内容和方式的展开提供了制度的遵循。

---

① 鲍田原.论高校后勤管理学的实践和理论基础[J].山东教育学院学报,1995(01):89.
② 黎玖高,皮光纯.高校后勤服务育人的过去、现在与未来[J].高校后勤研究,2017(01):113-114.
③ 黎玖高,皮光纯.高校后勤服务育人的过去、现在与未来[J].高校后勤研究,2017(01):113-114.
④ 黎玖高,皮光纯.高校后勤服务育人的过去、现在与未来[J].高校后勤研究,2017(01):113-114.

生活思政正是管理育人和服务育人基础上的思想汇聚和理念提升。引导后勤人员进一步认识到,要完成大学"立德树人"根本任务,不仅在于课堂之中,可以体现在生活的方方面面,学校思想政治教育可以扩及"第二课堂",扩及后勤服务各领域,后勤同样有教育的功能,与学校教育的对象一样,只是实现路径不一样。后勤部门员工也要开展研究让学生"学会做人"的大思政。这为广大后勤员工提供了自身发展广阔空间的命题,唤醒高校后勤员工要自觉将思想政治教育融入日常管理和服务之中,按照思政铸魂的要求,通过提升自身的管理水平和服务质量,以优良的管理育人和服务育人,实现思想政治教育在校园生活区的有效落实。

(二)高校后勤队伍参与生活思政的必然选择和作用发挥

从高校后勤育人的源起和发展来看,育人是高校的基本职能,是高校后勤服务转型的必然产物。习近平总书记在全国高校思想政治工作会议上强调,"思想政治工作从根本上说是做人的工作,必须围绕学生、关照学生、服务学生,不断提高学生思想水平、政治觉悟、道德品质、文化素养,让学生成为德才兼备、全面发展的人才。"[①]学校育人工作要以立德树人作为中心环节,以教育人、培养人、发展人为出发点和落脚点,实现以文化人、以文育人。"高校后勤工作必须遵循教育规律,服务于立德树人这一根本任务,后勤员工的服务态度、服务质量对学生有着直接或间接的影响。"[②]后勤服务部门通过育人理念的转变,自觉将思想政治教育融入管理和服务,提升服务质量与管理水平,从而为管理育人、服务育人提供支撑。可见,推进高校后勤育人是高校育人职能的必然选择,也是后勤管理模式转型的必然要求。

在"三全育人"大背景下,高校后勤是思想政治教育不可或缺的重要组成部分,育人功能日益凸显。从隐性层次看,高校要实现课程、科研、实践、文化、网络、心理、管理、服务、资助、组织等方面工作的育人功能,离不开后勤的管理和服务,需要后勤提供全方位支撑。从显性层次看,在校大学生课余时间大部分都在校园的餐厅、宿舍、休闲场所度过,与高校后勤接触最为密切。后勤工作人

---

① 习近平在全国高校思想政治工作会议上强调:把思想政治工作贯穿教育教学全过程开创我国高等教育发展新局面[N].人民日报,2016-12-09(01).
② 赵玲珍.高校后勤"三全育人"长效机制实践与研究——以常州纺织服装职业技术学院为例[J].高校后勤研究,2020,(09):30.

员与学生接触时间最久，接触面最广，他们的思想观念、服务态度、礼貌服务、文明交谈，不仅能让学生感受到学校的温暖，还对学生的道德品质以及行为举止产生潜移默化的影响，使学生在接受服务过程中树立正确的世界观、人生观、价值观。

马克思的生活世界观与"生活世界"理论，揭示了生活世界与思想政治教育的本体性关联。社区生活是学校思想政治教育深厚的土壤，可感知丰富真实的社区生活是高校思想政治教育的现实"居所"，是学生人生观、价值观、世界观形成的真实根基。开展生活思政，实质上是对思想政治教育过于强调教育知识化、内容抽象化、方法简单化的反思及纠偏。高校后勤在管理与服务中，应着力构建"三全"育人体系。全员育人是指后勤服务每一个岗位都有育人的职责，从领导者的管理理念，到中层的实施运行，到一线员工的服务行为都应有育人意识，无论是体制内还是外包企业员工，都有育人要求①。全过程育人是指高校后勤提供的吃、穿、住、用、行每一项服务都蕴含着育人元素，要将育人理念渗透到每一项服务。全方位育人是指利用各种教育载体，包括校园景观、风景生态、公寓物业、餐饮服务等，将思想政治教育寓于其中，形成大思政格局，让学生在潜移默化中接受思想政治教育。

（三）高校后勤队伍参与生活思政的实施途径

树立生活思政理念。加强顶层设计，对生活思政各方面、各层次、各要素统筹规划，集中有效资源，高效快捷地推进生活思政工作的开展。后勤全体员工以生活思政的理念去定位自己的工作目标，履行自身工作职责，从成长与发展角度去考量每一位学生，形成自觉育人行为。后勤各部门要认识生活思政的重要性，将生活思政融于日常，围绕学生、关爱学生、服务学生，把握学生成长发展需要，提供靶向服务，增强供给能力，积极解决学生成长成才中的合理诉求，在关心人、帮助人、服务人中教育人、引导人，做到制度化、科学化、规范化和常态化。

打造生活思政载体。依托社区阵地和工作室，联合各种社会资源，开展与生活思政相关的各类生活实践活动和课程，充分融合互联网技术，让课程和实

---

① 赵玲珍.高校后勤"三全育人"长效机制实践与研究——以常州纺织服装职业技术学院为例[J].高校后勤研究，2020，(09)：30.

践活动更加贴合时代需求和学生发展。采用实践学分制的办法,按参与实践次数和时间计算学分。建立生活思政阵地和工作室,每个阵地和工作室实行负责人制或带头人制,指导学生树立正确的人生观、价值观、世界观。在学生社区组织各种活动,如知识竞赛、体育竞技、文艺比拼等,不仅让学生得到了锻炼,还营造了浓郁的文化氛围。发挥后勤显著的劳动教育属性,建设后勤劳动教育课程体系,组织劳动岗位体验实践,开展后勤特色劳动文化活动。

营造生活思政环境。美化校园环境,是后勤工作人员的重要职责。人不可能脱离特定环境而孤立存在,马克思关于"环境创造人"的思想,阐明了人成长的受动性。环境对人的成长起着潜移默化的作用。外在的物质层面与内在的精神气质总是互相糅合的,清新优雅、干净整洁的环境,有利于促进学生身心健康,培养人的道德情操,激发学生美的感受力和爱的渴望。加强校园环境美化,对学生起到无言之教的作用,让学生感受到校园文化的熏陶。

加强生活思政队伍建设。加强后勤工作人员的政治素质和高尚的职业道德,牢固树立"管理就是服务"的观念,加强业务学习,强化服务意识,提高服务水平,言行雅正,举止文明,自尊自律,清正廉洁,以身作则,在不断提高服务质量和管理水平中发挥育人作用。协同学校建立"生活导师"和"生活思政辅导员",成立后勤"生活思政"专职和兼职队伍,负责生活思政具体实施。选聘一定数量的具有开展"生活思政"工作能力的职工为专职人员,具体负责生活思政工作的组织与协调。以宿舍管理员队伍为主体,组建专职生活导师队伍;聘请校内外各行业专家、教授组建兼职生活导师队伍。招聘一定数量的优秀人才,专职从事生活思政建设工作,确保生活思政各项工作推进有力,成效明显。

三、行政教辅人员是生活思政的重要参与者

高校行政教辅部门承担着学校大量繁琐的事务性工作,看似与思想政治教育关系不大,实则对高校的良性运行和思想文化建设起着至关重要的作用。行政管理和教辅人员是高校管理队伍的重要组成部分,既包括学校行政管理干部,也包括一线普通员工,其一言一行都对学生产生潜移默化的感染作用,影响着学生的道德素质和思想品德。

长期以来,高校思想政治教育在行政管理中的缺失,使"大思政"育人模式

并未真正构建。生活思政以"三全育人"理念为依托，把行政教辅部门纳入思想政治教育工作队伍，而且作为思想政治教育的重要参与者。生活思政融入高校行政教辅部门，必将为高校行政教辅部门的管理服务增加"柔性教育理念"，以弥补当前高校行政管理中思想政治教育功能的不足，增强思想政治教育育人合力。

（一）行政教辅人员参与生活思政的必然要求

《关于加强和改进新形势下高校思想政治工作的意见》和《高校思想政治工作质量提升工程实施纲要》等文件指出，学校管理工作要体现育人导向，强化管理育人。从高校行政管理来说，行政教辅部门既是管理者，也是教育者。长期以来，高校行政教辅人员的思想政治教育价值被忽视，他们自身也认为思想政治教育工作应该由学工部门、团委、辅导员、思政老师来具体实施，他们承担的是行政工作。由于思想认识的不足，必然导致工作积极性的缺失，最终造成参与思想政治教育工作的敷衍，直接影响育人的最终效果。

这种认识导致行政教辅人员与学生关系疏远，学生满意度不高，认可度低下，甚至有不少学生认为行政教辅人员"没有发挥对大学生思想政治教育的作用，繁琐的行政工作只是给领导服务"[①]。如果他们只是一味服从上级领导指令，而不是遵循学生发展与教育规律为广大师生提供服务，不仅会使教学管理工作质量每况愈下，而且会激起学生逆反心理，从而进一步影响管理成效。可以看出，大学生对行政教辅部门参与思想政治教育充满期待，期望高校能不断改进和创新思想政治教育工作，构建高校学生思想政治教育工作新思路。

由此可见，不管是从高校行政教辅部门自身内在需求还是从学生发展来看，行政教辅部门都是思想政治教育的重要参与者。同时，在生活思政的界定中，行政教辅人员工作场所也已经成为生活思政的"教育场"中的重要组成部分。基于此，行政教辅人员无疑是生活思政的重要参与主体，他们参与思想政治教育不仅责无旁贷，而且非常必要。

（二）行政教辅部门参与生活思政的作用发挥与有效路径

按高校普遍的机构设置，行政部门主要负责高校的日常行政工作，高校行

---

① 赵霞．"三全育人"视阈下关于政工人员在大学生思想政治教育中发挥作用的调研[J]．高教学刊．2020(30)：169．

政部门主要包括校办、科研、人事、招生、国际外事、财务、校园管理等。教辅部门负责统筹学校教务、科研、实习就业、学生管理等管理工作，督导完成教育培训任务，落实教育教学目标，为各教育部门正常运转提供服务，包括图书情报和信息技术支撑等相关部门。

行政教辅部门不仅是推动高校政策贯彻落实的主要实行者，也是使高校管理工作有序推进的规划者，担负着培育优秀人才的重要使命，在高校思想政治教育开展中发挥重要作用。行政教辅部门紧密围绕高校立德树人根本任务，主动入位，准确定位，与其他思想政治教育主体互相配合，互相协同，以管理行为和活动为媒介，对学生的思想政治素质和品德施加积极影响，将社会主义核心价值观牢牢融入学生日常当中，潜移默化地转变学生个人行为，最终将其变为习惯。

在管理工作中树立"立德树人"使命。高校制度从构思、制定再到出台，需要行政教辅部门的大力支持。行政教辅部门是否切实领会立德树人精神会对高校制度产生重要影响。如果行政教辅人员只是"为管理而管理"，那么，所制定的制度会以惩戒为主，而忽视制度的教育、引导功能。高校制度具有一定刚性是必要的，但蕴含其中的人文精神、人文关怀则是不可缺失的。行政教辅人员在管理与服务中，在制度制定、管理改革和服务师生过程中，全员全方位全程参与学生成长成才。不仅要基于党章党规党纪规范自身行为，还要通过深入理解教育政策保持育人理念的先进性。

把"立德树人"内化于日常业务工作。"立德树人"理念要渗透于具体的管理工作中，从而起到优化管理和服务的目的。行政教辅人员的服务意识至关重要。服务意识包括关心学生、敢为人先、勇于担当、大公无私等，在解决学生困难和问题时，通过深入寻找原因以及保持良好工作态度来影响学生。高校要对优秀的行政教辅人员进行奖励，尤其是在评级过程中，要有明确思想政治教育工作要求的导向性，营造重视育人的管理环境，竭力让行政教辅人员真正参与到生活思政中来。

发挥行政教辅人员的教育引导作用。行政教辅人员要深入基层进行管理服务，比如可以采用"班级结对"方式，安排专人对班级学生的思想动态、学习情况、生活情况等进行调查了解，然后针对存在的问题采取有效措施进行解决。

另一方面要引导学生形成正确的价值观念，点燃他们积极奋斗、摆脱贫困的斗志。要充当好"讲解员"的角色，帮助学生尽快了解学校的规章制度以及相关政策；当学生遇到困惑时，能够基于规章制度以及工作原则做出正确指导，并通过耐心沟通让学生更好接受当前现状，进而让身心健康发展。

第四节　生活思政的实践主体

生活思政始终是做人的工作，是"教"与"学"的双向实践活动，受教育者是一个独立、自主的"人"，具有强烈的主体意识，对于自身发展有不断提升的要求。生活思政的本质，是激发学生的自主性，包括自我教育、自我探索、自我发展等，这就必须突出以学生为践行主体。

一、马克思主义实践观

实践观是马克思主义哲学的核心观点。马克思说，"全部社会生活在本质上是实践的。"[①]马克思主义实践观认为，实践是认识的来源，是认识发展的根本动力，是检验认识正确与否的唯一标准。实践与认识是辩证统一的关系，实践决定认识，认识对实践有巨大的能动作用。实践的观点是马克思主义认识论的基本观点，实践性是马克思主义理论区别于其他理论的显著特征。马克思主义实践观强调人的主体性，强调人与外界、理论与实践的统一性。

中国特色社会主义进入新时代，以习近平同志为核心的党中央始终坚持对马克思主义的坚定信仰，坚持实事求是，一切从实际出发，创造性地发展马克思主义实践观。"新时代贯彻党的教育方针，要坚持马克思主义指导地位，贯彻新时代中国特色社会主义思想，坚持社会主义办学方向，落实立德树人的根本任务。"[②]从教育目的、教育规律和教育方法突出了马克思主义实践观。

高校思想政治教育的根本任务是"立德树人"，努力把学生培养成德智体美劳全面发展的社会主义建设者和接班人。高校思想政治教育的最终目的是促

---

① 马克思恩格斯文集：第一卷[M].北京：人民出版社，2009：501.

② 习近平.用新时代中国特色社会主义思想铸魂育人　贯彻党的教育方针落实立德树人根本任务[N].人民日报，2019-3-18.

进大学生个人思想精神的成长与发展,使学生形成正确的世界观、人生观、价值观。说到底,充分尊重、发挥学生的主体性是达到思想政治教育成效的关键所在,思想政治教育的最终显现成效需要学生在实践中体现。在思想政治教育过程中,高校要重视学生的主体性作用,坚持实事求是,从学生的实际情况着手,才能达到思想政治教育的最佳效果。

二、学生是生活思政的践行者

在传统的思想政治教育中,一定程度上无法否认单向"灌输"的教育意义。但这种方法没有充分发挥学生的主体性,因此,未能达到最佳教育效果。生活思政以促进学生德智体美劳全面发展为核心,将思想政治教育贴近生活、贴近学生和贴近实际,把品格培养融入生活,用先进文化引领生活。这些都需要学生主动参与其中,以实现学生在学校中的各项权利和价值。这既是新时代发展的必然要求,也是思想政治教育创新的必然选择。

(一)学生是生活思政的践行主体

人的主观意识对于客观世界具有巨大的反作用。辩证唯物主义认为,主观能动性是人在实践中认识客观规律,并根据客观规律自觉地改造世界,推动事物发展的能力和作用。学生对外部信息具有选择的能动性、自觉性,学生对信息的选择与否直接受学生本人的学习动机、兴趣、需要以及所接受的外部要求所左右。学生对外部信息进行内部加工的过程,要受到个体原有的知识经验、思维方式、情感意志、价值观念等诸多因素的制约,体现出独立性、创造性。

大学生是实现中华民族伟大复兴中国梦的生力军,构建正确的世界观、人生观和价值观是培养社会主义建设者和接班人的重要内容。充分调动、发挥大学生的主观能动性,有助于提高他们践行社会主义核心价值观的水平,形成正确的理想信念。

目前,随着社会环境以及"00后"进入大学,大学生主体意识相较以往更强。面对新形势、新问题和新情况,传统思政教育已经不能够满足学生的多样需求,不能够适应学生的实际情况。所以,高校思政教育需要找到一种既能够发挥学生积极性、保障学生主体地位,还能够充分适应当前实际情况的模式来开展工作。生活思政强调学生的主体作用,激发学生的践行欲望,让学生在喜闻乐见、生动活泼中乐学、乐做。只有学生真正参与其中，才能使生活思政落地，确保真正打通"育人最后一公里"。

（二）学生践行生活思政的具体内容和方式

依照马克思主义哲学理论中的解释，主体性研究就是研究人在教育活动中表现出来的主观能动性和创造性。生活思政面向"真实的人"和"具体的人"全面展开。学生只有发挥主体作用，按照自己的意志积极、主动地去参加实践活动并发展自身，深化体悟，知行统一，接受认同学校教育，生活思政也才能有效果。

第一，提升学生践行生活思政的全面性。一是覆盖全体学生。学生进行生活思政的实践活动是促使学生对思政教育产生共鸣以及形成认同的基础条件。如果学生不能够参与生活思政，那么高校的思政工作就极有可能沦为空谈。因此，生活思政需要全面覆盖拥有不同目标的学生，促使不同的学生能够在生活思政践行中接受教育。二是全程参与。在生活思政过程中，对思政教育的内化需要学生参与到其中，这样学生才能够实现知情意行的必然转换。

第二，提升学生践行生活思政的层次性。必须深入分析学生自身特点以及需求，如学生心理特点、个性化需求以及学生参与到生活思政中的范围等。一方面是因为大学生本身的特点以及需求具有较强的层次性。不同学生差异明显，这样的差异促使学生参与到生活思政中会产生不同的需求。高校需要对拥有不同需求和特点的学生进行区分，这样才能够引导学生参与的积极性。另一方面是要对不同的参与对象采取不同方式，因人施教，分类施策。

第三，让学生全方位、多角度践行生活思政。无论是促使学生在宏观层面参与到管理之中，还是从微观层面参与到管理制度的制定之中，都不能够以被动的姿态进入到其中，而是应该以主人翁的姿态参与到实际工作之中。引导学生参与到生活思政活动之中，让学生在无形之中受到思政教育，从而对学生起到良好的教育和影响效果。注重学生的真实体验，结合学生的成长规律与实际情况，引导学生将思想政治教育与现实生活进行关联，进一步将生活思政内化于心、外化于行。例如，在开展中华优秀传统文化的讲座时，可以鼓励学生结合自身的生活经验，联系自身所接触过的生活情景，积极探讨中华优秀传统文化价值，让学生在活动体验中感受教育效果。

三、学生是生活思政的受益者

"以人为本的高校思想政治教育是一种以接受教育的大学生为本、以从事教学活动的教育者为本的教育理念与教育实践[①]。"以学生为本,实现学生的全面发展,让学生成为教育的受益者是生活思政开展的基本指导思想。

(一)生活思政促进学生成长成才

2016 年以来,党和国家多次强调思政课程和课程思政的有机统一,要求围绕"立德树人"根本任务,挖掘课程和教学方式中蕴含的思想政治教育资源。多年来,在国家的大力推动下,第一课堂的思想政治教育效果大大提升,学生的思想道德素养得到了加强。但是不可否认的是,学生在校的大部分时间都会在包含寝室、食堂、图书馆、生活超市等生活区度过,学生与生活区工作人员接触最为广泛,他们对学生思想政治教育的潜移默化的影响,从某种程度上来讲,直接关系到学校大环境育人和人才培养的质量,对学生成长成才具有举足轻重的作用。

生活思政围绕学生的生活世界和生活体验设计思想政治教育的方式方法,将富有生命力的、充满生机的生活实际转化为教育资源,突出将教育内容渗透于学生生活的各个方面,增强思想政治教育的感召力和吸引力,让文化的丰富性和生动性,滋养学生美好心灵,熔铸学生的精神品格,涵养学生宽容大度的气度,激发学生的创造力,生活思政的最终成果是促成学生德智体美劳全面发展,符合社会主义建设者和接班人的要求。

(二)生活思政实现学生综合素质全面提升

大学生正处于价值观形成、发展和定型的关键期。在这一过程中,各种社会思潮和观念都会对学生的价值观产生巨大影响。生活思政作为一种培养人、塑造人、转化人的实践活动,与学生的生活联系更为紧密,要致力于把大学生培养成为全面发展的社会主义建设者和接班人,时刻关注着大学生个人素质的全面提高,成为影响学生树立科学价值观的基础。生活思政正是通过对学生的正确引导以及全方位的教育,帮助他们树立科学的人生观、价值观和道德观。

有利于学生养成理想的政治人格。政治人格属于特定社会经济基础、政治

---

① 芦廷峰.科学发展观对大学生思想政治教育质量提升的作用[J].现代职业教育,2015(21):80.

制度以及意识形态的产物。因而，大学生的理想政治人格必须符合当前社会政治要求和个体政治发展需要。当代大学生的政治人格状况，影响着我国科教兴国和人才强国战略的实施，影响着我国社会主义现代化建设宏伟目标的实现。然而，大学生的理想政治人格不是先天具备的，而是需要后天培养，生活思政对于塑造大学生理想政治人格起到了重要作用。

有利于学生培养健康的心理素质。人的心理与思想密不可分，二者相互作用、相互影响。思想在形成后具有相对稳定性，对心理有支配和调节作用。大学生本身已经有相对独立的思维以及拥有相对独立的生活，但是相比较于社会人，大学生仍缺乏一定的社会经验，无法完全了解自身心理健康方面出现的问题。高校在开展生活思政过程中，融入心理咨询的一些方法和手段，真正从心理学的角度来对学生开展生活思政，帮助学生塑造积极向上的健康氛围。

有利于学生实现全面发展。促使学生全方位发展是生活思政的落脚点。否则，生活思政就成了无本之木，无源之水。学生在生活思政中既是受教育者，也是教育活动的主体。生活思政以学生的全面发展为基础，通过常态化开展，促使学生逐渐具备正确认识问题、全面分析问题以及独立解决问题的能力，最终将大学生培养成为能够堪当国家和民族发展重任的人才。

第五节　生活思政的协同主体

在新形势下，生活思政力求构建一体化育人体系，补齐育人工作中的短板弱项，促进协同育人机制落地，实现育人工作的同向同行、互联互通，形成思想政治教育最大合力。

一、宣传部门有效开展生活思政的宣传推广

高校党委宣传部是负责学校宣传思想文化和意识形态工作的党委职能部门，主要负责学校宣传思想、政治理论学习、意识形态、对内对外宣传、精神文明及校园文化建设等职责，在思想政治教育中占据重要地位。通过全面贯彻党的教育方针、坚持社会主义办学方向，达到塑造校园意识形态、引导学生形成正确价值观念的目标，在思想政治教育中起到理论武装、以宣传引领舆论导向等重

要作用,确保人才培养的方向和质量。

思想政治教育与宣传思想教育互相联系,互相促进,对思想政治教育效果起到非常重要的推动作用。生活思政是思想政治教育的"新生事物",高校宣传部作为高校党委工作的主要部门,要强化思想引领,高度重视生活思政的宣传推广,增强思想政治教育持续发展的内生动力。

在生活思政的具体推广和施行过程中,党委宣传部要主动当好谋划者和宣讲者,高举习近平新时代中国特色社会主义思想伟大旗帜,以十九大精神和全国宣传思想工作会议精神为指导,落实立德树人根本任务,牢牢把握正确的政治方向、舆论导向和价值取向,牢牢掌握意识形态工作领导权、主导权、话语权,大力践行社会主义核心价值观,着眼铸魂育人,坚定文化自信,为进一步推进高校生活思政建设提供有力的思想保证和强大的精神力量。

加大生活思政宣传的广度和力度。单一的思想政治教育活动对大学生来说,显得枯燥无味,也不容易传播。宣传部门要牢牢把握思想政治工作导向,扩展生活思政宣传的覆盖面。通过对高校全体教职员工广泛的覆盖宣传,充分鼓劲造势,把生活思政广泛有效地传达开来,汇聚思想政治教育力量,在全校上下产生共鸣,增强思想凝聚力和工作积极性,推进高校生活思政工作向纵深发展。

创新生活思政宣传方式。宣传部门通过深入挖掘师生身边的生活思政典型案例,让学生产生共鸣,从而内化为自觉行为。借助学校网站、微信公众号、微博、校报、展板、橱窗、电子屏等宣传媒介、平台,举办宣讲会、讲座、社区活动,广泛开展生活思政的宣传教育,弘扬正能量,激发全校师生参与生活思政的强大动力。在互联网时代,宣传工作必须及时抢占网络舆论阵地,坚持主流价值观的引导和教育。适时抓准宣传的准确时机,能够及时快速高效地引导广大学生参与生活思政的方式和兴趣。

宣传部要把生活思政作为重要宣传内容,纳入年度宣传思想工作计划,并融入运行体系中。邀请校内外专家指导办好生活思政理论宣传栏目,进一步探索新媒体理论宣传,制作一批易于传播的生活思政网络作品。

深化社会主义核心价值观培育践行,抓好生活思政开展过程中的学生理想信念教育,把具有校本特色的文化活动作为生活思政的重要切入点,坚持传承传统与不断创新相结合、自上而下与自下而上相结合、体现共性与追求个性相结合，让生活思政发挥文化引领的持久功能。

加大校内外新闻宣传力度，进一步加强对内对外的宣传力度，通过专题策划、校内外媒体联动，大力将生活思政在学校"两微一端"、媒体上宣传，让全校师生员工、全社会能够更加全面、详实地了解生活思政，扩大生活思政的影响力，为推广和普及生活思政积极营造氛围，传递正能量。

二、马克思主义学院积极推进生活思政的理论研究

在思想政治教育研究中，理论研究是基础，更是先导。理论性是生活思政的内在要求，生活思政要开展好，理论研究必须要有深度，体现生活思政知行合一的内生动力，才能更好实现生活思政育人成效。这就需要扎实推进生活思政理论研究，也是做好生活思政的根本保证。目前，马克思主义学院的思政理论课教师和具有研究能力的思政部门人员是生活思政理论研究的主力军。

发挥好思政理论课教师和思政部门人员的研究作用。对生活思政的理论研究，离不开相关理论支撑。要特别聚焦思想政治教育理论与实践的基本问题，彰显理论自觉与时代价值。要密切追踪国内外相关领域最新研究趋势以及前沿问题。另外，思政理论教师和思政工作人员参与生活思政理论研究，有助于更好关注学生的内心世界，通过生活思政的理论与实践的转换，促进学生形成相对稳定的价值观念。生活思政是一种坚持以实践性为基础的思想政治教育，也是生活思政实现理论联系实际的重要保证。具体而言，生活思政理论研究，是指对生活思政的现象、内在联系及其规律的研究。一般包括三个方面：生活思政内涵研究、生活思政相关理论研究、生活思政相关实践研究。这也表明，生活思政理论研究不能离开经验总结和案例研究，两者相辅相成，螺旋递进。理论研究提升经验总结，缺少了理论研究这个基础环节，经验研究就很难展开，就会缺少约定俗成的对象、术语、指标、概念，就会面临理论依据缺失[①]。

生活思政工作严格遵循"一切从实际出发"理念，从而制定出贴合实际情况的实施举措。生活思政虽然是以生活场所为主开展思想政治教育，是"知"转为"行"的重要体现，但对理论研究的要求并没有降低，甚至更高，难度也更大。既要求理论指导实践，也要求实践反作用于理论。因此，积极推进生活思政的理

---

① 王向阳.充分发挥基层党校理论研究主线抓手作用[N].长治日报.2020-09-20(03).

论研究是思想政治教育的必然要求。在推进理论研究中,要坚持具体问题具体分析、坚持理论和实践相结合。也就是说,生活思政既要坚守理论性,又要注重实践性。生活思政具有一定的理论深度,这是彰显生活思政基本属性的重要基础,但是生活思政不能只谈理论而忽视实践,因为只有通过实践才能体现生活思政理论价值。

高校要通过具体措施来保证理论研究工作顺利开展。一是加强教育引导与培训。根据理论研究人员的需求进行分类培训,提高理论研究能力。二是注重实践锻炼。引导他们参与生活思政实践,在科学理论指导下,更好地开展生活思政实践。三是健全完善激励机制,形成更多人参与生活思政理论研究的良好氛围。

第五章

高校日常思政工作方法新拓：生活思政的方法运用

思想政治教育方法主要是指思想政治教育的实施方法也叫工作方法。它是指思想政治教育主体为完成一定的思想政治教育任务，在对教育对象实施思想政治教育的过程中所采用的一切方式、方法或手段的综合。[①] 大学生思想政治教育方法是联结高校思想政治教育者与大学生关系的桥梁与纽带，是开展大学生思想政治教育活动的必要手段。科学、合理的大学生思想政治教育方法是促进大学生思想政治教育取得实效的有效工具，是实现思想政治教育目标的必要条件，是将思想政治教育目标化为实践的桥梁。

毛泽东曾说："我们不但要提出任务，而且要解决完成任务的方法问题。我们的任务是过河，但是没有桥或没有船就不能过。不解决桥和船的问题，过河就是一句空话。不解决方法问题，任务也只是瞎说一顿。"[②] 在这里，"桥"或"船"是指工作方法，"过河"是指完成任务。这一论断以生动形象的比喻，说明工作方法对于完成任务的重要性。

生活思政作为高校日常思政的创新探索，也非常重视工作方法。因为从某种意义上说，不重视生活思政的方法论研究，就不可能实现生活思政的预期目标或任务。基于此，本章从一般到具体，深入阐述生活思政的指导方法和四种常用具体方法，以期为高校生活思政实践操作提供方法论上的指导。

---

① 陈华洲.思想政治教育方法论[M].武汉：华中师范大学出版社，2010：152.
② 毛泽东选集：第一卷[M].北京：人民出版社，1991：139.

第一节　指导方法：坚持显性育人与隐性育人相统一

教无定法，贵在得法。方法的本质在于它的有效性。方法是否好，运用是否得当，衡量标准在于它是否能够让受教育者接受，实现思想政治教育目标。习近平总书记在 2016 年全国高校思想政治工作会议上强调："好的思想政治工作应该像盐，但不能光吃盐，最好的方式是将盐溶解到各种食物中自然而然吸收。"①这体现了思想政治工作作为"盐"的不可或缺性、"溶解"的艺术性以及"自然而然"的巧妙性，为创新思想政治工作方法提供了有力指导。

习近平总书记进一步指出，做好高校思想政治工作，要"沿用好办法，改进老办法，探索新办法，不断提高工作能力和水平"②。2019 年 3 月，他在学校思想政治理论课教师座谈会上提出"八个相统一"的要求，其中之一是"要坚持显性教育和隐性教育相统一，挖掘其他课程和教学方式中蕴含的思想政治教育资源，实现全员全程全方位育人"。③这一论断不仅是新时代思想政治理论课改革创新的重要方法，也是生活思政在实践中应始终坚持的一般指导方法。

一、显性育人是我国思想政治教育的主要方式

"显性思想政治教育是通过直接的、有计划、有步骤的显性方式，来达到思想政治教育目的，在教育过程中教育者与受教育者关系明确，有明确的教育目的、教育计划，教育比较规范。"④长期以来，显性教育一直是我国思想政治教育的主要方式，特别是课堂教学作为思想政治教育的主渠道，为提升青少年思想道德素质，培养社会主义建设者和接班人做出了重要贡献。综合来看，目前我国思想政治教育还是要以显性为主导，坚持旗帜鲜明的显性底色。

---

① 习近平在全国高校思想政治工作会议上强调：把思想政治工作贯穿教育教学全过程 开创我国高等教育事业发展新局面[N].人民日报，2016 - 12 - 09(01).
② 习近平在全国高校思想政治工作会议上强调：把思想政治工作贯穿教育教学全过程 开创我国高等教育事业发展新局面[N].人民日报，2016 - 12 - 09(01).
③ 习近平主持召开学校思想政治理论课教师座谈会强调：用新时代中国特色社会主义思想铸魂育人 贯彻党的教育方针落实立德树人根本任务[N].人民日报，2019 - 03 - 19(01).
④ 郑永廷.思想政治教育方法论[M].北京：高等教育出版社，2010：169.

（一）显性教育方式当前在我国仍应处于主导地位

教育不是在真空中进行，也不能随意选择教育方式。这是因为任何方法的实施都离不开内部与外部等诸多因素的影响。教育能促进社会的发展与改变，但其本身也要受到其内部、传统与现实、社会状况等制约。从思想政治教育性质、思想政治教育规律、学生成长规律、我国思想文化、社会制度和教育资源等多方面分析，显性教育方式应在思想政治教育中处于主导地位。

1. 思想政治教育自身性质决定要用显性教育法

"思想政治教育是指一定的阶级、政党、社会群体遵循人们思想品德形成发展规律，用一定的思想观念、政治观点、道德规范，对其成员施加有目的、有计划、有组织的影响，使他们形成符合一定社会、一定阶级所需要的思想道德的社会实践活动。"①它具有鲜明的阶级性、政治性等特点，是社会意识形态的重要内容。它服务于一定社会、一定阶级，是统一社会共识、凝聚社会力量、维护社会秩序的重要手段。思想政治教育是中国共产党的优良传统和政治优势，是夺取中国革命、建设和改革胜利的坚强思想保障，是经济工作和其他一切工作的"生命线"。因此，党和国家历来高度重视通过公开渠道对社会成员的思想政治教育。

2. 思政教育规律和学生成长规律决定要用显性教育法

1902 年，针对俄国工人运动"自发论"倾向，列宁在《怎么办？》一书中系统地论述了"灌输理论"。他认为，科学社会主义不可能从工人阶级和群众自身自发地产生，而应从外部灌输进去。换言之，马克思主义理论为群众所理解、掌握、运用与普及，必须要通过积极的灌输来实现，而不是自动地、无条件实现。因此，灌输是马克思主义理论教育的一般规律。从青年学生的成长规律来看，他们正处于"拔节孕穗期"，世界观、人生观和价值观尚未完全定型，最需要有人对他们进行精心引导与栽培。基于以上两个规律，需要我们旗帜鲜明、立场坚定、理直气壮地开好思政课，要在我国大中小学统筹推进思政课一体化建设。

3. 我国思想文化决定要用显性教育法

不管中华优秀传统文化还是马克思主义理论，都具有鲜明的显性特色。中国传统文化特别是作为主流的儒家文明，最主要的传播方式是书院和学堂，其

---

① 张耀灿，郑永廷，吴潜涛，骆郁廷等.现代思想政治教育学[M].北京：人民出版社，2006：50.

对君子人格的培育尽管是以学堂教育和言传身教相结合的方式进行,但无论从其教学理念还是教学实践来看都是以显性为主。同时,显性教育更是马克思主义理论教育鲜明的特点。《共产党宣言》庄严宣告:"共产党人不屑于隐瞒自己的观点和意图。"①马克思主义揭示了社会发展的基本规律,指明了历史前进的基本走向,当然一刻也不能忽略教育民众接受真理,创造美好未来。毛泽东指出:"我们必须坚持真理,而真理必须旗帜鲜明。我们共产党人从来认为隐瞒自己的观点是可耻的。我们党所办的报纸,我们党所进行的一切宣传工作,都应当是生动的,鲜明的,尖锐的,毫不吞吞吐吐。这是我们革命无产阶级应有的战斗风格。"②

(二)科学认识显性思想政治教育方式的主导性

充分认识显性教育方式的主导地位,才能更好地发展教育。显性思想政治教育方式在我国的主导地位存在层次性,主导意味着在总体上把方向、管大局,而不是大包大揽。而且,坚持显性思想政治教育,最主要的体现就是坚持马克思主义的立场观点和课堂教学的主渠道。

显性思想政治教育的主导性体现在大局层面。教育是一个动态的过程,教育者要在教育过程中及时调整自己的方式方法以促进效果。因此,在实际操作层面,并没有一种"包治百病"的方法可以应对各种情况,不能要求时时刻刻都必须保证显性教育方式在体量上占优势。因为,主导性体现在质量上而不是数量上,具体操作中要具体问题具体分析。但是,从更高层次而言,不同教育方式还是存在主导性的问题,在我国体现为以显性思想政治教育为主导。也就是说在大局层面要以显性思想政治教育为主,隐性教育为辅。这样的教育方式既与马克思主义的特点相适应,又符合我国的制度安排,也是资源相对稀缺情况下的现实安排。总体上坚持显性教育方式,才能使思想政治教育改革创新稳中求进。

在我国,坚持显性思想政治教育方式主要体现在坚持马克思主义的立场观点方法和课堂教学主渠道。时代变化与社会发展要求我们做出改革创新,但这并不意味着要另起炉灶。马克思主义既是科学理论,又是信仰追求,是我们立

① 马克思恩格斯选集:第一卷[M].北京:人民出版社,2012:435.
② 毛泽东选集:第四卷[M].北京:人民出版社,1991:1322.

党立国的根本。加强和改进思想政治教育要吸收世界文明成果，借鉴好的方法手段，但如果只注重形式创新而忽略了马克思主义的理论深刻性，甚至把马克思主义本身也隐蔽起来，则无疑是舍本逐末，最终会南辕北辙。教育中要坚持用马克思主义理论的深刻性说服学生，用共产主义理想的崇高性引领学生。理论只要彻底，就能说服人，真理虽然并不一定有最吸引人的形式，但一定最为持久。另外，学校与课堂是青少年最集中的场所，是学习和形成世界观人生观的重要平台。虽然隐性的感染也很重要，但主旨鲜明的思想政治理论课只能加强和改进，教育过程中也可以引入隐性方法，但不能使整个课程走向隐蔽或取消。

（三）我国思想政治教育过度依赖显性方式面临新挑战

事物的发展总是在问题和矛盾中推进的。教育需要在一定的时空之中进行，国际国内形势的发展促使教育环境发生改变，环境的改变使个体思想认知产生变化，也对教育效果提出新的要求。改革开放以来，特别是进入 21 世纪之后，我国经济繁荣发展带来思想文化之间的交流与碰撞更加激烈。时代发展与国情世情的改变使得原有的显性教育面临新的挑战。思想政治教育在显性教育为主导的背景下面临着如何进一步提高教育质量和提升效果的问题。

社会环境的改变使教育面临多元思想观念冲击。改革开放以前，思想政治教育环境相对单一。改革开放尤其是进入 21 世纪以来，在经济持续增长，综合国力不断提升，人民生活水平越来越好的同时，挑战也随之而来。一方面，西方各种思想文化随着经济往来进入国内，资产阶级自由化、拜金主义、享乐主义等资本主义的产物也随之而来；另一方面，国内经济的发展带来生活方式的转变，急剧变革的社会为多样社会思潮提供了发展的温床。借助互联网和社交媒体等便捷的现代媒介，各种思想观念与社会思潮对主流价值观念造成了冲击，教育环境变得更加复杂多样。

教育对象的变化使传统显性教育受欢迎程度下降。不同于以往教师和教材作为学生获取知识的核心渠道，学生可以在互联网上找到几乎所有的知识点，这严重消解了教师传授知识的权威性。相较于简单接受课堂上传授的观点，他们更倾向于追问为什么或者在心中存疑。而对于网络上的新鲜事物，青年学生却能很快接受，青年群体也成为网络的主要力量。在这个碎片化阅读和即时通信盛行的时代，传统的显性教育课堂虽然一直在改革创新，却始终或多或少面临着吸引力不够的压力。

(四)在改革创新中坚持显性思想政治教育方式

坚持显性教育方式绝对不是故步自封、一成不变。任何事物都需要与时俱进,在时代发展中不断调整适应以保持生命力,显性教育方式也不例外。显性教育方式只有在如何"显"上不断下功夫,并且充分利用好新技术新媒体才能避免走向僵化,在改革创新中展现活力。

显性思想政治教育要不断丰富教育教学的方法和形式。传统的显性思想政治教育以课堂教学为主渠道,教学的过程则体现为老师讲学生记。课堂上的互动相当少,学生学习的主体性很难发挥出来。然而,思想政治教育面临的往往是社会上的复杂现象和思想中的种种困惑,交流碰撞是十分重要的方面。特别是现代社会信息量的暴增与青年学生思想观念的复杂多变,更需要进行深入细致的疏导。因此,在教育实践的探索过程中,教学改革也在持续进行。例如,进行"大班授课,小班讨论"和学生展示汇报等多种尝试,课堂教学改革中小组汇报、情景剧、微视频等增加学生参与度的方式尽管也存在质量参差不齐的问题,但改革创新的探索仍旧是必要的。变则通,通则久,显性教育在求变求新中才能求发展。

显性教育要利用好新技术新媒体新平台。新技术新媒体带来的挑战是明显的,如传统教育的权威性削弱、网上各种信息带来极大的不确定性、网络参与的不平等以及网络暴力等等。但是,机遇与挑战并存,利用新媒体渠道进行教学打破传统课程的时间和空间局限、开发新技术促进教育者和受教育者的互动,以及建立社交平台扩大主流价值的影响,都是新技术新媒体给思想政治教育带来的契机,都可增强显性思想政治教育的时代感和吸引力。

二、生活思政:隐性思想政治教育的重要途径

在显性教育为主导的背景下,思想政治教育面临着如何进一步提高教育质量和提升效果的问题,隐性教育因其在润物无声中使人们受到教育而得到了进一步的重视。

隐性思想政治教育是指教育者隐藏教育目的和主题,按照预定的教育计划和方案,将教育内容渗透到环境、文化、娱乐、服务、制度、管理等日常工作、学习

和生活中，使教育对象在不知不觉中受到熏陶的一种思想政治教育方法。[①] 隐性教育是与显性教育相区别而存在的教育方法，它突出强调的是教育对象在不知不觉中通过耳濡目染、潜移默化来接受思想政治教育信息。隐性思想政治教育区别于显性思想政治教育，不在于教育目标、使命、内容等方面，而在于教育的实践形式。[②] 通常来讲，显性思想政治教育"直接"地对教育对象施加影响，传递思想政治教育信息，而隐性思想政治教育的教育者则把思想政治教育寓于相关社会实践互动中，"间接"地对教育对象施加影响。

隐性教育是实现思想政治教育功能的一种特殊有效的实施方法，有独特的优势和作用，因而被广泛地运用于思想政治教育的实践之中。

（一）隐性思想政治教育的独特优势

加强隐性思想政治教育的出发点是以其独特的优势提升教育效果。与显性思想政治教育直接而鲜明的方式不同，隐性教育主要突出强调的是教育对象在不知不觉中通过耳濡目染、潜移默化来接受思想政治教育信息。具有以下主要特点：

1. 教育策略具有隐蔽性

在显性思想政治教育中，教育目的公开，教育形式鲜明，受教育者角色明确。学生从一开始就知道自己是受教育者角色，接受特定形式的思想政治教育，并在思想政治素质上达到何种预期。与之相反，"在隐性思想政治教育中，受教育者总是缺乏对思想政治教育的焦点关注，缺乏对其所受教育的明确感知，甚至存在着对所受到的教育的不知不觉，处于无意识或潜意识状态，是无意中的学习"。[③] 这种潜隐性意味着，尽管教育活动中包含了思想政治教育的内容，但是在形式上并没有清晰地体现出来，学生作为受教育者的角色不突出，因此受教状态也更为自然，也很少会产生抵触心理。甚至已经达到了教育效果，学生本人也可能不知道，以为是自身原有的想法。教育过程和教育结果的双重隐蔽性使隐性教育具有了"润物无声"的效果。

2. 教育过程体现趣味性

由于隐性教育更多以某些具体的社会实践活动为载体，因此往往具有某种

---

① 陈华洲.思想政治教育方法论[M].武汉：华中师范大学出版社，2010：174.

② 白显良.隐性思想政治教育基本理论研究[M].北京：人民出版社，2013：133.

③ 白显良.论隐性思想政治教育的受教特性[J].学校党建与思想教育，2013(10)：37.

特定的场景设置,更具有生活气息而不是单纯的理论阐述,体现出更强的趣味性。也就是说,隐性教育在教育内容的选择上避免直接的思想政治知识,特别是在教育过程中以直接的说教形式告诉学生应该怎么样、必须达到某种状态,而是通过参与某一具体活动,或者讨论某一特定议题让学生觉得我想怎么样、我应该怎样去做。因为没有特定目标的压力,也不用遵守某种具体规定,参与时的状态是轻松愉悦的。这种化被动要求为主动诉求的方式,使得受教育过程更有趣。

3. 教育资源凸显广泛性

传统的显性教育主要是课堂政治理论教学,课堂教学在设备使用和教学方法革新中固然并非一成不变,但空间和时间的局限很大程度上制约了教育资源的使用。隐性教育却很好地突破了这种限制,并能充分挖掘思想政治教育一切资源,整合思想政治教育一切力量。通过把思想政治教育渗透于其他课程、社会实践、校园环境、校园管理、校园文化和日常生活之中,相应地形成了课程育人、实践育人、环境育人、管理育人、文化育人和日常生活育人等诸多隐性思想政治教育方式,使学生无处不在、无时不有地受到感染、熏陶,达到育人与育才的统一。

(二)科学认识隐性教育面临的现实挑战

1. 隐性思想政治教育资源开发利用不到位

我国高校思想政治理论课一直以来都以显性思想政治教育为主导,更加重视课堂理论知识的直接灌输,缺乏对隐性思想政治教育资源的开发和挖掘,思想政治教育隐性因素作用发挥还不够。高校思政课教师习惯于运用教科书上的固有内容,对学生直接进行理论教授,较少将知识运用到思想政治教育资源中去启发和引导学生,降低了思想政治教育的实效性。由于高校思想政治工作者长期受显性教育的影响,已经形成显性教育为主的思想认识,在运用思想政治教育资源过程中,多是将教育资源作为显性教育的载体对教育者进行知识传播,忽略了隐性教育资源的作用。

2. 隐性思想政治教育形式与内容不协调

思想政治教育内容和形式是不可分割的整体,内容通过形式展现出来,隐性思想政治教育也是如此。但在实际的隐性思想政治教育中,往往出现形式泛化的现象，直接影响教育效果。运用网络载体开展思想政治理论课是顺应时代潮流的必然趋势，尽管很多高校开始重视和开发网络思想政治教育，以期发挥网络隐性教育的重大价值，但也面临很多的问题和挑战。如通过网络平台向学生传递的思想政治教育内容渗透度不够，形式大于内容，难以实现显性教育与隐性教育的一体化发展。多样化的教育形式确实会得到学生的青睐，促进思想政治教育内容的理解和吸收，但是如果在实施过程中，侧重形式的新颖性，而忽视教育内容的理论性，难免有形式主义倾向，影响思想政治教育效果。

3. 隐性思想政治教育重视程度不够

隐性思想政治教育较显性思想政治教育而言，在实施过程中需要花费更多的时间和精力来处理好隐性因素的影响作用，具有一定的复杂性。由于隐性教育效果不能立竿见影，没有明显的评价标准，部分高校教育管理者和教育者往往选择通过显性思想政治教育实现教学目标和任务，而将隐性思想政治教育仅仅当作课外活动来开展，或者列为学校文化建设内容，人力、物力、财力等支持不够。部分教育者认为只要学生基本掌握思想政治教育的知识即可，在教学过程中只重视显性教育的传授，往往以分数的高低作为评价学生德育的标准，在教学过程中忽视受教育者主观能动性的发挥，使得受教育者主体性缺失。

（三）生活思政是隐性思想政治教育的重要途径

本书所说的高校生活思政是指以挖掘大学生日常生活中的生活常理、生活伦理和生活哲理等为思政元素，通过大学生现实生活和环境观感，体现在校园内所有"教育场"的思想政治教育活动，它是一种有效的隐性思想政治教育。

1. 日常生活世界是思想政治教育的隐性育人场域

日常生活，简单而言，就是人们每天生活于其中的现实生活，它与个体的生存息息相关，具有较强的自然状态特性，以传统、常识、经验、纯朴感情与自然资源等自在因素构成的人类生存的场域。① 马克思主义认为，历史的丰富文化内涵常常蕴含在现实的日常生活之中，具体的历史过程并不是简单地由自然科学规律所决定的，它与人们的日常生活交融在一起，是一个由人们参与其中的现实的、具体的实践过程。② 日常生活具有重复性、实用性、朴实性的特征，它是

① 陈飞. 回归生活世界：思想政治教育研究的一个视角[M].北京：人民出版社，2014.
② 马克思恩格斯选集：第一卷[M].北京：人民出版社，2012：173.

每个个体成长必不可少的组成部分,并具有规范性。日常生活中包含着一个由意义世界、语言、对象和习俗等各以不同方式形成的符号系统,并带有很强的情境性。

这些表面上看来简单繁琐,以重复性思维和实践居主导地位的日常生活世界是人的本质力量得以实现的基本场域之一,蕴含丰富的教育内容,是人类所有社会关系和社会本质的重要体现。日常生活中的价值规范和社会风气也会深刻影响个人的价值选择。思想政治教育来源于个体成长和国家发展的需要,其所涉及的不仅是观念世界,更重要的是日常生活。日常生活为个体的思想成长和品德提升提供了现实场域和可能空间,日常生活世界中蕴含着人的诸多诉求和社会的内在需要,成为思想政治教育的隐性课程和具体承载。

2. 日常生活世界为思想政治教育提供了实践空间

日常生活是个体再生产的重要领域,是一切重大社会历史变革的重要源头,是思想政治教育的重要实践寓所。意识形态感性经验形式的传授需要借助社会习俗、内心信念、公共舆论、传统文化、家庭熏陶等机制发挥教育作用。而日常生活是人的精神世界存在的载体,它依赖习惯、传统、经验、血缘等因素进行维系,可以为感性意识形态的传授提供自在的文化形式,从而有效缓解意识形态教育的抽象性。

思想政治教育从日常生活世界出发,以丰富的生活事例和实践充实思想政治教育的内容,可以缓解思想政治教育内容知识化和课程化的不利影响;以日常生活的鲜活性亲近受教育者内心,可以弱化思想政治教育方法中的强制灌输;以日常生活的实践性和情感性,构建思想政治教育的多元评价体系,可以避免价值评估的科学主义量化观。日常生活世界为思想政治教育提供了天然的实践空间,为个体心性品质和精神世界的改造提供了现实场所,为受教育者的主体精神和丰富人性创设了培育空间,为培养一个理想的人提供了有效实践空间。

3. 隐性思想政治教育视阈下的生活思政特点

作为隐性思想政治教育重要途径的生活思政,其教育目的和内容具有隐蔽性和暗示性。在生活思政过程中,教育目的和教育内容都隐藏在青年大学生的日常生活学习中,使其在不知不觉、潜移默化中接受教育,从而达到教育目的。

(1)生活思政的教育过程具有非强制性和愉悦性。

生活思政的教育目的和内容隐藏在各类活动中,教育者通过设置一定的教育环境,以生活中的各种因素为学习内容,在自然、愉悦的氛围中通过自己的直观思维和情感体验来接受教育内容,并转化为自己的思想品质、道德行为。因此,生活思政的实施主体没有给教育对象以任何明确的、直接的外部强加意图,使教育对象完全处于一种自愿、自主选择和参与教育活动的自发状态,是轻松愉快的,是为受教育者所乐于接受的。

(2)生活思政的教育途径具有间接性和渗透性。

生活思政的实施主体不是通过灌输式的教育方法直述道理,而是采取迂回、渗透的教育方式,在日常工作、学习和生活中,借助一定的教育载体间接地对教育对象进行渗透,使教育对象在一种无意识的状态下进入教育者所创设的教育环境中,自觉地接受教育内容,达到教育的效果。

(3)生活思政的教育对象具有主体性和接受教育的自主性。

生活思政是一种以教育对象为主体的自主性教育。在这种隐性教育活动中,教育者成了服务者,思想教育内容和要求成了教育对象在活动中需要的信息,这就使教育对象感到自己不再是被动的教育客体,而是自愿、自主的主体。由于生活思政的教育过程完全是教育对象自主选择和主动参与的过程,从而较好地满足了教育对象自主与自尊的需要,推动其在自主活动中将社会要求的思想观念和行为规范内化为自身的思想品德和信念。

三、生活思政与思政课程实现显隐育人相结合

(一)坚持显性教育和隐性教育相统一

在 2019 年学校思想政治理论课教师座谈会上,习近平总书记明确提出要"坚持显性教育与隐性教育相统一"等"八个相统一"的重要思想,为推动思想政治理论课改革创新提供了方法论的指导,是办好新时代思政课的根本遵循。就"坚持显性教育和隐性教育相统一"而言,一方面,我国高校要理直气壮地开好思政课,加强显性教育;另一方面,也要重视开发课程思政、日常思政等诸多途径的隐性思想政治教育,凝心聚力,协同一致,同频共振,构建思政工作大格局,全面开创我国思想政治教育新局面。

1. 思想政治教育必须坚持显性教育

在思想政治教育实施方法体系中,隐性教育方法和显性教育方法是相互依存的两个方面,显性教育是隐性教育的重要依托,隐性教育是显性教育的必要补充。我们倡导在思想政治教育中运用隐性教育方法,决不意味着要否认和放弃显性教育的方法和手段。相反,显性教育法一直是并且今天仍然是居于主导地位的思想政治教育方法,它能够使社会的导向明确,对全社会主流意识的形成有重要价值;

它能使人们明白社会需要什么,应该怎样做才能符合社会的要求,实质上是给人们树立了正确的导向,起到了主心骨的作用。因此,运用显性教育方法开展各种正面教育活动,仍然是思想政治教育的主渠道。

坚持显性教育法是中国共产党的宝贵历史经验。坚持显性思想政治教育是我们党的一项优良传统和作风。中国共产党是以马克思主义理论武装起来的伟大政党。自中国共产党成立之日起,它就高度重视思想建党和理论强党,把马克思主义基本理论与中国具体实际相结合,不断推进马克思主义理论中国化、时代化和大众化,解放思想、实事求是、与时俱进,终于走出了有中国特色的革命道路和社会主义建设道路。在中国革命、建设和改革的不同时期,中国共产党始终坚持马克思主义指导地位不动摇,不断发展和创新马克思主义理论成果,并努力把党的理论创新成果与群众相结合,掌握群众,武装群众,把理论转化为强大的物质力量。而在从理论掌握群众到群众掌握理论的过程中,显性思想政治教育充当了重要的桥梁作用。

坚持显性教育法是对我国基本国情的根本遵循。2016 年 12 月,习近平总书记在全国高校思想政治工作会议讲话中指出,"我们的高校是党领导下的高校,是中国特色社会主义高校。"①为此,我国高等教育始终坚持"四个"服务,即要为人民服务、为中国共产党治国理政服务、为巩固和发展中国特色社会主义制度服务、为改革开放和社会主义现代化建设服务。2018 年 9 月,习近平总书记在全国教育大会上再次强调,我国高校要"培养一代又一代拥护中国共产党

---

① 习近平在全国高校思想政治工作会议上强调:把思想政治工作贯穿教育教学全过程 开创我国高等教育事业发展新局面[N].人民日报,2016-12-09(1).

领导和我国社会主义制度、立志为中国特色社会主义奋斗终身的有用人才。"①中国共产党领导下的中国特色社会主义国家这一基本国情，要求高校必须坚持显性思想政治教育，把坚定正确的政治方向放在人才培养目标首位，推进党的理论创新成果进教材、进课堂和进头脑。

因此，在我国，高校思想政治教育要旗帜鲜明、理直气壮地对青年学生进行马克思主义理论教育，用党的最新理论成果武装青年学生的头脑，对他们进行价值引领，为他们铸魂育人。高校思想政治教育在"培养什么人？为谁培养人"等根本问题上绝不能含糊，要以立德树人为根本任务，坚持正确的政治方向，坚守人民的价值立场，为党育人，为国育才，培养德智体美劳全面发展的社会主义事业建设者和接班人，培养有理想、有本领、有担当的时代新人。

2. 思想政治教育要重视隐性教育

重视隐性教育是遵循学生成长规律的必然要求。2016 年，习近平总书记在全国高校思想政治工作会议上指出，"思想政治工作从根本上说是做人的工作，必须围绕学生、关照学生、服务学生。""要遵循思想政治工作规律，遵循教书育人规律，遵循学生成长规律，不断提高工作能力和水平。"②当前，随着社会客观环境的巨大变化，学生在心理发展、思想特点以及对知识、信息的接收途径方面也出现了许多新变化。面对教育对象的新变化，思想政治教育也要采用新的方式、方法，不能仅依靠公开、直接、简单、明了的显性教育，而应积极开拓隐性教育途径，不断提高教育实效。

重视隐性教育是提高思想政治教育效果的客观要求。一方面，隐性教育的隐蔽性、间接性和暗示性，避免了显性教育的公开性、直接性与强加性，它赋予受教育者自主选择的权利，满足他们自主、自尊的心理需要，帮助受教育者实现从被迫到主动、从逆反到自愿的重大转变，从而提升教育效果。另一方面，隐性教育可通过家庭、社会、学校和网络空间等无时无刻发挥作用，凝聚起强大的教育力量，形成协同一致的整体育人网络，有助于提升教育效果。如家风、家教、大众传媒、社会风气、社会思潮、校园文化、师生关系、班风、校风、网民言论等，

---

① 习近平在全国教育大会上强调：坚持中国特色社会主义教育发展道路　培养德智体美劳全面发展的社会主义建设者和接班人[N].人民日报，2018 - 09 - 11(1).

② 习近平在全国高校思想政治工作会议上强调：把思想政治工作贯穿教育教学全过程　开创我国高等教育事业发展新局面[N].人民日报，2016 - 12 - 09(1).

都对受教育者发生潜移默化的影响。

隐性教育的教育效果好且持久，其作用是显性教育无法替代的，但其局限性也是很明显的。由于隐性教育目的的隐蔽性，不能对教育过程进行直接的指导与调控，因而难以形成大规模的重点突出、目标明确、内容系统的思想政治教育局面，难以完成系统的理论教育任务。再加上隐性教育时效长，教育效果间接且缓慢，一旦遇到突发事件其作用有限。因此，它只有和显性教育有机结合，通过彼此间的相互影响、优势互补才能形成合力，更好地实现思想政治教育的目的。

3. 走向统一：显性教育和隐性教育实现统一的主要理路

显性教育和隐性教育都只是教育手段，思想政治教育方式方法的改革创新绝对不能走入非此即彼的误区，关键既不在显性教育，也不在隐性教育，而在于相互统一、共同发力。而实现显与隐相互统一，需要从理念上认清二者关系，从机制上实现有效衔接，在实践中灵活运用。

首先，从理念上认识到显性教育和隐性教育的辩证关系。显性教育和隐性教育是统一于教育活动中的两个方面。任何事物总是作为一个整体存在的，为了便于深入分析探究才会有人为的划分。实际上显性和隐性同时包含在思想政治教育实践当中，既没有绝对的显性教育，也没有绝对的隐性教育。只是可能某一种方式占据着主导地位，另一种相对不够明显，或者作为辅助存在。

其次，从机制上系统安排显性教育和隐性教育的有效衔接。建立系统的长效机制是显性教育和隐性教育相统一的关键。在实践中要大力探索显性、隐性教育相统一的育人机理，形成思想政治教育合力。从课堂微观层面而言，要改革创新思想政治理论课。思政理论课是显性教育的重要方式，要旗帜鲜明讲好马克思主义的基本立场、观点和方法，发挥举旗定向作用。从社会宏观层面而言，要优化教育环境，形成立体育人格局。课堂、学校和社会所扮演的教育角色，充分体现了"显"与"隐"的区别，促成共同发力也就是实现了统一，最终实现全员、全程、全方位育人的良好格局。

最后，在实践中灵活运用、处理好显性教育与隐性教育的关系。理念认识和体制机制需要有效的实践操作以实现落地，要坚持具体问题具体分析的方法。这是马克思主义活的灵魂，是辩证唯物主义的基本要求。在总体方向上，要坚持显性教育的主导性，理直气壮、旗帜鲜明地讲好马克思主义。但在具体操作上显性多一点还是隐性多一点，要根据实际情况做决定，而不是机械照搬。中国古代就十分注重言传身教、礼乐教化，当今社会有更多的隐性教育手段。这种在具体操作上的灵活处理是提升效果必不可少的环节。教育要坚持因材施教、因势利导，教育方式则要因人而异、及时调整。

总之，新时代思想政治教育创新发展需要从全局入手，从理念上认清显性与隐性教育的辩证关系，形成统一的长效机制，在实际操作中灵活处理。惟其如此，才能既有显性教育"惊涛拍岸"的声势，又有隐性教育"润物无声"的效果，为实现中华民族伟大复兴中国梦凝心聚力、培养人才。

（二）思政课程与生活思政实现显隐育人有机结合

思政课程，即高校思想政治理论课，是大学生思想政治教育的主渠道。中共中央、国务院颁发的《关于进一步加强和改进大学生思想政治教育的意见》（中发[2004]16 号，以下简称"中央 16 号文件"）指出："高等学校思想政治理论课是大学生思想政治教育的主渠道。思想政治理论课是大学生的必修课，是帮助大学生树立正确世界观、人生观、价值观的重要途径，体现了社会主义大学的本质要求。"思想政治理论课是大学生思想政治教育的主渠道，但并非只有思想政治理论课具有思想政治教育功能。习近平总书记在全国高校思想政治工作会议上进一步强调："把思想政治工作贯穿教育教学全过程，实现全程育人、全方位育人。"生活思政强调把思想政治教育融入校园内所有"教育场"，正是体现了把思想政治工作贯穿教育教学全过程的要求，担负着加强和改进新形势下高校思想政治工作的重要职责，是高校思想政治工作不可忽视的重要组成部分。

思想政治理论课是大学生思想政治教育的主渠道，生活思政是大学生思想政治教育的重要组成部分，两者共同承担着对大学生进行思想政治教育的任务，在本质上是一致的。但两者又有不同侧重，前者侧重于理论方面，即思政课程的"思政"侧重于思想政治理论方面，主要进行系统的思想政治理论教育。后者侧重于实践方面，即"生活思政"的"思政"主要侧重于思想价值引领方面，强调在所有教育场域增强政治意识和加强思想价值引领。两者也各有自身优势。思想政治理论课是对大学生进行系统的马克思主义理论教育的必修课程，意识形态特征鲜明，在组织性、系统性和全面性方面具有较强优势，是思想政治教育的显性课程。生活思政的思想政治教育元素是隐性的,是通过其所蕴含的生活常理、生活伦理和生活哲理等内容,对大学生发挥思想价值引领作用,在贴近学生生活实际、提供鲜活案例、促进思想政治教育渗透性等方面具有独特优势。

进入新时代,既要继续发挥思政课程的主渠道作用,又要发挥生活思政的作用和功能,实现两者同向同行。这是当前推动高校思想政治工作的重要路径选择。同向同行的问题实质上是认识与实践的问题,是认识与实践的统一性问题。① "同向"是"同行"的前提,"同行"是"同向"的目的。既要明确"同向"的重要性,又要明确"同行"的现实性、可行性。生活思政唯有与思政课程保持"同向",才能为"同行"创造条件,最终实现结伴同行,形成协同效应。进一步来说,生活思政与思政课程的关系,首先要解决"同向"问题,这是一个方向性的问题,方向不对再怎么努力也达不到目标。为此,必须要明确生活思政的方向要与思政课程的方向一致,在政治、信仰、核心价值上保持统一方向。"同行"属于实践范畴,要求如何去做到结伴而行,通过结伴而行,又反过来检验"同向"的方式方法问题,形成同向同行的联动效应,真正做到知行合一。

1. 融合思政课程与生活思政的教育目标

生活思政和思政课程具有政治方向和功能上的一致性,两者都要坚持社会主义办学方向和发挥育人功能。思想政治理论课的"向"就是正确的政治方向,校园内开展的各类各门思想政治教育都要与思想政治理论课一道,坚持正确政治方向,形成协同效应,增强育人合力。不管是思政课程还是生活思政归根到底在于育人,必然要把"培养社会主义合格建设者和可靠接班人"作为根本任务和目标。两者方向一致性问题,最核心的是解决"培养什么人,为谁服务"的问题。当代中国,育人方向要统一到学习贯彻习近平新时代中国特色社会主义思想层面上来,人才培养是为了建设新时代中国特色社会主义服务,增强中国特色社会主义道路自信、理论自信、制度自信和文化自信。

生活思政和思政课程各有侧重、各有优势。教育目标是教育活动预期要实现和达到的要求,有根本目标和具体目标之分。大学生思想政治教育的根本目标在于,通过各种教育活动用马克思主义理论武装学生头脑,引导学生树立正确的世界观、人生观、价值观,提高思想政治素质,使其成为中国特色社会主义

---

① 邱仁富."课程思政"与"思政课程"同向同行的理论阐释[J]. 思想教育研究,2018(4):112.

事业的建设者和接班人。思想政治理论课与生活思政共同指向大学生思想政治素质提升，促进其全面发展。但由于分属不同管理序列，两者在具体教育教学目标上有所侧重。思想政治理论课在教育目标上关注理论灌输，旨在让学生掌握丰富的马克思主义理论知识。生活思政带有很强的实践性特征，在教育目标上关注实际工作开展，强调实践育人、管理育人、服务育人。

人的思想政治素质形成和发展是内因和外因共同作用的结果，是理论认知和行为实践相互作用的产物，因此，这就客观要求以理论教育为主的思想政治理论课与以实践教育为主的生活思政相互协调，实现优势互补，理论与实践统一，从而促进学生思想政治素质形成和发展。为此，必须把思想政治理论课与生活思政的教育目标融合起来，既注重理论灌输，又强调实践运用，以理论引导实践，以实践强化理论认知。具体来说，两者都应把理论掌握与实践运用作为自身的教育目标。思想政治理论课既要强调向学生传递马克思主义理论知识，更要引导学生把知识内化于心、外化于行，将所学所知运用于实践，解决实际问题。生活思政在实际工作中发挥实践、管理、服务等育人作用的同时，更要重视理论对实践的指导作用，要求学生以科学理论指导实践，因为没有以科学理论为指导的实践，是盲目的甚至无效的。

2. 结合思政课程与生活思政的教育方法

思政课程与生活思政在教育方法上有所不同。从思政课程来看，主要在课堂进行理论灌输为主，实践活动相对较少。因此，理论育人是思想政治理论课的优势。但重理论而轻实践的教学做法，在很大程度上影响了思政课的教学实效性。虽然思政课在努力探索和尝试新的教学模式，但在组织实施中面临着一定困难，难以解决理论与实践相脱离的问题。而生活思政则在课外以实践活动为主，通过学生的亲身参与、体验和感悟来进行内化学习。但由于教育者的思想政治教育基础知识较为薄弱，在面对一些实践难题时，难以作出科学的理论解释，使得实践育人缺乏理论深度，难以以理服人。因此，唯有把两者教育方法结合起来，实现理论与实践优势互补，才能更好地实现协同。

结合思想政治理论课与生活思政的教育方法优势，就是要把课堂教育与社会实践统一起来。对于思想政治理论课而言，这就要求把社会实践纳入教学中，把教学延伸到课堂外，将理论教育融入社会实践。如进行一定课堂理论教育后,安排一定教学时间,组织带领学生围绕课堂教育主题开展社会调研、志愿服务等活动,以更好地论证理论知识的科学性,巩固课堂教育成果。思想政治理论课不仅要开发拓展实践教学,更要利用好生活思政资源,避免教育资源闲置和浪费。对生活思政而言,则要围绕思想政治理论课教学任务和主题,选用具有时代特色、学生乐于参与的活动,配合课堂教学。除了为思想政治理论课课堂延伸服务外,也要掌握学生日常思想行为,为思想政治理论课提供可资利用的丰富教育素材和资源。不难看出,通过教育方法的结合,将深刻的教育内容寓于具体的实践活动之中,更易把理论知识内化为学生的行为准则、外化为学生的自觉行为,提高学生解决实际问题的能力。

第二节　生活思政的具体方法

大学生思想政治教育实践的丰富多彩决定了方法的多样性。不同的方法适用于不同的范围和不同的情况。在选择和运用大学生思想政治教育的实施方法时,应该坚持以下要求:一是要根据思想政治教育的具体内容选择实施方法。只有根据思想政治教育的不同内容使用不同的实施办法,才能使思想政治教育更具有针对性;二是要根据大学生的不同特点选择实施方法。思政政治教育实施方法的选用,只有做到因时因地因人而异,才能收到事半功倍的效果。三是要善于创新和借鉴。要创造性地运用传统的教育方法,也要不断总结和探索新的教育方法,并将其运用于实际。

生活思政作为高校思想政治教育的重要组成部分,主要运用以下方法。

一、环境熏陶法

(一)环境熏陶法的含义和作用

马克思主义哲学认为,人与环境之间存在着相互依存、相互影响的关系。人创造改变着环境,环境同样也在创造人、塑造人。在人的发展过程中,人自身是内因,环境是外因,内因对人发挥主体作用,而环境对人的发展起次要作用,可以推动或延缓发展的速度或状态。这是马克思主义对环境育人作用的经典认识。"近朱者赤,近墨者黑""孟母三迁"等典故也反映了我国古人对于环境影响人的高度重视。的确，人的观念与个性都会受到环境影响而发生变化。

环境对人的发展具有潜移默化的影响作用。在一定的环境之中，大学生的行为也会形成外化，实现个体在环境影响下的行为彰显。多种育人环境影响下的大学生，因为环境而发生的内化与外化活动相互联系、相互依靠、相互转化、相互影响，推动大学生成长成才。特别是大学生尚未走向社会，正处于价值观形成时期，在此阶段施加的环境影响对大学生成长与发展有着极其重要的决定性作用。

新时代大学生具有鲜明的特点，他们是全面伴随着中国互联网发展和经济转型而成长起来的一代人。他们具有视野开阔、反应灵敏、善于学习新生事物等优点。但也不可避免地存在着自我意识过强、团队精神相对缺乏、抗挫折能力弱、过于自我等缺点和不足。为促进大学生健康成长成才，学校和社会有责任、有义务给他们提供更好的育人环境。

特定场景所提供的氛围暗示与视听感染，可以使情绪被迅捷激发，让情感加速升华。尤其对曾经在各种"手游"的虚拟场景中扮演过不同角色的青年学生来说，"百闻不如一见"的亲身参与体验，会让其在润物无声的感触中用自身的悟觉去深化知觉，把瞬时的情绪固化为持续的情感。所以，要注重提升生活思政教育活动场景的文化感、活动情节的仪式感和活动载体的审美度。要突出物质环境、文化环境的陶染，充分发挥校训、校风、校园建筑物以及各类健康向上、格调高雅的校园文化活动涵养德行的作用，用学生感同身受的氛围传递思想教育内涵。

（二）环境熏陶法的具体方式

生活思政是隐性思想政治教育的重要途径，在教育过程中遵循和体现"落细落小、日用不觉"的渗透性原则。它强调要把思想政治工作真正渗透和融入青年学生的日常生活中，使学生在直接而真实的生活中得到教益，受到教育。

习近平总书记强调，一所高校的校风和学风，犹如阳光和空气决定万物生长一样，直接影响着学生学习成长。营造良好的校风和学风，既是高校思想政治工作的重要任务，又是其赖以进行的重要载体，要使思想政治工作成为像阳光空气一般的必需品。创造良好的育人环境是优化整个思想政治教育环境的关键所在。"要更加注重以文化人、以文育人，广泛开展文明校园创建，开展形式多样、健康向上、格调高雅的校园文化活动"。① 因此,学校必须重视校园环境的育人作用,且物质环境和文化环境同等重要。

1. 注重校园物质环境的育人性

校园物质环境是校园文化的物质形态,集中表现在校园的设施、建筑、绿化、校园布局等校园物质形态之中。它不局限于纯粹的自然环境,而是教育工作者为实现一定的教育目标而精心设计和改造的自然环境与人文景观的统一,承载着学校的教育诉求和价值导向。因此,校园物质环境不仅为大学生提供学习和生活的现实空间,还创造了天然的德育软环境,身处其中,便能被其浸润、濡化。

校园物质环境是有形的,学生可以看得见摸得着。校园环境是学校育人的一个重要组成部分,它在学校教育活动中发挥着特殊作用。一个布局合理、生机盎然、整洁优美、宁静有序、蓬勃向上、健康和谐的校园环境,对学生的健康成长和发展,必然产生巨大的影响。要把育人理念融入到校园环境建设中,打造有文化思想、育人功能、生态与科技融合的校园环境,进而实现全方位育人目标。要精心打造校园生态文化,再造校园景观地标,建设绿色生态校园,努力将育人要素融入到校园每一个角落,让一草一木传情,使一砖一瓦育人。用优美的校园熏陶每一位学生,充分发挥校园的每一处空间的作用,精心设置育人环境,渲染育人气氛,给师生以美的享受和熏陶,营造和谐、优美的校园,提高师生在校生活的质量,让文化氛围时时刻刻在潜移默化中发挥作用。

首先,优化校园生活设施,创造优美高雅的校园日常环境。要实现思想政治教育与日常生活的融合,必须创设出合乎大学生健康成长需要的人性化生活环境。在环境情景中营造积极向上、和谐自然的教育氛围。要加强校园自然环境的美化,创造出一个井然有序、充满生机、和谐发展的硬环境,在图书馆、学生食堂、宿舍、教室的建设上要体现高质量、高品位,增强大学生校园生活的安全感和舒适感,提高他们的审美情趣,使他们在感受美好生活的同时,能接受到隐性教育的信息。

其次,净化校园软环境。在校园各类宣传海报标语的管理、校园文化活动

---

① 习近平.把思想政治教育工作贯穿教育教学全过程 开创我国高等教育事业发展新局面[N].人民日报,2016－12－09(01).

的组织上都要有所选择,发挥精神文化产品的情感育人功能,恰到好处地渗透思想政治教育的内容。注意宣传身边的先进典型,让大学生感受到有形的思想道德引导力量。

最后,以学校日常生活发生的特殊事件为契机,适时对学生进行教育。通过身边人和身边事树立正确的舆论导向,及时纠正错误思想观念,对学生进行生动鲜活的价值观引导,使得思想政治教育的内容内化为学生的自觉行动。

除了注重校园建筑等大型环境的育人性,还应关注校园小型环境的育人性,诸如在食堂、图书馆等张贴相关育人标语。这些看似不起眼的标语,对学生思想的影响却是不容忽视的。

2. 注重校园文化环境的育人性

校园文化环境是无形的,但对学生思想的影响却是巨大的,它可以陶冶学生情操,塑造学生品格。2013 年,在中共中央办公厅印发的《关于培育和践行社会主义核心价值观的意见》中指出:"注重发挥校园文化的熏陶作用,加强学校报刊、广播电视、网络建设,完善校园文化活动设施,重视校园人文环境培育和周边环境整治,建设体现社会主义特点、时代特征、学校特色的校园文化。"《意见》对文化育人方式做了深刻的论述,强调要善于开拓各种渠道和方式,加强文化环境的培育和建设。2016 年,在中共中央颁发的《关于加强和改进新形势下高校思想政治工作的意见》中明确提出,坚持改革创新的基本原则,围绕纪念活动、教育基地、节日仪式等要求,不断"推进理念思路、内容形式、方法手段创新,增强工作时代感和实效性"。

2017 年 6 月,共青团中央和教育部联合印发《关于加强和改进新形势下高校共青团思想政治工作的意见》,明确规定要充分发挥高校共青团在第二课堂的独特作用,"发挥团学组织优势,围绕学术科技、文化艺术、公益服务等主题组织开展丰富多彩、积极向上的校园文化活动,深化大学生'走下网络、走出宿舍、走向操场'主题课外体育锻炼活动,将德育与智育、体育、美育有机结合,寓思想政治教育于文化活动之中。积极参与文明校园创建,强化校训校歌校史的育人功能,从班风、舍风抓起,营造良好校风和学风。加强对团学组织负责的报告会、研讨会、讲座、论坛和读书会、学术沙龙及所办媒体的规范管理。"

历史和实践证明,发挥好文化的力量,在文化的滋养中培育青年学生能够产生较好的教育效果。同时,思想政治教育也在文化的滋养中不断创新发展。① 文化滋养心灵,文化涵育德行,文化引领风尚。加强高校思想政治工作,要注重文化浸润、感染、熏陶,实现入芝兰之室久而自芳的效果。通过有意识的设置文化环境,巧妙借助内隐方式,着力发挥文化在思想政治工作中的有效力量,创造文化育人的效益最大化。因势而新推崇以文化人,这是新时代大学生思想政治教育改革创新的基本方略。

"观乎人文以化成天下",文化之"化",即教化感化。《管子·七法》中有"渐也,顺也,靡也,久也,服也,习也,谓之化"之说,强调一种由微而著的进程和潜移默化的状态,进而引申出培养、教育的内涵。以文化人揭示了思想政治教育从化人到育人,直至人化的渐变渐化过程,核心在于培养价值观,特点在于用人自己的生存方式教化人自身。其基本要求就在于用文化教育人、熏陶人、感染人,让文化以潜移默化的方式影响人的思想意识和言行举止,从而提升人的思想觉悟、道德修养、精神境界和综合素质,促进人的全面发展。"对历史文化特别是先人传承下来的价值理念和道德规范,要坚持古为今用、推陈出新,有鉴别地加以对待,有扬弃地予以继承,努力用中华民族创造的一切精神财富来以文化人、以文育人。"②

改革创新大学生思想政治教育,就是要把人文素养培育作为思想政治教育的优势路径选择,充分发挥文化的浸润、感染和熏陶功能。通过人文主义的价值取向凸显高校文化优势特点,引导大学生用正确的价值标准看待社会、人生以及自己的生活、生命,教育大学生正确看待社会和认识人生意义,正确理解生命价值。

以文化人既要重视显性教育,也要善于借用多种文化载体实现隐性教育。"利用各种时机和场合,形成有利于培育和弘扬社会主义核心价值观的生活情景和社会氛围,使核心价值观的影响像空气一样无所不在、无时不有。③"将大学生思想政治教育的所有要求,融入校园日常生活的各个方面,把思想政治教育根植于高校人文素养的沃土,实现大学生人生梦想长成参天大树的目标。

① 王振.改革开放以来高校文化育人的回顾与思考[J].思想理论研究,2018(12):94.
② 习近平谈治国理政:第一卷[M].北京:外文出版社,2014:164.
③ 习近平谈治国理政:第一卷[M].北京:外文出版社,2014:165.

高校文化育人离不开优秀的校园文化创建。要加强中华优秀传统文化、革命文化和社会主义先进文化对校园文化的指导和引领作用,结合时代特征和青年学生实际,在继承优秀文化的同时推动校园文化创新发展。在高校文化育人的实践发展过程中,需要有效处理好文化创建和文化育人的关系,有效协同高校专业教师队伍、思想政治理论课教师队伍、日常思想政治教育工作者以及广大文艺战线工作者,使高校文化育人在协同发展中不断提升工作质量。

校园文化环境的创建要贴近实际、贴近生活、贴近学生。成长于不同时代的大学生,社会环境不同,其需求也是存在差异性的。得益于改革开放四十多年的伟大成就,当代大学生的物质需求基本得到解决。在此基础之上,他们的文化需求、精神需求也迫切渴望得到关注和满足。这就需要进一步挖掘思想政治工作的文化力量和文化内涵,用先进文化引领大学生,用易被学生接受和认同的文化方式来增强工作的感染力和亲和力。内因是事物运动变化发展的根本原因,因此,在教育过程中,要始终注意用把握学生这个"内因",尊重学生的主体性,了解学生的思想现状、判断学生的变化趋势、掌握学生的发展规律。

校园文化环境的创建要注重人文关怀。思想政治工作不是空洞的说教,而是大学生实现自身理想的条件和保障,与当代大学生的利益诉求在本质上是一致的。而文化本身所包含的人文精神,在实际工作中要将其转化为现实抓手,方法是关键。纯理论的生硬灌输不仅难以引起学生的情感共鸣,而且可能遭到排斥,而以人文关怀和人文疏导为方式的教育更容易得到学生普遍的价值认同,所以必须要坚持以人为本,注重方法的转化、方式的创新。

二、实践锻炼法

(一)实践锻炼法的含义和作用

实践教育法也可叫实践锻炼法,就是组织、引导人们积极参加多种实践活动,不断提高思想觉悟和认识能力的方法,即在改造客观世界的过程中同时改造主观世界的方法。[①] 高校思想政治教育工作者有目的、有计划、有组织地引导受教育者参加各种社会实践活动,促使受教育者在实践中形成良好的思想品德和行为习惯的方法。马克思主义认识论和实践观认为,社会实践是人的思想

---

① 郑永廷.思想政治教育方法论[M].修订版.北京:高等教育出版社,2010:134.

形成发展的源泉和动力,也是检验人的思想是否正确的唯一标准。简言之,社会实践活动是人们形成正确的世界观、人生观、价值观的根本途径,对培养教育对象的思想品德具有极其重要的作用。

实践能为教育对象提供真实的社会活动情境,加深对社会状况、社会关系和社会要求的认识和体验。实践有利于教育对象形成良好的行为习惯与道德品质,做到知行合一。实践的过程就是教育对象将所学的知识运用于实际指导自己行动的过程。只有通过实践,才能将所学的理论知识、所形成的正确认识转化为行动和习惯。也只有通过反复实践的强化,才能将行为习惯升华为良好的品质和能力,从而真正做到知行合一。

实践教育是一项系统工程。党和国家历来重视实践育人工作,并赋予它以重要意义和地位。习近平总书记指出:"增强本领就要加强学习,既把学到的知识运用于实践,又在实践中增长解决问题的新本领。"①可见,社会实践在人才培养中具有重要作用。为此,要积极拓宽实践育人途径,努力提升育人工作成效,推动实践育人方法创新。高校实践育人法的对象是当代大学生,他们朝气蓬勃、富有活力,处在世界观、人生观、价值观形成和确立的重要时期。根据这一整体特点,在大学生中广泛开展各类社会实践教育,也就显得极为迫切与重要。可以说,实践育人法在大学生思想政治教育中得到了普遍认可。

大学生思想政治教育创新的重要方面之一,是要开展多元化的教育活动,从而满足大学生的不同需求。大学生的实践活动有多种形式,如参观红色文化纪念馆、参加"三下乡"活动、开展寒暑假社会调查、到贫困地区和边远山区义务支教等。这些实践活动很大程度上带有公益性,是为了利他而开展。正因为这一点,大学生的社会实践还可以从利我的角度出发,开展寓教于乐的实践活动,将大学生思想政治教育与娱乐性活动相结合是开展多元化教学活动的重要方法之一,也是实践教育的一种新形式。

有研究认为,"如果思想政治教育工作持续保持过度的理论化,将会使得教育活动的严肃性明显,导致被教育者产生枯燥、厌烦的学习心理。因此,开展丰富多彩的教育活动,将思想政治教育工作与娱乐性活动相结合能够吸引教育对

---

① 习近平谈治国理政:第一卷[M].北京:外文出版社,2014:402.

象积极参与思想政治学习，并且在愉快的情绪下提升学习效率。"[1]由此可见，实践教育活动与大学生的娱乐性活动相结合，是实践教育法的一种新形式，体现出实践教育法的创新与发展。

在长期的教育实践过程中，大学生实践教育法已经形成了较为成熟的发展模式，主要包括劳动教育、志愿服务和社会考察三个方面，而各种途径下又包括许多具体的行之有效的方式。随着时代的不断变化，大学生的思想观念受主客观方面的影响也在不断变化。因此，必须积极探索新的具有时代特色又适合大学生特点的新途径，实施情景式实践教育和专业性实践教育，增强实践教育法的针对性和有效性，从而实现大学生思想政治教育的育人功能。

（二）实践锻炼法的具体方式

1. 发挥第二课堂作用

校园实践是课堂实践的进一步延伸和深化，属于思想政治教育教学的"第二课堂"，是对课堂理论知识内容的实际运用。第二课堂概念自 1983 年被首次提出以来，经历了不断的改革和完善。2016 年，团中央印发《高校共青团改革实施方案》，第二课堂建设在国内开始了试点工作。2018 年，团中央和教育部联合出台《关于在高校实施共青团"第二课堂成绩单"制度的意见》，要求各高校积极开展和推动第二课堂教育教学改革与实践创新研究。这是高校思政教育方案中具有战略意义的制度创新，是高校素质教育的新探索，是面向社会、面向学生构建人才培养方案的新实践。由此，第二课堂已经逐步发展成为高校思想政治教育引领带动青年学子成长成才的前沿阵地，也是生活思政开展教育的主要形式。

2. 弘扬劳动教育

劳动教育就是在生产劳动过程中，帮助受教育者树立正确的劳动观点，培养其热爱劳动、热爱劳动人民的思想感情，养成良好的劳动习惯。劳动教育是实践教育的主要方式。[2] 2020 年 3 月，中共中央、国务院发布《关于全面加强新时代大中小学劳动教育的意见》（以下简称《意见》），明确规定育人导向是劳动教育的首要原则，并对新时代劳动教育作了顶层设计、全面部署。《意见》明确

① 　陈前明.思想政治教育方法创新研究——评《思想政治教育方法论》[J].高教探索，2016（6）：131.

② 　郑永廷.思想政治教育方法论[M].修订版.北京：高等教育出版社，2010：135.

指出："劳动教育是中国特色社会主义教育制度的重要内容,直接决定社会主义建设者和接班人的劳动精神面貌、劳动价值取向和劳动技能水平。"

新时代劳动精神的弘扬路径主要有:第一,实现理念转变,强化劳动精神的教育引导。劳动精神的培养是实现人的全面发展的基础,是学生自我发展、自我完善的重要途径。学校要积极挖掘各类课程中蕴含的劳动精神元素,不断引导学生树立对劳动意义和价值的正确认识,培养学生热爱劳动、尊重劳动,努力向劳动人民学习的思想意识,发扬吃苦耐劳、脚踏实地、辛勤劳动的传统美德,从而提升学生劳动情感的认同度、劳动意志的内化度、劳动行为的一贯性。要在校园文化活动中嵌入劳动精神内容。将各类校园文化活动与劳动精神培养有机结合,立足校园开展卫生保洁、绿化设计、宿舍美化、校园风貌整治等公益劳动,与社团活动、班级活动、日常教育活动相结合开展劳动主题实践体验活动,使劳动精神培养常态化。

第二,创新实践模式,促进劳动精神的实践养成。建好劳动基地,加大场域资源共享。社区、企业、部队、乡村等校外场域中蕴含着丰富的劳动精神培育资源,要积极组织学生到这些校外场所开展社会调查、务农劳动、社区服务、公益劳动和勤工助学等活动,将教育同生产劳动和社会实践相结合,在实践中培养学生热爱劳动、珍惜劳动成果的思想感情、行为习惯和艰苦奋斗的作风。开展多种形式的劳动教育,将劳动精神培育与学生喜爱的创新创业活动、探究性学习、研学旅行、传统手工制作的学习相结合。课程、师资、专业、实践教学都能围绕学生劳动精神培养的实际需要,提高学生在思维方法和实践操作等方面的能力,鼓励教师用新理论、新知识、新技术更新教学内容,切实为学生劳动精神的建构和创新能力的增强提供保障。

第三,加强舆论宣传,营造弘扬劳动精神新风尚。要倡导劳动精神,不断探索宣传劳动精神的新模式,营造弘扬劳动精神的时代风尚。一要着力形成弘扬劳动精神的主流意识。整合传统媒体与网络媒体等宣传资源,通过思想教育、典型引领等方式,倡导勤劳节俭、自强不息的优良传统,倡导"劳动光荣、创造伟大"的价值追求,倡导"尊重劳动、尊重知识、尊重人才、尊重创造"的价值导向。二要大力宣传劳动模范与大国工匠的先进事迹。邀请劳动模范、"非遗"传承人进校园,通过榜样树立和模范感召,大力弘扬劳动美、创造美、贡献美,用他们的事迹和精神激励学生争做劳动的模范，争做践行社会主义核心价值观的模范。三要加强对负面舆论的监督引导。针对社会上少数人对劳动精神的贬低、轻视、误解等现象，要激浊扬清，形成正面舆论强势。

3. 增强社会实践性教学

高校应提高社会实践教学的认识，转变对社会实践教学环节可有可无的观念，要认识到社会实践贯彻了思想政治教育与社会实践相结合的原则和方针，是教书育人的重要环节。社会实践环节让大学生在学校有机会更多的接触社会。校外的社会实践资源丰富，具有现实性。充分利用当地历史资源，通过调查、参观考察、志愿者活动、服务性学习等具体的实践形式，让学生能够更加真实地了解国情和民情，从而增强他们学习的积极性和主动性，增强他们的社会责任感，在社会实践中提高自身素质。如进行爱国主义教育时，空洞、枯燥的课堂理论知识提不起学生兴趣，教学效果也不好，这就可以在社会实践环节设置"弘扬革命传统，进行爱国主义教育"的专题，通过组织学生参观革命老区、博物馆、访问老一辈革命英雄等红色资源，拍摄微电影，让学生回顾历史，体验老一辈革命精神，让学生直观感受历史和社会现实，增强对政治理论的理解和建设伟大祖国的决心，体会马克思主义理论中所阐释的科学意义和实践意义。

除了以上具体实践活动，高校还应转变对生活思政教育实践环节的认识，重视其育人教学功能，把它纳入教学计划中，系统全面地制定实践环节方案。增加社会实践活动经费，保障其正常开展。完善对社会实践活动开展前中后的过程组织管理，包括人员配备、实践场所沟通、实施方案拟定等。在教育资源上除了依靠思政课教师的力量，还要充分调动校内外一切师资力量，如学院党委书记、辅导员、校外人士共同参与到社会实践活动中。在教学任务上，除大学生毕业实习（设计）外，要增加思想政治教育理论课的社会实践任务，实行学分制等。另一方面，充分利用网络和媒体进行实践活动宣传，推广思想政治教育实践成效经验。高校之间加强实践交流，总结实践教学育人规律。这为高校思想政治教育实践育人的发展和创新提供了很好借鉴。

三、典型教育法

(一)典型教育法的含义和作用

典型教育法即示范教育法,是运用具有代表性的人或事进行示范,帮助和启发教育对象提高思想政治觉悟的一种教育方法。[①] 典型教育法是通过活生生的典型人物或事件来进行教育,从而激起人们思想情感的共鸣,引导人们采用学习、对照和仿效的方法,具有形象、具体、生动的特点。和说理教育相比,它更富有感染力量。

毛泽东同志说过,"典型是一种政治力量,树典型等于插旗帜,典型产生后,通过宣传、表彰等舆论导向,推动广大群众向这些'好样的'学习,由一到十,由点到面,逐渐形成一种气候。"榜样的作用是无穷的。学习典型人物先进事迹比学习理论知识更直观、更生动、更具象,青年学生可以在与典型人物近距离接触中产生情感共鸣,在耳闻目睹先进事迹中获得道德启迪。典型的意义在于,循着他们的成生长轨迹,人们可以为自己找准前进的路标。发挥先进典型的示范作用,用先进典型的先进事迹感召人,是已被实践证明了的、行之有效的工作方法。

典型教育法所具有的无穷力量,要求我们在生活思政工作中善于发现具有先进性、导向性和代表性的典型,并利用宣传工具,大张旗鼓地宣传他们的先进事迹,让他们的先进思想启发和影响大家,从而起到"点亮一盏灯,照亮一大片"的作用。在同辈群体中,人们的互动最为密切,感染也最为深刻,身边有榜样,行动有力量,校园内多一些优秀群体,多一些来自同龄人的鼓舞和引导,对于大学生的价值选择和实践行动是十分有益的。2013 年 5 月 4 日,习近平总书记在同各界优秀青年代表座谈时就强调了优秀青年的朋辈引领作用,他希望青年模范们能充分发挥榜样作用,为广大青少年做好表率。

高校生活思政的力量并非全部来源于理论,而是闪耀在生活的方方面面。每一个典型人、典型事都是鲜活的价值观、有形的正能量,都是思想政治教育工作的力量源。高校生活思政"因事而化",就要从"感性直观"向"生动实践"转变,从"理论输出"向"典型案例"转变,从受教育者的"被动选择"向"主动选择"

---

① 陈华洲.思想政治教育方法论[M].武汉:华中师范大学出版社,2010:168.

转变，用好身边典型，发挥典型的示范效应和辐射作用，以最符合受教育者口味的方式来引领思想，在情感共鸣中改变四平八稳的状态，扭转由纯粹说教而导致的无力感，为学生献上纯正味美的"心灵鸡汤"，让学生在春风化雨、润物无声中净化心灵、接受教育。

（二）典型教育法的具体方式

在运用榜样示范法开展生活思政时，教育者应主动积极采用现代化教育手段，充分利用报刊、广播、电视、网络等大众传播媒介宣传典型，尤其应注重运用多媒体技术塑造、呈现生动的榜样形象，从而强化榜样示范的效果。既要大力培养、宣传正面典型，发挥先进典型的示范效应和带动作用，也要善于利用反面典型进行教育，注意发挥其威慑、劝阻、警示作用。

生活思政中的典型教育法，按照典型的不同性质，分为正面典型示范教育和反面典型警示教育两种类型。一种是正面典型示范教育。生活思政教育中运用典型教育法的一种最重要、最常见的方式就是正面典型示范教育。所谓的正面典型示范教育是指教育者选用正面典型人物的先进事迹、正确的思想观念、高尚的道德品质来引导受教育者的思想和行为，以此让受教育者认识并接受思想政治教育所倡导的教育内容，提高受教育者的思想道德水平。正面典型示范教育也可称为榜样教育，因为通常榜样也就是正面的典型，是通过宣扬榜样的先进事迹来达到教育人的教育目的。榜样的力量是巨大的、无穷的，在生活思政教育中通过榜样的树立，开展学习榜样的教育活动，往往可以增强思想政治教育效果。

另一种是反面典型警示教育。生活思政教育中不仅存在正面的先进典型，也存在反面的典型，所以典型教育法的另一种类型就是反面典型警示教育。反面典型通过对社会和集体中具有代表性的坏人、坏事进行批评教育，使受教育者受到警醒，认识到反面典型的错误和不足。反面典型教育通过反面典型的事例让受教育者做到有则改之、无则加勉，不断提高受教育者的思想道德水平。反面典型应用得当，能够从反面促使人们从正向善，提高思想政治觉悟，取得正面典型宣传得不到的教育效果。

在新的条件和环境下，培养典型需要更新观念，不能按照旧的模式，把典型塑造成没有七情六欲的"工作机器"，给大家留下"当典型就意味着吃亏"的印象。对在工作中涌现出的各类典型,不仅给予相应的荣誉,更要竭尽全力地帮助解决其在工作、生活中存在的困难和问题,让典型在工作中尽心、生活上舒心。通过组织学习,真正营造"学有标尺、比有榜样、赶有目标"的浓厚氛围。

(三)运用典型教育法的几点注意事项

我们在运用典型教育法时,要注意以下几点:

1. 要树立多层次、多方面的典型

生活思政是涉及人们的思想观念、道德品质等多方面的教育,这就决定了生活思政教育者在运用典型教育法时要树立多层次、多方面的典型。生活思政要从不同群体、不同层次、不同范围要求出发,树立多层次、多方面的典型,切忌搞成一个模式、单一化。只有在此基础上,根据不同教育对象选用合适的典型,这样的典型教育才能取得更好效果。

2. 要选用可比性、可学性较强的典型

选择恰当的典型是开展典型教育的前提。生活思政教育者要从多种多样的先进典型中选择可比性、可学性较强的典型。所谓的可比性、可学性强是指选择的典型要与受教育者有共同的特点,典型的思想道德水品与受教育者的实际状况之间的差距适中。这样一方面,受教育者会比较认同典型,进而产生学习典型的积极性,另一方面,受教育者通过努力也可以达到典型的水平。这就可以提高典型教育的实效性。

3. 开展典型教育要避免形式主义

开展典型教育时要切忌形式主义,不能生搬硬套地学习先进。要通过典型教育,使受教育者认识到典型所体现的精神,学习先进典型的先进思想和品质。不能当时感慨万千,过后就全抛之脑后,否则就达不到典型教育应有的教育目标。总之,开展典型教育要结合受教育者的具体实际,灵活多样开展学习活动,使典型教育取得应有教育效果,不能走过场、走形式。

4. 挖掘学生中的先进典型

深化典型宣传,必须真正为了学生,依靠学生,从学生中来,到学生中去。只有相信学生中有典型,讲学生身边的故事,树学生身边的榜样,典型宣传才会顺民意、得民心、传得开、走得远。要多措并举,及时把青年学生中的先进典型挖掘出来,宣传出去,使典型引领的覆盖面不断扩大,青年学生满意度不断提高。

5. 要适应舆论格局,创新典型宣传方式

当前,新兴媒体已成为传播效率最高、传播范围最广、传播人数最多、传播速度最快的传播手段。全国有网民近 6.5 亿、手机用户 12.5 亿、各类网站 270 多万个。在典型宣传上,要顺应新兴媒体影响力日益扩大的趋势,既运用新闻报道、专题专栏、宣讲报告等传统方式,更注重书法、摄影、绘画、剪纸等艺术呈现,制作动漫、视频、微电影,通过微博、微信、微视频和手机客户端等进行精准传播,增强典型宣传的鲜活性、针对性、互动性、渗透性。要密切关注多元媒体时代舆论传播格局的新变化,研究传播规律,创新宣传方式,让典型宣传导向正、内容实、形式新、渠道多、打动人、反响好。

四、自我教育法

自我教育是教育的根本,教育从自我教育开始。一个懂得自我教育的民族是具有强大生机和活力的民族,一个贯彻自我教育的国家是教育强国。思想政治教育作为经济工作和其他一切工作的生命线,更应该从"教育"走向"自我教育",以更好的教育效果,自觉承担起培育时代新人的责任。

(一)自我教育法的含义和作用

苏联教育家苏霍姆林斯基指出:"教育是由他人教育和自我教育构成的统一体,只有能够激发学生去进行自我教育的教育,才是真正的教育。"[1]思想政治教育的一个重要的范畴就是"教育与自我教育相结合","自我教育法"就是一种必要且行之有效的方法。思想政治教育的实践证明,在思想政治教育过程中,没有自我教育的他人教育是难以扎根的教育。

那么,何谓自我教育法?学术界对此有多种界定。陈万柏等人认为,自我教育方法是"受教育者按照思想政治教育的目标和要求,通过自我学习、自我修养、自我反思的方式,主动接受科学理论、先进思想观念、社会生活规范,提高自身思想认识和道德水平的方法。"[2]郑永廷认为,"自我教育法是受教育者按照思想政治教育的目标和要求,主动提高自身思想认识和道德水平以及自觉改正

---

① 　[苏]霍姆林斯基.给教师的建议[M].北京:教育科学出版社,1984:341.

② 　陈万柏,张耀灿.思想政治教育学原理[M].北京:高等教育出版社,2007:225.

自身错误思想和行为的方法,简单地说,就是人们自己教育自己的方法。"①思想政治教育活动的展开,不仅要求教育者把正确的思想和道德规范传授给广大群众,更重要的是要人们通过自身的思想矛盾运动(即自我教育)达到用正确的思想武装自己,从而树立正确的世界观、人生观和价值观的目的。陈华洲则提出,"自我教育法是指教育对象按照思想政治教育的目标和要求进行自我修养、自觉提高其思想觉悟和道德水平的方法。"②这种教育方法是通过人们自身思想的矛盾运动进行的,也是人们自觉接受先进思想和正确行为、克服错误思想和不良行为,促使自己的政治倾向和思想品德向良好的方向转化、发展的教育活动。

自我教育法的特点是自觉性和主动性,是教育对象为了自己的思想进步而进行的自觉学习和自我修养。自我教育法的运用实现了思想政治教育在时空上的拓展,有助于巩固思想政治教育的效果。自我教育法的运用,在教育关系上彰显了师生之间、生生之间在知识、经验、人格和精神上的互相沟通、交流、共享和共同创新的过程。同时,这一过程也适应了大学生自我意识的发展,促进了其主体性的发挥,进而实现了大学生个体与主流社会要求的精神能量的转换和创造性生成过程。面对复杂的国际国内形势和激烈的社会竞争,引导大学生坚持自我教育,能够帮助大学生坚定正确的政治方向,在认知、情感和意志等方面形成对主流社会意识的认同,增强他们的社会责任感和明辨是非善恶的能力,提高大学生对社会的适应性,进而自觉投身到中国特色社会主义现代化建设事业中去。

(二)自我教育法的运用

1. 调动教育者主导作用

使用自我教育法有效开展大学生思想政治教育,要强调教育者主导作用。每个大学生自我教育和学习活动都是无法对等的。只有让大学生产生自我教育的动机和需要,才可以顺利实现自我教育目标。大学生个体需求直接决定自我教育动机。教育者需要全面把握大学生自我教育动机,在激励手段作用下,辅助大学生形成自我教育的动机系统。同时,通过合理途径营造自我教育

---

① 郑永廷.思想政治教育方法论[M].修订版.北京:高等教育出版社,2010:155.

② 陈华洲.思想政治教育方法论[M].武汉:华中师范大学出版社,2010:163。

氛围。

全面调动班级教育强化功能，对各个班级进行合理引导，凝聚班级意识，以集体主体观念感化学生，组织开展辩论赛、报告会、参观考察、社会实践等多个类型的班级活动，让更多大学生主动参与到政治理论学习中来，让他们对班级、对社会更为热爱，引导每个大学生都能够塑造正确"三观"，培育大学生自我教育能力，在全校构建优良思想政治教育氛围。

最后，结合个体进行自我教育。教育者引导、组织大学生自主开展多样化的集体活动，让每个参与进来的大学生都能够被集体活动所感染和教育，全面调动大学生自我教育功能，以此形成优质思想品德以及良好行为习惯。

2. 创新自我教育模式

一要引导大学生形成正确自我认知，这是实现自我教育目标的前提。在现代，不仅要有自我的需求，还要遵守社会的规律。在社会竞争中持续强化自身；依靠高水平独立性和自主性，不断增加大学生对社会依存性；既要在有利条件下选择自我，又要合理应对困难坎坷。所以，大学生自我认识必须要全面反映现代特性。在正确认识自我的基础上，引导大学生更好把握自身。在大学生自我认知完善过程中，需要客观认知自身优缺点，强化优势，努力克服劣势。

二要对自己现在所处的状态进行准确认知。结合相关理论对自身发展进行合理规划，以此来突破自我。现代自我认识作为系统性、完整性的发展认知，实施自我认知的最重要目的便是推动自我完善和超越。

三要鼓励大学生践行"终身学习"目标。世界每天都在涌现新的知识，在知识总量不断增加的当下，知识转变、更新周期都在加速，传播速度每天都在提速。大学生必须要持续丰富自身知识体系和思想认知，以此来适应这种快速且多变的社会，以自我学习为依托，更新自我知识体系。要保留书本和理论知识学习，创新自我学习模式。塑造良好环境来强化学习效果，尤其是要改变媒介环境，将新观念、新思路融入进来，塑造全新精神世界；学习别人的优势，消除自身不足之处，强化自我；依靠创造性实践活动让自身保持充足积极性，依靠创造性思维和学习途径让自身能力能够保持平稳增长。

四要让大学生学会自我调适。现阶段，就业形势严峻、社会竞争激烈，大学生心理承受着前所未有的压力，很容易出现精神紧张或者心理障碍。现代社会复杂多变,大学生发展道路难免充满坎坷和挫折,这都要求大学生进行自我调适,让自身心理始终保持在健康向上区间,以正常心态应对各类艰难困苦,在克服困难、不断前进中提升自我。

总之,生活思政在方法上要始终坚持"显性教育与隐性教育相统一"的指导原则。在此前提下,要一切从实际出发,因时因地因人而异,灵活运用环境熏陶法、典型教育法、实践锻炼法和自我教育法,以顺利实现生活思政预期教育目标。

第六章

高校日常思政工作载体新建：生活思政的载体构建

"思想政治教育载体，是指在思想政治教育过程中，思想政治教育主体实现一定的目标所运用的，能负载、传递一定的思想政治教育信息，发挥着连接思想政治教育主体和客体，并促使两者之间相互作用的一种思想政治教育活动形式。"①对高校日常思政来说，在以往的具体实践中，往往把课堂之外的所有工作都冠之以"日常思政"之名，与此同时，又存在着日常思政应该只是学生工作部门或团委之事，只是辅导员应尽之责的片面理解，这导致日常思政工作载体设定模糊。2017年，教育部出台《高校思想政治工作质量提升工程实施纲要》，系统规划了"十大"育人体系，为日常思政载体构建提供了根本遵循。

生活思政作为日常思政的组成部分，其载体的确定也必须遵循日常思政的规律和要求，但也不能完全照搬照抄，其载体的选择必须符合生活思政的目标指向、内涵要求和工作规律。基于第二章对生活思政的界定，生活思政的载体应主要包括管理载体、服务载体、科研载体、资助载体、实践载体和环境载体等。由于在第五章，我们把实践锻炼法和环境熏陶法作为生活思政的具体育人方法来探讨，因此，这里就不再赘述实践育人和环境育人。对载体的不同选择和运用，会直接影响生活思政的教育效果。因此，为发挥生活思政的最优效果，就必须对生活思政中的管理育人、服务育人、科研育人和资助育人进行深入研究，把握它们的科学内涵以及在实践运用中的关键点和注意点等。

① 教育部思想政治工作司.思想政治教育原理与方法[M].北京:高等教育出版社,2010:171.

第一节　管理育人

在高校,管理的主体从横轴看,应该涵盖了所有涉及教学、科研、行政、后勤等管理事务的全体人员,从纵轴看,应该包含了学校党委书记、校长等校级领导到各职能部门、各教学单位中一线管理者等所有相关管理人员。从人员组成上分析,大部分管理主体,在传统意义上不是思想政治教育直接参与者。为此,在以往很长的时间中,他们也自然地成为思想政治教育的"旁观者"。

随着高等教育的不断发展,管理已经涉及高校的方方面面,尤其是在学生发展方面,管理起到的作用越来越明显。从最终目标上看,高校管理职能的最终目的在于为社会培养出一大批优秀人才。因此,"管理育人质量保障体系的创新和发展,将有效提高和保障大学生培养质量,为国家经济发展和社会建设培养高质量人才"①。与此同时,有效的管理工作能为思想政治教育提供扎实的基础。一旦管理出现问题,那么,人与人之间就会"剪不断,理还乱",思想政治教育也就无法有效开展。从另一方面看,管理的有效推行,首要条件在于人的思想的高度统一,而思想政治教育则能为此提供很好的保障。

综上分析,管理和思想政治教育在新时代已经不再是两条"平行线",而是车之两轮,缺一不可、共同作用、协力同行。于是,管理育人就应运而生。"所谓管理育人,顾名思义,就是指管理者将具体的管理工作当成一种教育资源,对学生思想道德、世界观、价值观的形成产生影响,使其符合培养目标的过程。"②选择管理育人作为生活思政的载体,不仅是因为随着时代的发展,管理育人是思想政治教育题中应有之义,更为重要的是:

第一,生活思政提出的依据、基础和目标是紧紧围绕和努力实现"立德树人"和"三全育人",这是思想政治教育在新时代下的根本要求和发展遵循,尤其在高校,大学生思想政治教育随着时代的发展,必须开辟新途径、寻找新载体。如果不将管理育人纳入其中,那么思想政治教育将会出现空白,反之,则能通过

---

① 高杨,张放.高校管理育人工作质量保障体系构建的新时代意义、检验标准与推进路径[J].文教资料,2020(09):103-104.
② 王克军.论高校管理育人功能的实现[J].山西青年,2019(07):211.

管理育人这一载体将高校的教职工管理、后勤管理、财务管理、设备管理、科研管理、教学管理、学生管理等和思想政治教育有机融合。更为重要的是，管理中很多日常生活性的管理行为、管理内容和管理过程都能被更为有效地提炼、转化为思想政治教育元素，这是生活思政特质的重要体现，所以管理育人成为生活思政载体是思想政治教育自身获得更大发展的内在要求。

第二，在生活思政主体中，高校管理者应是必不可少的组成，从本书第三章的论述中不难理解，生活思政提出的必然内在逻辑和现实需要，就包含充分发挥管理者在具体管理事务中的思想政治教育作用。更直接地理解，就是生活思政主要强调发挥行政人员、教辅人员、后勤人员和学生自身的作用，管理则是最能将两者有效连接的实践活动，为此将管理育人作为生活思政的载体，是发挥生活思政主体作用之必需。

第三，随着高校管理模式的不断创新发展，以"以生为本"和实现学生自我管理为代表的新理念和新举措，逐渐被广泛认可和实施，其不仅在现实中体现了很好的管理功效，更为重要的是，这些创新的理念核心，就是以学生发展为中心，发挥学生主观能动性，使其在思想和行为上能进一步达到成为"社会主义建设者和接班人"的要求，这和大学生思想政治教育的目标不谋而合。在生活思政中，学生不仅是生活思政的接受者，更是生活思政的主动参与者。从这个维度理解，新时代管理育人是能较为直接地发挥学生自我教育的有效载体。所以，管理育人作为生活思政的载体，是生活思政进一步发挥作用的重要保障。

一、树立以生为本的管理教育理念

自出现管理以来，"人"一直都是最基本的要素，因为无论何种形式的管理，"人"都是其主体或客体。在现代管理中，更进一步强调了"人"是所有管理活动的根本出发点和落脚点。为此，"以人为本"是管理活动的根本性要求。

高校的根本任务是"立德树人"。高校思想政治教育从根本上来说是做"师生"的工作，这和高校的管理在出发点和归宿上高度契合。生活思政主要面向学生开展，其根本目标就是通过完善大学生思想政治教育体系，以更有效地提升育人成效。管理育人作为生活思政的必要载体，在逻辑上也必须同时符合管理和生活思政的内在要求。我们认为，树立"以生为本"理念是管理育人作为生活思政载体的逻辑必然和基本要求。

（一）以生为本是高校管理育人的逻辑必然

"万物得其本者生,百事得其道者成。"此话出自西汉刘向的《说苑》,意思是:世间万物如果保住根本就能生长,而一切事情只要符合规律就能成功。高校是培养高素质人才的摇篮,管理育人是高校人才培养中不可或缺的环节,是对教书育人工作的有效促进和补充。在全国教育大会上,习近平总书记强调,党的十八大以来,我们围绕培养什么人、怎样培养人、为谁培养人这一根本问题,全面加强党对教育工作的领导,坚持立德树人,加强学校思想政治工作,推进教育改革……新时代新形势,改革开放和社会主义现代化建设、促进人的全面发展和社会全面进步对教育和学习提出了新的更高的要求……培养什么人,是教育的首要问题。① 既然教育的根本问题是"人"的培养,那么,我们的教育对象——学生就应始终是我们教育工作的中心和关键之所在。

"管"原本是指中间空洞而细长的东西,它中间畅通而四周被封闭。使它"通畅",称为疏导;使它"闭塞",称为堵塞。由此,我们不难理解,"管"有疏通之意也有堵塞之意,两者合一方称为"管";"理"有道理之意,在中国文字中很多时候用来代表事情发展的本质、规律和趋势等。因此,"管理"最简单的字面理解就是顺应事情本质和道理,合理地开展疏导。另外,很多专家也都提出,管理其本质是通过一定的组织方式、行为方式来协调他人达到某种目的的过程。从以上论述不难看出,管理的核心是"使人有规律、按要求地达到目标"。

马克思和恩格斯在继承、发扬前人思想的基础上,对"人的发展"提出了全新注解、科学理解和历史判断。在他们看来,一方面,人的发展是社会发展的动力源泉。马克思说:"人们的社会历史始终只是他们的个体发展的历史,而不管他们是否意识到这一点。"②他还指出:"每一个单独的个人的解放程度是与历史完全转变为世界历史的程度一致的。"③另一方面,人的发展又是社会发展的最终目的。马克思和恩格斯在谈到未来共产主义社会基本特征时说,"每个人

---

① 习近平在全国教育大会上强调:坚持中国特色社会主义教育发展道路 培养德智体美劳全面发展的社会主义建设者和接班人[N].人民日报,2018-09-11(1).

② 马克思恩格斯选集:第四卷[M].北京:人民出版社,2012:409.

③ 马克思恩格斯选集:第一卷[M].北京:人民出版社,2012:169.

的自由发展是一切人的自由发展的条件"①,把人的个性发展与主体性弘扬放在重要位置。马克思和恩格斯还提出了教育与劳动生产相结合是"造就全面发展的人的唯一方法"②。因此,高等教育在理解"管理育人"的时候,不仅要掌握和遵循管理的本质、要求和规律,更要全面理解马克思主义对"人的发展"的诠释和注解。只有这样,方能把握我国高等教育"管理育人"的本质要求。

时代发展呼唤着高等教育新变化。当今时代最为显著的特征是,知识经济与高新科技的迅速发展以及国际竞争的不断加剧。世界各国对高校人才培养素质提出了越来越高的要求。为紧跟时代发展步伐,顺应时代发展要求,我国高等教育也应作出相应改变和调整。习近平总书记在全国教育大会上提出要"培养德智体美劳全面发展的社会主义建设者和接班人"③。为此,我们必须树立"以学生为中心"的教育理念;要重视对学生创新思维的培养,发展学生的"创造力";教育要"授学生以渔",掌握学习方法。一些高校在实践中积极探索人才培养模式,创新管理理念,建立科学管理机制,为育时代新人作出贡献。

当前,"以生为本"成为诸多高校的办学理念,通过"注重全面素质,发展学生个性,培养创造能力"的人才培养目标,全面革新教学内容、课程体系和教学方式。越来越多的高校实践着"以学生为中心"的逻辑起点,以平等关系看待学生,把学生的根本发展作为教育管理的本质要求,用科学管理机制激发学生动能和活力,这无不彰显着"以生为本"理念的落地开花。为此,在充分认识管理育人重要性之基础上,更要牢固树立以生为本的高校管理育人之理念,不忘初心,始终坚持管理育人的根本立场。

(二)以生为本是高校管理育人最根本的方法

"本"之核心意思,是指根本的、重要的事物,跟"末"相对,又引申为主体、原来、本来、原始等意义。"以生为本"是高校"管理育人"的逻辑必然。

任何具体的做法都应该是因地制宜、因时而变、因人而异的。但是,如果要抽象为"根本办法"那就应该遵循其规律、符合其要求、力促其目标。对于高校管理育人而言,因其管理者、管理内容、管理方法、管理形式、管理途径纷繁众

①　马克思恩格斯文集:第二卷[M].北京:人民出版社,2009:53.
②　马克思恩格斯选集:第三卷[M].北京:人民出版社,2012:710.
③　习近平在全国教育大会上强调:坚持中国特色社会主义教育发展道路 培养德智体美劳全面发展的社会主义建设者和接班人[N].人民日报,2018－09－11(1).

多,就算是同一个高校之内,都会因为部门、职责、岗位等不同,而不可从具体方法上统而言之。但毫无疑问,所有的管理最终都应指向学生有效、有用、有力地发展,无论是发挥直接作用还是间接作用。因此,以生为本是高校管理育人的根本办法。正如康奈尔大学校长弗兰克·罗德斯所言:"大学产生于学生对教学的需求。没有学生,可能会有研究院、学术研究中心,但绝不会有大学。"

以生为本是高校管理育人作为生活思政载体的基本要求。从根本上说是因为,高校的所有管理都应从促进学生的发展出发,分析学生之需求、倾听学生之心声、掌握学生之特点、尊重学生之个性,通过管理之手段,有效达成塑造学生之品行、教育学生之发展的根本目标。从生活思政的基本要求出发,高校的管理育人应该做到以下几点。

首先,在普遍要求基础上尊重学生的个性差异。"世上没有完全相同的两片树叶。"因为遗传、性格、家庭、环境、培养、生活等多方面综合因素影响,每一位学生都是这个世界上的独一无二,他们未来的发展也存在着不可复制和不能模仿的情况。所以,就这个意义而言,教育的本质是培养学生的个性发展。教师在教育过程中,要尊重差异,因人而异,因材施教,注重学生个性发展,关心、关爱每一个学生,让每一个个体都能在原有基础上得到成长、发展,最大限度开发、挖掘学生身上所蕴含的巨大潜能。

其次,要通过合理方式尊重、引导学生的个性发展。所谓的个性化管理,就是既要知晓、了解学生这个群体或者某个学校学生的特点,也要尽可能地掌握学生个性特点。合理的机制设置和制度建设,可以让每个学生的个性都能在"管理"中得以发展。更为重要的是,在这个过程中,每位学生的个性发展又能与学校的整体要求实现无"原则性差异"。这就要求高校在管理上,做到科学性、有效性、精准性和灵活性。

最后,要把"以生为本,实现学生个性和全面发展"作为推动学校各项管理工作改革创新的动力之本。高校育人要遵循教育教学规律和学生成长规律,激发学生内在动力,发挥学生主体性和能动性,让学生做学习的主人。要善于利用现代信息技术,通过大数据了解、跟踪、关注学生思想动态,重视学生心理健康,及时发现学生思想问题和心理问题,精准施策,不断提高学校管理育人的科学性和有效性。要及时了解学生所需、所想和所难,从学生需求出发,满足他们成长发展的需求，帮助他们解决面临的实际困难。在制度制定、执行过程中，要充分吸收学生意见和建议，让他们享有一定的参与权与管理权。

二、发挥学生主体性，实现自我管理

高校管理的重要职责是解决"师生的实际问题"。而生活思政的目的，简言之，就是特定的主体通过一定的载体，运用合适的方式主要解决"学生的思想问题"。同时，我国思想政治教育从来不是空中楼阁，一贯都是将解决实际问题和解决思想问题结合起来的。从这个层面上分析，管理与生活思政之间必然可以互促共通。

在这个认识基础上，我们再进一步思考：生活思政的主要教育对象是学生，而学生也是高校管理中的主要对象，两者有着共同的作用对象，又相互作用于解决学生的思想问题和实际问题。那么，学生作为两者的共同对象，是否仅仅是"受力者"？其作用可否进一步增强，进而更好地发挥管理育人作为生活思政载体的作用？这值得探讨。

从管理育人角度来看，管理的一个基本特征是"制度化"，要求管理对象在行为上遵守规矩和纪律，如果在制度约束的同时，能辅之以遵纪守法的规矩意识、爱岗敬业的职业道德教育，那就能引导管理对象将制度化的行为要求内化为自身的行为自觉。但是，如果只是从"我们希望你这样认识"的角度去进行教育引导，在信息爆炸和个体意识更为强烈的现在，并不能达到最佳的效果。为了让这个育人效果能有更好成效，让管理和教育对象主动参与到管理和教育的过程之中，或者成为制度、规矩和纪律的制定者，结果必然会使他们更自觉地维护和遵守，也必然会从思想上更主动地认识到规矩意识和职业道德的重要性，从而使管理和育人效果更为理想。因此，新时代管理育人必然要注重发挥学生的主体性，实现其自我管理。"高校的民主管理，必然将学生参与管理的权利纳入管理体系，从直接管理角度实现管理育人的目标。"①

从生活思政角度审视，教育内容、信息和形式上要更接近学生的生活，让学生更乐于接受，这不仅是生活思政的内在要求，也是新时代更精准、更有效地做好思想政治教育的必然选择。不可否认的是，因为时代的飞速发展，无论哪个

---

① 王克军.论高校管理育人功能的实现[J].山西青年，2019(07)：211.

实施主体育人,其必然与学生存在一定的代沟,所以,用学生的语言传达思想政治教育的内容,这一直是一个难题。开展生活思政,其解决这个问题的迫切性更强。为此,我们必然要求让学生在生活思政中成为"教育的主体"。

从更好发挥管理育人作为生活思政载体作用的角度,可以从以生为本的内在要求和管理育人的必然选择两方面进行分析。

（一）学生自我管理是以生为本的内在要求

从字面上来理解,"自我管理"就是自己对自我的思想、行为、心理在一定目标指引下进行的各类管理。换言之,就是自己组织自己、自己激励自己、自己约束自己、自己惩罚自己、自己考核自己,从而最终实现自我目标的过程。"自我管理"的隐藏之意,是自己让自己变得更为完美和优秀,朝着好的方向发展。自我管理的关键力量来自自我,而不是来自外部的控制。自我管理是激励和约束并重,两者缺一不可的一个过程。

其实,早在古希腊时代,亚里士多德就倡导"人本自由",提出了通过德智体来全面促进学生的发展。到了文艺复兴时代,解放个性和推崇自由成为教育家们革新教育、解放学生的思想源泉。18世纪,法国启蒙思想家卢梭提出"人生而自由平等"的观点,倡导"自然教育",认为教育应遵从自然,顺应人的天性——自由。19世纪,德国纽曼和洪堡两位著名的大学校长,都一致主张教育要尊重人性、推崇自由、维护平等,以及遵循人的自我发展规律。

高等教育发展到今天,大部分高校都已经从传统的"以教育者为中心"转变到"以受教者为中心",这就是"以生为本"理念的提出和践行。在具体实践过程中不难发现,"以生为本"在进行方法论上的推演时,必然会遇到一个难以绕开的话题,那就是学生主体性作用的发挥是其必然的选择,而实现发挥学生自我管理则是最为直接的一种主体性的体现。为此,学生自我管理是以生为本的内在要求。

从法律层面上来看,学生自我管理之所以是"以生为本"的内在要求,原因是现行法律已明确规定学生在高校管理过程中享有"参与权"。例如在《教育法》中就较为明确的规定:公民有享受教育资源、获得各类奖助学金、公平的成绩和品行评价、提出申诉等权利。据此,学者一般将受教育权的内容表述为受教育机会权、受教育条件权、公正评价权（受教育成功权）。其实,根据教育部的相关规定,学校应当建立和完善学生参与民主管理的组织形式,支持和保障学生依法参与学校民主管理。"较为明确地赋予了大学生对高校管理的参与权,就将学生参与权引入实际操作规程当中。"①

(二)学生自我管理是管理育人的必然选择

目前,我国对学生的自我管理并没有详细的规定,法律只笼统地规定了学生具有自我管理的权利,具体的管理制度则由学校根据自身的情况而制定。"学生作为学习的主体,是启动接受教育的内因,如何针对他们的现状,对其自我管理能力的提升做出可操作性的指导并搭建相匹配的平台是教育者、教育机构必须面对的问题。"②与此同时,不难发现,高校在进行管理时,一般会有两种视角:一是以管理者本身视角出发去履行管理职能,这相对简单而且似乎更为高效;二是以受管理者视角出发去实现管理目标,这相对复杂而且需要多主体多方位多维度进行协同,因此也更难选择。但是根据前面的论证,我们在进行选择的时候,第二种视角已是必然。那么,需要考虑的不再是如何选择问题,而是如何做好的问题。

为此,我们有必要再次从现实角度来论证,学生自我管理是管理育人作为生活思政载体的必然选择,因为这毕竟是"更艰难"的选择,但同时也是"必由之路"。

第一,赋予学生一定程度参与学校管理的权利,这样可以使学校的管理制度更直接、更有效、更快速地得以执行,让管理者和学生之间的关系更为融洽,使学校的育人环境愈来愈好。"学生参与高校管理的权利,可以体现为参与规章制度的制定,以及教学管理、校园文化建设、宿舍管理、食堂管理等方面。还可以参与考试监考、教师考评、违纪学生的处分、学生干部的选举和罢免等,有学生参与的管理行为,必将在学生中产生深远的影响,成为管理育人的又一个重要阵地。"③

第二,推行、完善和加强学生的自我管理,十分有利于学生按照既定目标和自我要求去更好地完善自我、发展自我。随着时代的进步,学生自我目标定位

① 王建富.高校管理中的学生参与权浅析[J].唯实,2012(7):75-78.
② 戴晓云."三全育人"视野下高职院校管理育人的实现路径[J].广西教育,2019(04):76-77.
③ 王克军.论高校管理育人功能的实现[J].山西青年,2019(07):211.

越来越清晰,自我实现和完善的欲望也越来越强烈。在学习期间,他们的自我表现需要渴望得到满足。但在很多时候,学校管理意味着没有很多途径让他们展示自我,消极的引导只会适得其反。因此,让学生进行自我管理,是管理"疏导"功能的体现,更有利于发挥管理的引导作用。

第三,进一步加强学生自我管理,有利于推动学生的思想教育和引导,增强学生管理的科学性。学校中的学生管理,经常把学生视作管理对象。学校通过制定各种制度,对其进行约束或者激励,学生只有被动地服从。"但是,人是具有主观能动性的,不应把学生仅仅看成消极的管理对象,要将学生管理中的一些目标,通过自我管理的方式,变成学生自己的目标,使学生管理具有广泛的可接受性。"①为此,将学生自我管理和学校的学生管理有机结合起来,不仅能得到学生的理解和支持,进一步提高学生管理的科学性和有效性,而且学生在此过程中,能自觉地接受学校提出的要求和给予的机会,在思想上与学校管理同频共振,这无疑有助于推进生活思政。

第二节　服务育人

"所谓服务育人是指在服务中教育人,主要是指通过学校的后勤服务和其他工作中的服务环节,特别是通过增强对学生的服务意识来达到育德育人的目标。"②从服务育人的定义中不难发现,其主体以高校后勤服务人员为主并涵盖了其他服务工作中的相关人员。这些主体在传统的大学生思想政治教育中并不是主要力量,甚至在过去很长的时间里,未有效纳入大学生思想政治教育的体系中。但是,随着时代的进步和高校育人要求的提升,党和国家都进一步明确规定要建立服务育人长效机制,构建高校一体化育人体系。服务育人已成为高校育人体系的重要组成部分,也应然地成为大学生思想政治教育的必要载体。

以后勤服务人员为代表的高校服务人员是生活思政的实施主体,其育人作用的发挥至关重要;在生活思政的育人阵地中,学生生活区育人体系的构建和

---

① 孙丰荣.高校学生自我管理之我见[J].辽宁高等教育研究,1997(02):114-115.
② 卢凯,梅运彬.高校服务育人的内涵与实践路径研究[J].黑龙江教育,2020(04):40-42.

完善，也是生活思政进一步打通大学生思想政治教育"最后一公里"的必要路径，更是在新时代提出生活思政的重要现实需要和逻辑必然。服务育人成为生活思政的载体有助于其主体和阵地的进一步完善，而且服务育人和生活思政存在无法分割的内在关联。以上海交通大学为例。1999 年，上海交通大学率先在生活园区构建了面向学生成长成才的"一门式"服务平台模式。该模式"充分利用大学生日常发生的生活事件，通过德育工作者的细致工作和言传身教，最终实现'三个全面'：实现德育工作在大学校园空间的全面覆盖、实现德育工作在学生日常活动的全面渗透以及实现德育工作在学生个体层面的全面落实"。[①]

　　生活思政载体是生活思政育人过程的一种具体的活动形式，是生活思政各个要素之间相互作用实现的枢纽。从这个角度理解，生活思政载体本身的建设是载体作用发挥的关键所在。从理论和现实的角度，服务育人作为生活思政的载体之一毋庸置疑。那么，关键问题是如何进一步在全面推进生活思政的视阈下充分发挥服务育人的载体作用。"服务"在现实中更具有与学生"生活"关联性更强的特点，那么，如何在所有学生必需的"服务"中彰显育人成效，是服务育人有效推进生活思政的重点所在。

一、提高服务育人意识、能力和水平

（一）提升育人意识是关键

　　不可否认的是，当前，高校服务育人主体上仍存在着失位现象。高校服务育人主体主要有教学服务者、管理服务者和后勤服务者三大类。之前，高校存在着一定的"官僚化"，原本应该清晰定位为服务岗位的服务者，却带着较为浓厚的"官僚气息"去执行"管理"，丧失了服务意义。现在，随着"服务至上"理念的不断深入，"官僚化"从高校褪去，随之而来的是服务水平的不断提升。但是，从现实分析来看，还依然存在着"重服务轻育人"的主体失位现象。在具体工作中，高校服务者或是重服务结果测评，或是重服务过程评价，或是重服务形式创新，而较少从形式、过程、结果等方面全面深入地以育人为导向开展服务，存在着"因服务而服务"的现象，矫枉过正。

---

① 朱美燕.立德树人：高校生活德育实践［M］.上海：上海交通大学出版社，2019：30.

那么,高校应如何解决服务育人主体的失位问题?"高校在具体的服务中,应该提出服务育人的引领性思想和未来工作路径,拟定服务育人顶层制度。梳理学生从进入学校报到到毕业离校的全过程参与部门和服务流程,把每个部门和工作环节都纳入服务育人的制度系统,明确各个工作部门、各个工作环节的职责和服务要求,形成合力。"①并结合专业教师课堂育人方式,建立包含服务育人工作的更加全面完善的人才培养体系。

（二）提高育人能力是核心

服务育人的提出、实践到完善,是随着社会进步和高校自身的不断发展而发展的。同时,大学生也在不断变化中。"一方面,大学生的成长成才需求和全面发展意识不断增强;另一方面,部分大学生不同程度地存在着政治信仰迷茫、理想信念模糊、价值取向扭曲等思想问题。"②从这个意义上来说,在新的形势和环境下,高校只有不断创新理念、革新内容、提升方式、优化环境、开拓渠道、多维服务,才能在不断完善服务的同时,进一步提高育人成效,真正发挥服务育人的功能,从而达到不断提升大学生思想政治素养和道德品质的目标。

随着新要求和新形势的变化,我国高校对服务育人的认识越来越深刻,对其重要性越来越认同。重要的是,有许多高校在实践中开展了十分有益的尝试,并取得了较好成效和可推广的模式。然而,仍有一些高校,因各种原因尚未把服务育人作为人才培养体系的重要组成部分。因此,高校服务育人的推进仍任重而道远。要把服务育人和其他育人载体一样重视、一样推进、一样投入,还需要很多努力。

提高服务育人的育人能力,关键是要"坚持立德树人的人才培养导向,构建服务育人体制,完善服务育人内容,为学生提供多样性和创造性的服务,并让学生参与服务社会,促进学生学科能力和社会素质融合发展"③。对高校服务育人而言,服务育人不是简单课堂教育的延伸,也不是另起炉灶的教育,而应该是在"立德树人"的具体指引下,学校精神和文化一种再次的教育和展示过程。需要特别注意的是,提高服务育人的育人能力非一日之功、一蹴而就,而是需要下

---

①　易际培.基于信息化的高校服务育人新体系构建[J].才智,2010(11):249-250.

②　冯刚.服务育人理念在学生事务管理中的融入和深化[J].高校辅导员,2017(05):3-9.

③　李权玺.高校服务育人的现状及其对策[J].西部素质教育,2020(05):197-198.

大功夫,长期坚持与努力。

(三)完善育人体系是重点

从"服务"和"育人"这两个词语的关系逻辑来看,服务是育人的手段、过程和前提,而育人则体现在整个服务的全过程,而不能拿最后所谓的服务效果来定义。从这个逻辑上分析:一是如果存在服务主体的育人意识不强或育人素养不高,那么,服务育人的全过程和全方位就很难实现;二是如果服务举措不切合实际需要,像传统教育形式一般,那么,服务育人的实效性就非常有限。在实际工作过程中,服务育人的难点就在这里,也是高校在具体服务育人中碰到最多、最棘手的问题。

首先,高校必须从"立德树人"的高度抓好服务育人三个主体,这是完善体系的重要前提,即要全面提升教学服务者、管理服务者和后勤服务者的思想认识、素养水平和实践能力。而其中最为关键的是育人理念的再认识和再提高,不能只重视服务而忽视育人,也不能只是从育人角度出发,忽视了服务的润物无声之效。

其次,服务育人体系因时而进、因势而新。"高校必须意识到服务育人体系要因时而新,学生的个性发展要求服务育人体系因势而变。有力领导、部门协作和平台建设,关系着服务育人工作的系统性和整体性,也影响着育人价值的有效发挥。"

最后,提高服务育人的有效形式和载体。在服务育人过程中,高校必须着重考虑充满时代感、能引起学生共情的有效形式和载体。高校不能因为服务大部分人而以人对人的方式进行,进而忽略了服务环境、新媒体平台等隐性育人的可能性。更不能忽略的是,教职工爱岗敬业,以身示范,对学生是一种最好的教育。[①]

二、精准帮扶,解决学生实际问题

服务育人理念的提出至今时间较短,还远没有达到全国高校整体形成有效经验的阶段。为此,很多学者在具体提出相关举措时也大多是从抽象理念的具化、个体经验的总结角度进行的,但是不难看出,大部分学者有着同样的理解和

---

① 卢凯,梅运彬.高校服务育人的内涵与实践路径研究[J].黑龙江教育,2020(04):40-42.

认识:服务育人区别于其他育人体系最关键的是,应该在具体服务中体现育人成效。

(一)解决问题是服务育人的必要前提

冯刚在《服务育人理念在学生事务管理中的融入和深化》一文中提出:"服务育人"自然是针对教辅人员、后勤人员等具有服务性质的人员而言的,他们的本职工作理当是"服务"。[①]然而,在现阶段,依然有很多学者将"服务育人"较为简单、直接或者狭义地理解为学校图书馆、后勤、非教学管理的服务人员等机构和工作者的育人工作,认为他们较为符合"服务育人"的内涵标准。

虽然这种理解具有一定合理性,但是,从"服务育人"的最终目标上来分析,这种理解有所欠缺,是一种片面的、狭义的甚至较为偏执的理解,应当从更广义的"服务"范畴来理解和把握高校"服务育人"。在学界,也有着对"服务育人"的不同认识和理解,但是,服务在育人过程中的重要作用是学界所持的普遍共识。无论广义还是狭义的"服务育人",如果服务无法达到目的,那么育人也就无从谈起。

在服务育人中,必然涉及对"服务"一词的理解。何谓服务?在《现代汉语词典》中,对"服务"作出了如下解释:"为集体(或别人)的利益或为某种事业而工作。"从中不难看出,服务有着解决问题的根本要求,且是服务本身意义之所在。那么,从这个逻辑上看,解决问题是服务育人的必要前提。

(二)精准帮扶是服务育人的重要支撑

如果采纳狭义的"服务育人"概念,那么其也牵涉了学生从入学到毕业的各个环节,不仅是教学上的各项支持,还有生活上的各种服务,抑或是管理上的各类帮扶。随着新媒体时代的到来,学生能够多渠道了解"一致化"的信息,那么,学生的诉求更多的是个性化的需求。如果采纳广义的"服务育人"理念,那么,更为广泛的是在学生大学"全周期",甚至是校友的时候,给予其不同阶段、不同需求、不同个性的支持。那么,从这个逻辑上看,高校服务育人面临的可能是同一阶段、同一项目、同一主体,需要针对多层次、多类型、多需求的"同一服务职责的履行"。就此而言,服务育人不仅要帮助学生解决问题,而且还要根据不同学生的个性化需求进行精准帮扶。只有这样,才能真正达到既服务又育人的双

---

① 冯刚.服务育人理念在学生事务管理中的融入和深化[J].高校辅导员,2017(05):3-9.

重目标，才能真正实现广泛意义上的"服务育人"。

精准帮扶之所以是服务育人重要支撑的另一个重要原因是，基于双因素理论(Two Factor Theory)，亦称"激励—保健"理论。1959 年，美国心理学家赫茨伯格提出了该理论。他把企业中有关因素分为两种，即激励因素和保健因素。激励因素是指可以使人得到满足的因素，保健因素是指容易产生意见和消极行为的因素。他认为这两种因素是影响员工绩效的主要因素。双因素理论启示我们：虽然精准化解决问题，不能成为提升"育人效果"的充分条件，但是，如果无法精准化解决问题和需求，则会直接导致育人效果的下降，甚至"归零"。这是因为，满意可以让人得到满足，从而更有发展和进步的动力；不满意则会让人直接倒退，或者反抗。对组织或个人来说，这两个因素至关重要。

基于以上分析，服务育人的举措可以多样化，根据每个高校的不同而百花齐放，但其关键是精准化解决学生问题，从而保障"育人"能在有效环境、有效空间下顺利进行。

第三节　科研育人

"人才培养、科学研究和社会服务"是高校的三大主要任务。它们互相支撑、关联紧密，都紧密围绕育人这一根本。其中，科学研究天然具有育人功能。在新时代，高校要充分重视科研育人的重要作用。"充分发掘高校科研育人潜能，对于培养高素质创新型人才、营造良好科研风气、呼应改革创新的时代要求具有十分重要的意义。"[①]在我国，"立德树人"是高校最高的育人标准和行为准则，应将科研育人与"立德树人"有机统一起来，进一步挖掘"科研育人"的潜能，这是实现思想政治教育育人效果最大化的必要支撑和必然选择。

国家相关文件明确规定，科研育人是高校育人体系的重要组成部分，是实现全方位育人不可或缺的重要途径，具有十分重要的地位。教育部党组印发的《高校思想政治工作质量提升工程实施纲要》强调，高校思想政治工作的基本任务是"充分发挥课程、科研、实践、文化、网络、心理、管理、服务、资助、组织等方面工作的育人功能，挖掘育人要素，完善育人机制"。当前，已有一些高校在这

---

① 魏强，李苗.高校科研育人论析[J].思想理论教育，2018(07)：97 – 101.

些方面作出了有益的尝试。例如,2013年起,中国人民大学将研究性教学和本科生科研结合起来,建构"科教融合、学术育人"模式①,倡导研究性学习,提供学生种种做研究的条件和机会,培养其科研能力。该模式强调科研的育人功能与价值,对一流大学建设和研究型高校发展具有借鉴意义。

科研育人已成为大学生思政政治教育的重要载体,是思想政治教育体系的重要组成部分。它之所以成为生活思政载体的主要原因如下:

首先,生活思政的实施主体中必然包含了高校科研人员,其原因与管理育人和服务育人一样,在此不再赘述。

其次,随着科技的不断进步和科学技术对日常生活影响的不断扩大,重视、学习、参与科学技术本身和其过程,已经是当今时代每个人都不可回避的现实和任务。无论你是否愿意,科学技术的发展都时刻影响着每个人的生活,如果不主动融入,将必然被时代淘汰。总之,科学已经不再是生活之外高高在上的"神圣之物",而是千家万户的"日常之事"。

最后,高校中大学生参与的科研活动日益频繁,也逐渐成为高校育人的有效抓手。但科研育人的根本出发点,并不是只强调科学技术的学习和运用,更为重要的是其背后所蕴藏的科研精神和责任意识的培养。这种精神和意识,也已成为大学生更好发展和生活的必要精神支柱。"深入分析大学科研育人的内涵意蕴,深度剖析大学科研育人的本质特征,深刻解析大学科研育人的时代价值,是新时代以科研育人推动高校思想政治工作,坚持社会主义办学方向,实现高校立德树人根本任务的前提条件和必然要求。"②

在具体实践中,与管理育人和服务育人不同的是,科研育人作为生活思政载体,很多时候并不是在非常具体的活动中直接可以达成思政教育之"精神成人"之目标,需要注重科学精神、责任意识和科研伦理道德的培塑,这才是科研之于大学生的核心意义所在,也是科研育人作为生活思政载体的根本任务所在。

---

① 周光礼,周详,秦惠民,等.科教融合学术育人:以高水平科研支撑高质量本科教学的行动框架[J].中国高教研究,2018(08):11-16.
② 毛现桩.大学科研育人的内涵意蕴、本质特征与时代价值[J].华北水利水电大学学报(社会科学版),2020(3):43-47.

一、强化科学精神与责任意识

（一）弘扬科学精神是科研育人的核心责任

翻看人类的进步和发展史，科学技术在推动社会进步中发挥了巨大作用。历史已经雄辩地证明，"科学技术是第一生产力"。如今，知识更新、技术换代的周期越来越短，革命性和变革化的"标志"越来越多。如果跟在别人后面，亦步亦趋，就要面临着被淘汰、出局的危险。因此，必须敢为人先，做到从"跟跑"到"并跑"，再到"领跑"。正如习近平总书记所说："我国科技界要坚定创新自信，坚定敢为天下先的志向，在独创独有上下功夫，勇于挑战最前沿的科学问题，提出更多原创理论，做出更多原创发现，力争在重要科技领域实现跨越发展，跟上甚至引领世界科技发展新方向，掌握新一轮全球科技竞争的战略主动。"[①]

当前，我们应该清醒地认识到，人类社会已经进入了互联网文明时代。它有着和其他文明时代截然不同的形式和要求，最为关键的是知识创新速度十分迅速，知识获取也变得越来越简单。"人类社会进入'信息大爆炸'的时代，也是'知本家'的时代，一切以'知识'为根源。"[②]同时，中国特色社会主义进入新时代。在新时代，中国的科技水平发展迅猛且多元并进，全新的科技和知识增长点不断涌现，在各个领域、各个方面都取得了新的突破和成就。如今，中华民族已处于历史上的最好发展期。面对世情与国情的新变化，高等教育要主动、积极、有效地引导学生在历史关键节点上，把握新时代、拥抱新时代、服务新时代，在实现伟大中国梦的历史进程和光荣实践中，用科学精神去创新创造创业，建功立业新时代。为此，培育学生的科学之精神是科研育人的核心责任。

科学精神主要包括：实践是科学认识最为重要的来源和动力，也是最核心的真理标准，这是科学的实事求是精神；对科学的追求永无止境，不断发展，这是科学的开拓创新、永不停歇精神；科学知识是需要通过不断地论证、分析才能得出正确结论，这是科学的求真务实精神；科学强调在真理面前人人平等，不迷信权威，提倡怀疑、批判，包容质疑，这是科学的平等包容、批判精神；现代科学

---

① 习近平.为建设世界科技强国而奋斗：在全国科技创新大会、两院院士大会、中国科协第九次全国代表大会上的讲话[M].北京：人民出版社，2016：8.

② 高玄.高校科研育人探析[J].科教导刊，2020(01)：4-5.

发展已从单体研究走向团队研究,这是科学的团队精神。

科学精神的本质和核心是实事求是。因此,高校开展科研育人和培育科学精神,最根本的就是要营造风清气正、诚信求真、严谨负责的学术生态。而作为科研主体的教师是构建良好学术生态的关键。在我们看来,教师的身体力行是培育科学精神最直接、最有效的方式。高校教师无论是对本科生、硕士生还是博士生的课堂传授、作业辅导、实验指导还是毕业论文指导,以及通过第二课堂所进行的各种学科竞赛指导,无不是通过自己的科研态度影响着学生的科学精神。

科学精神的重要体现是在实践中创新提升。美国教育学家杜威曾提出:"德行显然寓于行动之中。"①为此,高校要进一步拓宽和完善科研活动的渠道和平台,这是提升学生科学精神的重要途径。当前,大学生主要通过以下三种方式参与科研活动:

一是在日常学习中的常规化科研活动。这类是大学生最为频繁的科研行为。它着重要求学生对基础性科研知识的掌握,培养学生的科研素养。它通过较为固定的科研内容来训练学生的科研能力,让学生熟悉科研环节,积累科研经验和实践科研精神的过程。

二是具有一定竞争性质的科研竞赛活动,注重培养学生的综合科研能力、独立思考能力、科学实践能力和问题解决能力。在此过程中,学生不仅亲自参与体验科学过程,更重要的是可以与他人交流学习,取长补短,开拓学术视野,跟踪学术前沿,提升科研能力。

三是面向社会的科研创新实践行动,具有较强的实践性、时代性和服务性。这类活动强调科研要以服务社会、符合国家需求和造福人民为价值追求。通过科研活动,着重培养学生服务社会、奉献国家和人民的高尚情操。引导学生把科学研究与国家战略发展和社会需求有机融为一体,在推动国家发展和社会进步中体现自身科研价值。

培育创新精神是实现科学精神的重要内容。但遗憾的是,现阶段我国教育尤其是中小学教育对创新不够重视,也缺乏对创新培育的多方位支持。就此而言,现行教育模式严重影响着对学生创新精神的培育。毋庸置疑,对新事物、新

---

① 约翰·杜威.道德教育原理[M].王承绪,等译.杭州:浙江教育出版社,2003:198.

问题、新领域的好奇心既是激发学生创新的最好"刺激源"，也是开展创新活动的强大原动力。对此，我们首先要做的就是激发学生的"好奇心"。同时，鼓励他们在实践中不断尝试、创新。因为创新不仅是一种目标，更是一种行动。科学研究仅有"好奇心"是不够的，还要把所有的科学假设通过实践去检验、去论证。从这个角度而言，培养科学精神的双重前提是培育学生的好奇心，且鼓励学生在实践中不断创新。

(二)培育责任意识是科研育人的重要职责

在科研育人中能培育责任意识的主要原因有：第一，科研活动和科研工作往往像"黑夜中寻找光明之旅"，往往苦苦以求而不得，但在旁人看来是"蓦然回首，那人却在灯火阑珊处"的轻松自得。其在过程之中，如无对理解追求的执着和无悔，如无对科学追求的强烈责任，则无法坚持如一。第二，科研活动往往需要团队开展，一个科技高塔的成就，不能缺少任何一块"砖"(团队成员)的作用。个体的能力和素养固然重要，但若无责任之心，一切都是虚妄。第三，高校教师天然地承担着科研育人的职责。这份职责能否实现以及实现得好差，都直接影响着高校育人效果。因此，科研育人本身就是一种责任的体现。

责任从本质上讲，不仅仅是一种美德体现、品格表现和能力展现，更是一种自我约束和自觉行动。因此，培养学生的责任意识显得尤为重要。那么，如何培养大学生的责任意识？一是强化道德情操。人的责任感的培养，归根结底是道德情操的强化。只有道德情操提升了，责任感意识才有可能形成。从顾炎武的"天下兴亡，匹夫有责"，到梁启超的"这个社会尊重那些为它尽到责任的人"，责任心在我们各个方面和领域都应该充分体现，关键是个体内心对"责任"二字的认同度，认同度越强则越能坚守。而对于责任的最好坚守和最大认同，是来自内心的道德情操。二是发挥榜样作用。责任的培养需要榜样的影响，责任的背后是坚守和承诺，有时候很简单，有时候又很难。树立榜样，让更多人在平凡中感受到一种更具力量的感召。三是强调身体力行。常言道："天地生人，有一人当有一人之业；人生在世，生一日当尽一日之勤。"但有人会有这样的想法：他人之责任，我辈之福祉。何苦我来负责，何不坐享其成？这不仅是对负责之人的不公平，更重要的是，一旦负责所带来的"利"被不负责之人逐渐以"虹吸效应"享受，日久之后，社会风气就会每况愈下。自由以责任为边界，责任以自由为外延。履行责任与享受自由是成正比的。每个人都要有"责任重于泰山"的自觉,做到言出必行,行成必果,那么,全社会的责任意识就会兴盛。高校在责任意识培育中,应强调在身体力行中开展责任教育,同时,要对有责任感、有担当的学生进行有效褒奖,以积极履行责任为风尚,进而提升科研育人的加成效应。

二、恪守科研伦理道德

科研活动会涉及伦理问题。一方面,科研是一种社会行为,要遵守广泛认同的社会准则;另一方面,科研也是创造全新事物、理论的行为过程,要符合并遵循科学共同体公认的行为准则或规范,要更清晰地认识到在创新过程中的一切伦理问题的考量与遵守。一旦打开"潘多拉魔盒",后果将不堪设想。为此,我们可以这样理解:科技是推动社会的第一生产力,其本身是建设物质文明和精神文明的重要社会性行为,也必须承担相应的社会责任和道德义务,在具体的科研活动中,必须遵守社会公认的伦理规范和道德准则,否则,将带来巨大伤害。科研育人其本身更为强调通过科研过程、科研人员、科研活动以"潜移默化"的方式教育、引导学生。就此而言,科研育人更为强调恪守科研的伦理道德。

基于科研育人的角度,应该从以下几个方面来进一步加强恪守科研伦理道德:

一是以遵循和发展人类福祉为第一要务。这是必须始终坚守的首要原则,其原因是科技本身的发展就是为了人类的发展,科技的进步就是为了推动社会进步,从而增进人类福祉。同时,这个首要原则和我国"以人民为中心"的发展理念不谋而合。我们一贯坚持科技创新发展不能以牺牲人类根本福祉为代价,以坚守对人类和环境的最小破坏为底线。在具体过程中,不能放任科研自我管理,一定要强化监督和评估,对所有的科研行动认真审查,充分体现出对人类未来负责的态度。此外,还应当有未来意识,绝不能以牺牲后代子孙的利益来换取、满足当代人的利益,即所谓的代际公平问题。简言之,"不谋万世者,不足以谋一时"。

二是要尊重人的自主性。科技发展必然会带来社会的巨大进步,但是无论是从哪个角度来论证科技的巨大作用，我们都不能忘记科技本身是为人类发展而服务的，无论其作用多大，都不能超越人的自主性。首先要从法律层面进行规范，要明确科研的"知情权"和"同意权"；其次要从思维上转变"科研至上"的错误认识，必须将人当成目的本身，而不是工具或手段，一定要在尊重"人"的基础上开展科研活动，要在具体科研中强调人的内在价值；最后要通过严格的技术、规范等有效手段，进一步强化对隐私和个体需求的保护，尤其是在现在这个大数据时代，更要严苛管理所有的数据、案例、记录等。

三是明确科研活动的爱国性。法国科学家巴斯德曾说："科学无国界，而科学家有祖国。"这一至理名言应成为每一个科研人员需恪守的职业操守。新华社曾以"科学无国界，科学家有祖国！"为题，评论 IEEE（电气和电子工程师协会）宣布禁止华为参与学术编辑和审稿一事："在科学进步日益需要凝聚全人类智慧的今天，IEEE 受政治干预做出如此不理智的行为，恰恰提醒了我们'科学无国界，科学家有祖国'这句话的深刻含义……然而，科学家有自己的祖国。当正当、合理的权益被无端侵犯，当为人类科学事业奋斗的赤诚之心被抹黑，必须旗帜鲜明地表示抗议，毫不犹豫地维护应有的合法权益。这绝非意气用事，而是对自身尊严的捍卫，对科学无国界这一人类共同理念的尊重，对包括中国科学家在内的全球科学家群体权益的伸张，是用行动捍卫科学家精神和科学的尊严……"[①]我国著名科学家如李四光、钱学森和黄大年等，他们的拳拳爱国心值得每一个人深刻学习，也是科研育人最为生动的案例和明确的导向。

第四节 资助育人

资助育人是高校资助工作的应有之义，同时伴随高校资助工作的开展而愈发为人们所重视。2017 年，中共教育部党组印发的《高校思想政治工作质量提升工程实施纲要》将"资助育人"列入"十大育人体系"。资助育人是大学生思想政治教育的重要载体、方法与内容。"教育部全国学生资助管理中心 2019 年发布的《2018 年中国学生资助发展报告》，将'不断推进资助育人'作为资助工作

---

① 新华社：科学无国界，科学家有祖国！［EB/OL］．［2019－05－30］http：// www.xinhuanet.com/tech/ 2019-05/30/c_1124564276.htm.

提质升级的重要内容进行阐释。"①

　　资助育人理念的提出、内容的明确、举措的实施等，还处于探索和起步阶段。不过，在众多学者研究和高校探索过程中，对于资助育人是"三全育人"的重要内容和关键环节这一点已达成一致。基于其重要性的认识和开展时间较短等综合因素影响，当前资助育人还存在一些不尽如人意之处。例如：主体依靠学工部门，资助育人合力还没有形成；主要还是以保障型资助为主，发展型资助体系不完善，资助育人缺乏系统性；资助育人的主要内容依旧不清晰，具体方式和路径不明确，使得资助育人成效不够显著等。

　　当然，在众多学者和高校的共同努力研究和实践下，资助育人的推进速度是令人欣喜的，所取得的成效也是十分明显的。例如，在资助育人实践探索中，南华大学创新工作思路，逐渐形成了"以促进学生全面发展为中心，以经济资助为基础、制度建设为支撑、文化培育为保障、能力培养为核心"的"一中心四基点"多维资助育人模式。② 该模式以经济资助解实际之困，以制度建设维工作之序，以文化培育铸资助之魂，以能力培养强学生之力，体现了高校资助工作的精髓。

　　资助育人作为高校思想政治教育体系的一部分已经是党和国家的要求，将其选择为生活思政载体，需要进一步理解。从实施主体上分析，与管理育人、服务育人和科研育人不同的是，高校中资助工作一般由学生工作部门负责，并由辅导员和班主任具体落实，而这些主体是传统意义上的大学生思政教育实施主体。但是，从资助工作到资助育人的转变，主要体现在以下三个方面：

　　一是主体的转变。2018 年，教育部部长陈宝生指出："各地各校要形成全员参与、各部门配合、各个教育教学环节统筹协调的资助育人机制。"③从只是学生工作者做资助工作到全校所有人参与资助育人，呈现出主体多元化，契合了"全员育人"的要求与目标。

　　二是方法的转变。大学生思想政治教育要将解决实际问题和解决思想问题相结合。但很多时候，我们忽视了在帮助学生解决实际问题后，对他们进行

---

① 张远航，郭驰."三全育人"视阈下高校资助育人的逻辑建构[J].思想理论教育，2020(07)：107－111.
② 黄德美，邹树梁.高校资助育人创新视角：构建多维资助模式的路径探析[J].中国高教研究，2012(04)：81－85.
③ 陈宝生.进一步加强学生资助工作[N].人民日报，2018－03－01.

一定的思想引导。换言之，不能将帮助学生解决实际问题的有效手段只是作为一种具体工作，而忽略对其背后育人元素的提炼以及育人要求的达成。从资助工作到资助育人的转变，就很好地实现了"两个解决"的结合。

三是内容的转变。从资助工作到资助育人，其工作内容也发生了相应转变。其转变的核心，从只做好学生经济困难帮扶，转变为对其精神上的帮扶，做到经济帮扶和精神帮扶相统一。当然，经济帮扶是基础。在此基础上，更要注重提炼资助背后的励志教育、感恩教育和爱的教育元素，并通过有效方式让学生入脑入心。

结合以上三个转变，资助育人作为生活思政载体，是因为主体、方法和内容的吻合度。其中，最为关键的是要做好育人元素提炼和育人要求达成，这才能充分彰显思政之育人成效。生活思政视阈下的资助育人要做好以下重点工作。

一、扶贫与扶志相结合

"相当长一段时间内，我国的资助工作以保障型经济资助为主。随着人才培养素质能力要求，加上 2020 年我国即将完成阶段性脱贫攻坚任务，发展型资助越来越多地出现在工作视野中，向发展型资助转型成为资助育人工作的迫切需要。"[①]保障型的经济资助，确实能够帮助学生有效解决在大学求学期间遇到的经济困难，这是高校资助工作的价值所在。但是，如果只是简单或单纯地解决经济困难，高校资助工作就结束了，那么，资助育人就无法发挥长久的育人功能和价值。

经济困难的学生，外在的具化表现是缺乏金钱支持，但是我们不能忽视其背后隐藏的问题：一是造成其经济困难的具体原因分析，以及这个原因对学生心理、行为和态度上所带来的各种影响；二是因为经济困难，不能获得更好发展、更多机会而带来的次生性伤害，以及因此带来的再度不自信，甚至自卑现象。我们不能带有单纯地解决经济问题，这些问题就能"迎刃而解"的想法。否则，资助育人就不仅不解决根本问题，而且缺失了育人的目标靶点。也就是说，如果大学生资助陷入"物化"的困境，就很难实现精神激励等育人功能。

原教育部部长周济曾说："各学校要从解决学生的实际困难出发……发挥

---

① 刘春阳.三全育人视阈下资助育人工作的探索与实践[J].北京教育，2020(07)：62 - 64.

资助与育人的双重功效。"①资助本身是物质帮助的一个过程,而"资助育人"不仅仅体现在物质的给予,更要注重思想的引领,可将其称为"精神资助"。我们应该认识到"物质资助"和"精神资助"是互相关联、互相融合、互相促进的。"物质资助"过程中的公平、正义、友爱、互助,就是"精神资助"的最好内容和直接体现。在开展"精神资助"时,自强不息、奋发向上、回报祖国、奉献社会是关键内容,其和"物质资助"也密不可分。"在'物质扶助'学生,保障其学费和生活费时,高校更应该对学生进行'精神资助',通过思想教育和心理疏导,让他们明白暂时的救济是为了将来更好地创造。"②

鉴于以上论证,高校在开展资助育人的时候,不仅要"扶贫"更要"扶志",当然,扶贫扶志不应被单一地割裂,也不应被严格地区分,应该统筹起来做,互为呼应。我们在扶贫时候就要多角度地去做资助工作。例如,我们给予物质支持的时候,可以从就业能力提升、专项技能培训、学习能力辅导、个性素质帮扶等多方面给予帮助,现在很多高校都有很好的实践。例如,开展专项的就业创业培训并给予专项减免或补贴,帮助学生考取相应职业资格证书并提供相应补贴,为经济困难学生配备专门的励志导师,通过素质拓展帮扶行动提升经济困难学生综合竞争力,开展经济困难学生专项招聘会等。

这些有效举措不仅帮助学生解决了实际困难,更重要的是,能通过解决问题把资助转化为激励学生不断自我前进的动力,帮助学生逐渐做到自信、自立、自强。当然,这些针对不同个体的个性化资助模式的设置,先要根据困难学生需求的不同划分成群,再对群做不同层次的细分,让学生自由选择、自主决定自己接受资助的方式和途径。由"单一资助"向"多维资助"转变,有助于学生发挥主体意识和主体能力,提高解决实际问题和困难的能力,最终有助于学生成长成才。

另外,资助育人全面实现扶贫和扶志相结合,也要十分注重引导和依赖社会的广泛参与。高校要积极将学生、家庭与社会紧密联系起来,从人员、资源和途径上进行有效的整合,动员各个方面的力量参与资助育人工作,帮助学生顺利完成学业、健康成长。通过帮助,受资助学生能深刻体会到党和国家的厚爱

---

① 周济.在 2007 年全国家庭经济困难学生资助工作会议上的讲话[N].人民日报,2007 - 5 - 28.
② 王慧,徐新华.高校资助育人思想研究[J].教育评论,2020(04):100 - 104.

和关心，从而逐步树立起对社会的广泛认同，树立起报效国家的志向。

当然，在资助育人具体工作中，要特别注意以下几点：一是不能忽略榜样的作用，特别是励志榜样的直接激励作用。例如，通过各类奖学金获得者、自强不息学子的案例宣传，为学生树立典范，起到朋辈帮扶和榜样引领的积极作用。二是不能忽略传统的勤工助学作用发挥，勤工助学也是受助学生实现自我管理、自我服务、自我教育的有效手段。学生不仅可以通过自己的劳动获得报酬，而且在辛勤付出中，树立了劳动服务意识，培养了自强自立精神，提高了自我管理能力。三是不能忽略家庭作用的发挥。例如，有些高校利用假期进行家庭经济困难学生走访活动，在为学生增添温暖的同时，也为宣传国家资助政策提供了机会，也能以最直接的方式了解家长的诉求，共同做好资助育人工作的延伸，积极通过家校协同帮助学生树立通过自我努力改变家庭命运的志向。

二、感恩教育与爱的教育

高校资助育人一个最为鲜明的特点是资助过程是主客体互动的过程，其真正意义在于，它具有很好的思想政治教育情景优势、代入优势和过程优势。这种优势的总和，就可以让受资助的学生在接受资助的过程中直接浸润其中，能够产生强烈的情感共鸣、心理认同和价值追随。这些又能激发学生较为强烈的感激和感恩之情。为此，在资助情境中教育学生心存感恩、知恩图报或让学生自发产生感恩意识，这同样是高校资助育人的重要内容。

当然，这样的优势促使的有效感恩教育并不是"无论如何都有的"。因为，一旦我们不重视感恩教育的系统开展，会让受资助的学生感觉到资助是理所当然的，甚至会出现个别类似"资助不公平"、伸手要资助等更严重的问题。因此，感恩教育不仅是高校资助育人的情感基础，更是有效实现资助育人的功能保障和重要途径。

从严格意义上来说，感恩并不是一种行为或者美德，就像埃蒙斯将感恩定义为一种自觉性的现象，需要人们能够承认自己受益于他人的慷慨帮助，承认给予帮助的人是需要付出一定代价的，还要承认这一帮助对受益人而言具有价值。可以这样理解：一是感恩并不是与生俱来的情感，也不可能是一种自发的、不需要教育的主动行为；二是感恩教育的教育重点，应该落脚到多维的"爱"的付出和给予。

首先,感恩教育要教育学生"爱祖国",回报党和社会的关心。作为社会主义国家,我国现行的学生资助体系,是国家的政府行为和投入保障。"无论是国家奖助学金,还是国家助学贷款等资助政策都体现了党和国家对大学生健康成长成才的关心关爱,彰显了党和国家对促进教育公平和社会公平的决心和力度,这是中国特色社会主义制度优越性的体现。"①高校在开展资助育人的时候,一定要坚持育人导向,追本溯源,培养学生爱党、爱国和爱社会主义。因为,从本质上来说,没有党和国家的关怀,没有社会主义制度的优越性,没有社会的关爱投入,就不会有现在如此完善的大学生资助体系。同时,资助工作政策性非常强,在具体解读政策和落实政策过程中,就是一个很好的"爱祖国"教育过程。要让学生在努力达到资助要求的同时,提高其锻炼本领、服务祖国的意识,激发学生的家国情怀。在获得资助的时候,要充分展现作为中华儿女的光荣使命和身为社会主义新人的骄傲,从而增强其国家荣誉感。

其次,感恩教育要教育学生"爱父母",回报父母养育之恩。虽然绝大部分学生的经济困难是家庭原因引起的,但是如果我们在资助育人过程中忽视了"爱父母"和"爱家庭"的教育引导,那么就失去了资助的核心要义和教育的本身意义。资助育人的重要作用,就是通过帮助学生完成学业进而帮助他的家庭。同时,中国历来都将"孝行教育"放在核心位置,失去这个就失去了教育的内核。思想政治教育最重要的任务就是使学生"成人",而对家庭的责任和爱,是每个"成人"所必需的。为此,高校在开展资助育人时,必须立足弘扬中华美德,开展感恩教育和亲情教育。

第三,感恩教育要教育学生"爱母校",回报学校培育之情。这种"爱校"教育本身并不是为了倡导感恩直接帮助者,而是为了帮助学生认识到,每所高校都具有文化积淀、精神传承的使命。而这些都是需要一代代"我校 师生"不断认同、继承和发扬的,其中最为关键的是"认同学校、认同校本文化"。与此同时,我们应该认识到,资助过程就是学校文化传播的一个最好途径。如果通过资助育人能将"学校精神"进一步传递给受资助学生,那么,一定是事半功倍。为此,在资助育人中就要融入"爱校"教育,这不是为了"求回报",而是一种精神

---

① 张远航,郭驰."三全育人"视阈下高校资助育人的逻辑建构[J].思想理论教育,2020(07):107-111.

继承和文化传承的任务使然。

第四，感恩教育要教育学生"爱他人"，回报他人的友善之意。资助本身不仅仅是一个物质帮助的过程，更重要的是一种精神关爱的传递。为此，必须在资助育人过程中，让学生认识到对他人的关爱和尊重就是自我的一种帮助和深化，因为友善是可以不断传递和扩大的。只有这样，才能让像自己一样需要帮助的人得到更多帮助，获得更多资源，获取更平等的机会。

感恩和爱的教育，在资助育人体系中非常重要。同时，也是一项复杂的系统教育工程。由于教育对象的特殊性，需要在方法、路径、形式和平台上进一步创新和探索。更为重要的是，还需要社会、学校、家庭和全体师生共同努力、协同配合。从大处着眼，从小处着手，齐心协力是感恩和爱的教育最行之有效的方法。

第七章

高校日常思政工作机制新造：生活思政的机制建设

"机制，原指机器在运动过程中，各部件之间按照某种机理形成的因果联系和运转方式，泛指一个工作系统的组织或部分之间相互作用的过程和方式。"[①]生活思政虽然作为日常思政的重要组成部分而存在，但其内部各要素以某种机理保障它正常运转。把这一概念引入生活思政，就成了生活思政机制。它是指生活思政在运行过程中的各要素之间相互作用的联结方式，以及通过它们有序作用而实现生活思政整体目标和功能的运转方式。一般来说，高校生活思政的主要机制包括接受机制、协同机制、保障机制和评价机制等。

第一节　接受机制

接受机制就是在生活思政教育过程中，将要达到的教育目标，以适当的内容，通过施教者的精准设计，将目标内化到受教者身上的过程机制。接受机制的传播链包括决策者、教材（内容）、课程（课时）、课堂（场地）、教师（施教者）和学生（受教者）。在这个过程中，影响受教者接受的因素有施教者、受教者和传播的载体。

生活思政不同于课程思政和思政课程，后者有教材（以文本课本为主），课程（课时）、课堂（教室）、教师（施教者）和学生（受教者）等，相对比较固定，利于集中教育。生活思政则无固定教材（内容）、课程（课时）。生活思政的施教者主要是学校行政干部、教辅人员、后勤员工、学生自身这四支队伍。当然，还包括生活思政教育的决策主体——学校党委。

---

① 外语教学研究出版社词典编辑室.现代汉语词典[M].北京:外语教学研究出版社,2002:892.

生活思政教育的实施,从国家层面来说,是全面贯彻国家主导的对学生进行思想政治道德方面的价值教育。在教育过程中,涉及传播链的因素都是影响受教者接受的因素之一,如教材内容的设置是否科学且符合时代需求、决策机构制定的计划是否全面有效等。在生活思政具体实施过程中,影响接受的因素主要是教师(施教者)、学生(受教客体)和网上线下的传播载体。

一、生活思政施教者对接受的影响

生活思政从传播环节来讲,教是发出信号方,是主动进行教育的启动者。因此,发起者应当作为生活思政教育的施教方。施教者发出的信号能否被受教者接收,并内化为自身行为的指导价值,与生活思政施教者的文化素养、施教水平、自身品质等因素直接相关。

(一)施教者的文化素养对接受的影响

生活思政教育的主体是学校行政干部、教辅人员、后勤员工、学生这四支队伍。这四支队伍在实施过程中,主要是通过在学生生活过程中实施服务育人,主要集中在科研育人、管理育人、服务育人、资助育人四个方面。这四个方面的服务又不是与这四支队伍一一对应的分工明确的服务,是综合交叉的服务。比如,科研服务可能更集中于教辅人员,教辅人员给学生提供科研项目申报程序、材料规范甚至科研指导等方面的引导服务,但同时可能也需要科研行政部门的人员给予科研的政策解读等服务指导。资助服务不仅是资助部门根据相关要求对学生实施的官方或民间的较为正式的申请资助,也可以是师生间、同学间的互相帮扶的资助。

这些服务在生活交往过程中不仅是一个简单的事务性办理,还传递着服务双方的文化修养信息。因此,服务过程中产生的教育效果与施教者的文化素养直接相关。文化素养是指人们经过人文社科和自然科学类知识的学习和教育后,在交往中表现出来的风度、素质和涵养,涉及人的思想政治素养、科学素养、业务素养、身心素养、人格和能力素养等各个方面。人的综合气质或整体素质在日常生活中通过语言交流、举手投足等反映出来。文化素养的高低直接影响受教者接受教育的效果。

马克思说:"如果你想感化别人,那你就必须是一个实际上能鼓舞和推动别人前进的人。"①如果在服务交流的过程中,学生感受到了教职工公正、真诚、周到、专业的服务,就会在内心激起温暖的涟漪,就会默默改变自己的情感和行为,就会激发去服务他人的动机。相反,若教职工表现冷漠、高高在上、言语生硬,事务也许办好了,但在人的相互影响过程中,产生的教育效果可能是相反的。被服务的学生也许比较失望,甚至生气,教职工可能导致了一次负面教育的生成,使学生在以后服务他人的时候也可能把这种情境传递给他人。

同样是服务,前一种情况让学生接受正面良性教育,传递友好、和善、专业、真诚等正面价值;而后一种情况却传递了冷漠、事不关己的负面情感,让被服务学生多了一次负面体验。有的人可能简单地说,后一种情况的出现也许是人的脾气不同导致的,有的人天生和善,有的人外冷内热,不能以表面的态度判断人的是非。不排除普通人在日常社会交往中也存在这种情况,但从育人的角度出发,作为教师,这种冷漠就不是一个简单的个人脾气的问题,可能更多的是一个人的文化素养问题,教职工的外在表现呈现了其自身的内心认识和文化素养。

在前一种情况中,教职工在办理事务过程中表现出真诚、平等、专业、和善,从中可以看出这位老师具有良好的现代观念。良好的现代观念来源于自身的学习和对人自身的现代认识。人生而平等,就是说人一出生就不拥有高于或压迫他人的天赋力量。这里的平等不是一切都等同,家庭、国度、财富的不同,那是后天社会的人为因素,不是天然存在的。人生而平等是指人有同样的人格尊严,享有互相尊重、平等对待的权利。有了这样的平等观念,你自然就会平等对待任何一个人,你就会友善对待他人,因为你尊重别人就是尊重自己。

教职工作为未来社会接班人的引导者,如果思想和观念不能立足当下、面向未来,就会对学生的自身发展产生不良影响,对国家的现代化建设也极为不利。国家现代化建设不仅是物质生产的现代化,也是人解放的现代化。因此,教职工在强调经济建设的重要性的同时,要肯定精神文化的解放力量。精神文化的力量决定了一个国家物质力量解放的程度。没有精神文化的自由和现代化,其他目标基本就是空想,即使短暂有效,也绝不可能长期维持。因此,教职工要将公平、法治、民主、自由、平等的现代思想和观念在学生中传播,就必须有这些相关观念的现代文化素养。

---

① 马克思恩格斯文集:第一卷[M].北京:人民出版社,2009:247.

教职工具有现代观念,又时刻意识到自己的教职工角色和职业担当,自然就会意识到自己的言行对学生的直接影响。所谓言传身教,就是最大化呈现人美好的一面,传递符合时代发展的价值。教职工的冷漠或缺乏热情,也与其观念一致,师尊生卑的观念制约其主动热情,束缚了其传播现代社会价值的行为。因此,这样的教职工不可能起到传递核心价值观的作用,甚至走向反面。要建设一个现代化国家和社会,首先施教者的文化修养应该是现代的。要提升生活思政的接受效果,就要自觉提升生活思政施教者的文化修养。

(二)施教者的施教水平对接受的影响

施教者不仅要有丰富的专业知识,还要懂点哲学、政治学、教育学、心理学、社会学、历史学等与生活思政教育相关的学科知识,这样就会大大提升教育效果。在与学生谈话的过程中,从学生的态度、言语、行为中,施教者可从心理学和教育学角度,判断学生存在问题的原因,从而有针对性地进行引导教育,取得较好效果。如果很多教育观点或原理,施教者都不清楚,又不懂得一定的教法,那么,期望他们在施教过程取得效果就比较困难了。因此,要提升受教者的接受效果,施教者就要加强、重视理论学习,提高施教水平和本领。

哲学是研究自然、社会和思维的总的规律的学说。哲学回答的是根本性问题,研究的是物质与精神、思维和存在的关系问题。马克思主义哲学是我们认识世界、改变世界的利器。因此,作为教师必须从马克思主义哲学中吸取营养,用正确的世界观、方法论指导学生。政治教育是国家组织实施思想政治教育的核心,施教者必须学习政治学,政治意识形态的社会化是思想政治教育的根本任务,因此,施教者应该有能力将正确的政治观点灌输给学生。教育学是讲授教育规律和方法的科学。生活思政教育属于教育学范畴,因此,只有掌握了教育学,才能摸准学生的接受特点,才能因时因地因人地给予学生最合适的教育。

心理学是研究人的心理现象和心理行为规律的科学。人的学习过程总是结合人的心理活动,知情意行规律可以很好地用于生活思政教育接受机制中,人的感知、记忆、思维等特点的掌握,可以强化教育接受效果。因此,施教者要学习和运用心理学。社会学是研究社会中存在的现象观点,揭示社会生活及其发展规律的学科。人是社会人,人离不开社会,社会由人构成,社会意识、社会交往还原后都是人的意识和人的交往。因此,不懂社会学就不能很好地掌握人的社会化规律。生活思政教育正是人的社会化重要组成部分,施教者不懂社会学就很难做到精准教育,也很难有好的接受效果。总之,施教者的施教水平是影响接受效果的一个重要因素。施教者必须进行相关学科理论学习,提升自身施教能力和水平。

(三)施教者的道德品行对接受的影响

"不能正其身,如正人何?"①施教者没有相当高的道德品行,自身品质经不住学生的审视,你的所言所行就得不到学生的认同,也就无法取得学生的信任,施教效果就很难达到教育要求。从认知规律看,学生更易于接受可亲可信的老师所传授的道理,正所谓"亲其师,信其道"。因此,施教者应该提升自己的个人品质素养,注意自己的一言一行。"不以善小而不为,不以恶小而为之。"施教者在施教过程中,可以通过自身的角色、地位对学生产生强制性影响力。通过负面评价逼迫学生接受施教内容,这种接受从表面看有一定效果,但效果不一定持久,是所谓"齐之以刑,民免而无耻"。

另一种是受教者能够接受的影响力就是教师的自身德行,以德化人则人愿意主动接受,并自觉在实践中践行。如果违背这种德行,人自身会感到羞耻和不安,是所谓"道之以德,……有耻且格"。教师德行高尚、为人和善,则受教者如沐春风,自然接受他的教育。"当促进者是一个真实的人,坦诚无遗,同学生建立关系时没有一种装腔作势或者一种假面具,这个时候,他总是能富有成效的。"②反之,如果教师经过学生审视,被发现言行不一,态度道貌岸然,所传之道与所行之事相悖,则学生必然对所授内容反感,从而影响接受效果。因此,教师必须自觉加强师德师风修养,在言中教、行中授,才有可能产生积极的接受效果。

二、生活思政受教者对接受的影响

生活思政教育是施教者和受教者的互动过程,不是单方面就能够决定接受效果和目标实现程度的。教育不是将教育内容告知给受教者就结束了,这才是接受的开始。"对象如何对他来说成为他的对象,这取决于对象的性质以及与

---

① 文若愚.论语全解[M].北京:中国华侨出版社,2013:335.
② 方展画.罗杰斯"学生为中心"教育理论述评[M].北京:教育科学出版社,1990:151.

之相适应的本质力量的性质。"①受教者在施教者教的过程中是客体，但是在受的过程中又是主体。对施教者所授的内容，是否接受、愿意接受多少还是完全拒绝，这是由受教者决定的，而不是由施教者直接掌控的。"教育的基本观念是学生有接受教养的可能。"②施教者对接受过程有影响，同时受教者的思想素质、认知水平、个人需要对教育的接受也起着关键作用。

（一）受教者的思想素质对接受的影响

受教者在教学过程中是客体，与施教者构成主客体关系，施教者把学生视为通过自己的教育活动给予改变的对象。但是，受教者在接受教育内容过程中，反客为主，成为接受主体。接受多少取决于多方面的因素，与学生的学习潜力、学习经历、已具备的知识基础直接相关。但在生活思政教育过程中，学生自身思想素质根基，对接受的影响最显著。

如果一个学生思想素质比较高，那么，他接受学习的主动性就比较强。在教学过程中，他就愿意自觉遵守教育纪律，认真配合老师的教学活动。他认识到人需要有向上向善之心，会主动将施教内容自觉地纳入自己已有的思想行为结构中，通过分析比较，将新的内容重新建构成自己的实践意识，这样就能很好地实现教育目标，使接受成为可能。反之，如果受教者思想素质低下，行为习惯较为恶劣，对施教内容拒斥、反感，对施教过程无动于衷，这就直接影响接受效果。因此，提升受教者的日常思想道德素质，是生活思政大有可为的领域，让学生在生活中接受教育，懂得"无德者无事可成"。

（二）受教者的知识水平对接受的影响

受教者的已有知识水平对施教内容的理解、判断、选择和内化有着直接的影响。已有的知识储备和对知识的接受能力是教育结果得以实现的基础。譬如，进行爱父母、爱家、尊敬长辈等教育，孩子们因为有着基本感性认知，就容易接受。因为家庭、父母等对他来说，形象比较具体，是经验中比较熟悉的对象。同理，如果大学生没有一定的知识储备，他们对道德义务的理解、对幸福观念的把握、对无私奉献的认同等，也会感到迷茫。在迷茫中，学生们对为了民族大义、国家振兴而不畏严刑拷打、甘愿牺牲自我的行为，就不会从内心认同。他们

---

① 马克思恩格斯文集：第一卷[M].北京：人民出版社，2009：191.
② 张焕庭.西方资产阶级教育论著选[C].北京：人民教育出版社，1979：297.

对存在的意义、自由的价值等理解就更困难。

在生活思政教育的价值传播中,受教者如果没有相应的知识储备、文化水平,对内容的接受就会有限。反之,如果学生已经有了很好的知识储备,对所授内容和已有的知识发生碰撞或共鸣,就能深化、纠正和补充他已有的知识结果,就能促进学生对已有观念的新认识,有利于在生活中实践。马克思说:"只有音乐才激起人的音乐感;对于没有音乐感的耳朵来说,最美的音乐毫无意义,不是对象。"①这句话表明,已有的知识储备和能力对对象能否被接受有直接影响,没有音乐感的耳朵,再美的音乐也不能成为对象。因此,提升大学生的知识储备,是提升生活思政教育接受力的必要措施。

(三)受教者的个人需要对接受的影响

生活思政教育内容源于生活、服务生活。生活思政传播的价值要有利于受教者在现实中践行。价值目标有高远和现实之分,有的价值直接切合学生现实需要,有的价值离学生比较远。尽管从教育角度和提升学生境界方面来说,长远价值需要教育,但是其与现实还有距离。比如,共产主义道德教育作为未来社会的道德要求,可以提升人的道德认识和理想,但是,对现实需求来说并不迫切。若在教育过程中大量灌输这样的道德理想和要求,学生接受心理不强,说多了则会留下空谈、说大道理的印象。还有,用圣人标准来衡量和要求普通人,这样的教育很难与学生生活实际需要产生共振而得到学生响应。

因此,要提升生活思政教育的接受效果,就要关注学生实际需求,要从有利于学生学习、交往、就业、创造等方面相关的思想道德来要求教育学生。如指导学生在恋爱感情上做到忠诚、专一、有担当,在就业择业上做到爱岗、敬业、诚信,在专业学习中做到勤奋、刻苦、务实,这就把教育和学生的个人需求紧密结合起来,学生就有动机和兴趣去学习和接受教育。

三、生活思政载体对接受的影响

生活思政载体就是在生活中蕴含思政教育内容的负载物,目的是让学生通过与载体互动、操作、关联,对学生产生预期的教育效果。对接受的影响,就载体本身来说,主要看载体的使用度是否便捷。就载体传播的内容来说,主要看

---

① 马克思恩格斯文集:第一卷[M].北京:人民出版社,2009:191.

是否切合时代和学生需求。

（一）载体自身对接受的影响

现代社会能够作为生活思政的载体非常广泛，智能手机、电脑网络、电视、报纸、人文景观、自然环境、室内装饰、人际交往、实践活动等包罗万象。通过对学生生活习惯的了解和使用广度的调查，我们发现智能手机使用最广。很多学校正在开发或已经在使用智能手机进行掌上办公、教学、服务、管理，通过智能手机开通各类公众号，在公众号上及时推广各种学生需要的信息，关注的热点、焦点等。这些信息对学生的生活和思想都起到很好的引领作用。智能手机轻巧，携带方便，功能强大，可购物、可创业、可语音、可视频、可对话，可编辑图片、文字，拍照、直播、学习等等，作为大学生人手必备的工具，智能手机成为占用人的空闲或者学习时间的主要载体。

要提高生活思政教育的效果和接受程度，利用好智能手机是一个有效的方法。在智能手机近于普及的高校，手机作为生活思政的教育载体或许最为有效。其次是报纸。报纸虽然属于传统媒体，但在手机不便使用的地方，报纸以其便于携带等优势，而拥有一定的需求空间。其他如网络，主要是指电脑类的使用和电视等需要固定场地的设备。但与智能手机相比，不够方便，但其画面感、现实感强。环境载体等也各有用途。关键是在特定场合下，根据教育内容选择合适的载体，才会产生良好的接受效果。

（二）载体内容对接受的影响

载体是信息传播传达的工具，内容是实现载体教育功能的核心。在利用载体时，其内容是否受到受教者关注、喜爱和接受是关键。内容是施教者展现给受教者的蕴含着社会和阶级意志的思想政治观念。社会和阶级意志反映的思想观念可以通过权力强制的方式要求受教者接受，但是这样的方式对受教者来说可能内化不足，效果有限。超过一定限度，这种权力强制甚至会遭到受教者的抵制。要让这种社会和阶级意志实现实质上的接受，就必须尊重受教者的接受规律，在符合其自身需求的前提下，对观念进行内容形式的转化。

譬如，在对勇敢的品质教育中，就不能简单地说或者反复地说你要勇敢。这种话语缺少前提和接受的基础。勇敢确实是一种良好的品质，但是，这个观念的现实性需要有前提，必须将勇敢转化成现实的情境，如文学创作、历史人物故事等。通过在故事情境中的体验,如写下"砍头不要紧,只要主义真"的革命先烈夏明翰为什么能够慷慨赴死、视死如归,学生在前后两难情境中,体会到勇敢的必要性。这样的转化就符合了人的认知兴趣规律,使抽象的概念变得具体,教育的接受度就自然提升。

影响载体内容接受的因素还有教育者传播的观念是否具有真理性、先进性、可行性。如果传播的东西缺乏科学依据,已经过时,且在现实中无法践行,那么,这种观念无论包装得多么诱人,最终也不会被人接受和信赖。如现在有的学校为了培养学生的感恩之心或尊师重道精神,让学生行跪拜礼。跪拜是封建等级思想下对人的行为要求,在社会主义现代化建设过程中,推行跪拜来表达感恩和尊师重道的思想,与现代平等思想背道而驰。无论如何渲染跪拜的光华,也不会为学生和社会普遍接受。

因此,生活思政教育中,在充分利用新科技产品载体时,应注重传播内容的科学性、先进性、可用性。在保证内容科学、真实、可信、可行的前提下,要保证将观念导入对象,做到讲解精准、透彻,就会产生接受效果。邓小平同志非常重视把教育内容的真实与人的实际需求满足紧密结合起来。他说:"群众关心的实际生活问题和时事政策问题,各级领导一定要经常据实讲解,告诉大家客观的情况以及党和政府所作的努力,并且对群众所反映的不合理现象及时纠正。群众从事实上感觉到党和社会主义好,这样,理想纪律教育、共产主义思想教育和爱国主义教育,才会有效。"①

第二节　协同机制

事物是彼此互相联系、互相影响、互相促进、互相转化的。生活思政和已存在的思政教育方式具有互补性、验证性、践行性的特征。建立生活思政与思政课程和课程思政的协同机制,才能使思政教育的目的和效果得到全面呈现和实现。

---

① 邓小平文选:第三卷[M].北京:人民出版社,1993:144-145.

一、生活思政施教者要素协同

生活思政具体施教者包括行政干部、教辅人员、后勤员工和学生。他们的身份任务、文化程度、专业专长、所处部门不同，导致都不能单方面全方位解决自己面对的受教者所存在的问题。因此，协同在生活思政教育过程中是必要的。从内部看，要做好施教者的工作协同机制、施教者的研讨协同机制和部门资源整合协同机制。

（一）生活思政施教者的工作协同机制

生活思政的施教者由行政干部、教辅人员、后勤员工和学生等队伍共同组成，他们在工作性质、服务学生、工作区域等方面有所不同。行政干部以学校各级党政干部为主，在工作中发挥统筹、指导、协调和监督作用，具有领导和实施者的双重角色。

教辅人员主要包括学工系统人员、教务部门人员、学生辅导员和班主任等。其工作区域主要集中在教学和行政区。他们负责学生日常学习指导和生活服务，对学生进行必要的心理健康教育、国防形势教育、职业规划与发展教育，进行相应的制度管理等。这支队伍担负着生活思政教育的主要工作任务，是学校实现人才培养、完成立德树人目标任务的重要队伍。

后勤人员主要集中在学生社区，有着独立的工作系统。后勤人员主要包括后勤行政管理人员、学生宿舍管理员、食堂工作人员等。学生社区在高校的意义已经不再是传统的学生栖息之所，现在已经成为高等学校工作重心下移、阵地前移的重要教育领地。已有高校将建立在学院的传统教育队伍转移入驻学生社区，辅导员、学生社团、心理健康教育、学生党建等入驻社区。学生社区成为学生学习、成长、发展、生活的重要场所，其教育功能日益突出。后勤人员作为社区日常管理服务人员，与学生直接接触机会多，可以及时掌握学生思想动态，他们在服务和关注学生方面发挥着不可替代的作用。

学生作为朋辈教育相互间的主体，在生活思政教育过程中，发挥着相互学习、监督和提升的作用。学生之间接触紧密，能够发现工作中不易发现的矛盾。若这支队伍组织得力，将是巨大的学习和教育群体。要培养学生互教、互学、互管的意识，这是真正落实学生自我教育、自我管理、自我服务的主体性教育的重要途径,实现学生自我发展的根本目标。

生活思政施教者在工作区域、工作内容、工作任务等方面有所不同,但工作目标一致,都是为了实施生活思政教育,实现立德树人目标。在实际工作中有交叉,需互补。如何建立协同机制实现四支队伍的协同?要建立一个统一的生活思政教育领导统筹机构,根据四支队伍的工作特点建立联系人制度、工作协同制度。根据制度规定,彼此保持互通互联关系,在工作中互相配合,协同教育。

(二)施教者的研讨协同机制

生活思政施教者中,教职工的专业背景、工作经历和教育方法都不相同。因此,定期组织交流研讨,建立研讨协同机制是生活思政题中之义。交流内容可包括案例分析、工作问题探讨、专门知识培训等。如定期组织宿管员进行心理问题知识培训,掌握学生在出现心理问题时的日常表现、简单心理问题的调适方法、特殊心理问题的处理机制等。定期组织消防演习,给予生活思政教师和学生在遭遇火情等情况时,如何处置、使用灭火器等方法的培训。定期组织与学生密切相关的防骗教育,如网络诈骗、电话诈骗、传销诈骗等,提高学生自我防卫、识别诈骗的意识和能力等。这些知识、技能的研讨协同培训,能够大大提高队伍整体的业务能力和水平,在服务和教育学生中都起到很好的实际效果。

(三)部门资源整合协同机制

生活思政施教者身处学校不同部门,有着不同的人力和物质资源,为了能够集约高效开展和实施生活思政教育,需要实现各部门资源整合共享。比如高校的保卫部门与消防、公安部门比较熟悉,有着较多的业务联系,后勤工作人员联合保卫部、学工部共同在社区开展消防知识讲座、消防演习、大功率电器使用危险等安全教育,做防诈骗知识宣传,就发挥了很好的协同教育效果。

后勤人员邀请学校医务室人员在社区学生中进行学生常见流行病、传染病预防宣传,开展医疗急救知识演练,传授学生在突发疾病情况下如何紧急处置等,就可以有效提高学生的医疗常识和预防疾病的意识和能力。

在生活思政的教育实施过程中,需要学生队伍、场地以及活动设备、设施的支持。这些资源主要集中在学生工作部门。学工工作部门作为生活思政的直接实施者,要对自身拥有的丰富资源进行统筹、安排,为生活思政顺利、有效开展提供资源保障。学校党委作为生活思政的领导机构,则要统筹、规划、协调好全校教育资源使用,制定相关制度,实现资源共享、高效利用。

二、生活思政与外部环境协同

生活思政和思政课程、课程思政都以人才培养和立德树人为目标。它们既有区别又有内在的逻辑联系,相向而行,殊途同归。

(一)生活思政与思政课程教育同频共振

生活思政从教学目的和专业性角度来说,与思政课程有着最相近的性质。从教育的完整性来说,思政课程更多是完成了道德价值系统的知性教育,在生活领域的践行和日常考查学生实际思想政治水平领域却相对疏远。生活思政弥补了思政课程这一明显不足,思政课程的教育成果为生活思政开展奠定了扎实的前提基础,是思政课程真正的完成阶段。正是从这个意义上说,生活思政真正实现了思政课程打通学生生活"最后一公里"的目标。

生活思政和思政课程都以立德树人为目的。思政课程更注重学生的思想政治理论教育,在当前情况下,主要进行系统的理论灌输,以说服说理方式进行,主要依靠口头或书本,以课堂教学为手段,以知识考察为主。这里说"主要",不是说完全以理论的方式教学,而是说还存在其他的教学方式。通过理论教学,在学生的思想意识中建立起社会要求的观念和道德系统。这项专门讲授政治理想信念、社会道德要求、个人思想、政治、道德素质发展的课程,为学生建立完整的思想意识系统观念起到了基础作用。但是"批判的武器当然不能代替武器的批判,物质力量只能用物质力量来摧毁;但是理论一经掌握群众,也会变成物质力量。"[1]马克思没有完全否定理论教育的意义,只是说理论教育完成了教育的一半,最终还需要落到生活实践中。因为,良好的道德理论知识与良好的品行不是同一的。但是理论一经掌握群众,也会变成物质力量,有知识的人转为实际行动的可能性要比无知识的人更大。

生活思政教育同时肩负着思想政治理论教育和实践的双重任务,在生活中传授知识,在生活中践行价值,把生活思政作为知行并重、知行合一的实践阵

---

[1] 马克思恩格斯选集:第一卷[M].北京:人民出版社,2012:9.

地。这样,学生在思政课程中习得的理论知识在现实生活中就有了用武之地,使学生的品格在生活思政教育中也得到了锤炼。生活是学生道德品质对象化的基地,学生在生活中的表现,折射出他的内心品质。实践是检验真理的唯一标准,也是检验人的品格的唯一标准。

因此,在价值教育目标上,生活思政和思政课程是同一的,它们在大思政格局中同频共振。生活思政教育补齐了思政课程实践检验的短板,提升了思政课程的教学效果。从实践中总结出的"知"、通过思政教师的传授转化为学生的"知"、学生在思政课中接受的"知",在生活思政中践行并接受再教育。在生活思政中,发现学生的知识不足,再反馈到思政课程的教学和教材内容的改革之中。这样就形成了行—知—行这一完整的教育链条,使人才培养和立德树人目标最终落到实处。

(二)生活思政与课程思政同向同行

美国实用主义教育家杜威说:"威胁着学校工作的巨大危险,是缺乏养成渗透一切的社会精神的条件;这是有效的道德训练的大敌。"①他把社会道德不能全面在学校训练视为道德教育的大敌,主张在学校渗透一切道德社会精神。杜威还认为,所有在学校开展的学科都蕴含着现实道德价值。"如果我们把发展性格作为最高目的,同时又把必然占学校主要时间的获得知识和发展理解力看作和性格无关,那么学校的道德教育就是没有希望的。"②杜威的主张符合马克思主义哲学的观点,人是社会中的人,社会是人的生活场域,社会是由每个人的生活构成的生动画面。生活中存在的一切都或多或少与人的思想、政治、道德相关,要"把必然占学校主要时间的获得知识和发展理解力"的所有课程,都相应地与人的思想、政治、道德和性格产生关联。

习近平总书记在全国高校思想政治工作会议上指出:"做好高校思想政治工作,要用好课堂教学这个主渠道,思想政治理论课要坚持在改进中加强,其他各门课都要守好一段渠、种好责任田,使各类课程与思想政治理论课同向同行,形成协同效应。"③这虽然是要求课程思政与思政课程同向同行,但也同样适用

---

① 约翰·杜威.民主主义与教育[M].北京:人民教育出版社,1990:375.
② 约翰·杜威.民主主义与教育[M].北京:人民教育出版社,1990:370-371.
③ 习近平在全国高校思想政治工作会议上强调:把思想政治工作贯穿教育教学全过程开创我国高等教育事业发展新局面[N].人民日报,2016-12-09(1).

于生活思政和课程思政。生活思政和课程思政方向一致，都是为了提高学生的思想政治素质教育，为了培养社会主义建设合格建设者和可靠接班人。

虽然生活思政和课程思政在培育方向上一致，但在教育内容、形式上有所差别。课程思政属于课堂教学，教学目标侧重专业知识传授。当然，教师在传授专业知识时也对学生进行价值引导，为全面实现立德树人发挥自己的作用。生活思政的施教队伍、内容载体、场所区域等都与课程思政有所区别。而这些区别正是大思政格局下不同方位的互补，是整体思政教育的组成部分。总之，它们在培养目标、政治要求和价值追求上是同向同行、高度一致的。

第三节　保障机制

凡事预则立不预则废，没有规矩不成方圆。生活思政的实施与管理，需要建立科学规范的保障机制。它是生活思政得以顺利实施的前提。思想政治教育的保障机制，"就是通过建立一系列制度和规章，为工作的开展提供组织领导、人员队伍、资金场所、手段方式等方面的条件保障，使思想政治教育工作能够正常、有序地进行，保证思想政治教育的各种计划得到落实"[①]。据此，建立生活思政保障机制，必然牵涉到规章制度、人员队伍和经费保障等。

一、建立生活思政规章制度

（一）建立生活思政领导制度

"要建立党委统一领导、党政齐抓共管、有关部门各负其责、全社会协同配合的工作格局。"[②]党的领导是社会主义事业顺利开展的灵魂，是中国特色社会主义本质特征。生活思政所担负的任务就是面对现实形势，创新思想政治教育理念，从学生的生活出发，全方位、全时、全程、全员，在生活和服务中挖掘思想政治教育资源，全面实施生活思想政治教育，将社会主义本质、特征，国家的政策等有理、有节地全面贯彻到学生思想、行为、生活中去。高校党委是领导学校

---

① 何会宁.论大学生思想政治教育保障机制的构建[J].西南农业大学学报（社会科学版），2008(3)：195-198.

② 习近平主持召开学校思想政治理论课教师座谈会强调：用新时代中国特色社会主义思想铸魂育人贯彻党的教育方针落实立德树人根本任务[N].人民日报，2019-03-19(1).

贯彻社会主义办学方针、加强师生政治教育、把握学校办学方向的党的领导机构。实施生活思政，必须建立学校党委领导制度。

(二)建立生活思政师生教育共同体制度

思政课程、课程思政已经将教师全部纳入思想政治教育的范围。日常思政将学校团委、学工系统和辅导员等一些行政人员纳入思想政治范围。如果从全员育人的角度来说，还不完整。完整理想的思政教育从人的角度来说，应该将在高校的所有教职员工包括学生纳入思想政治教育中，但是目前的思想政治教育形态无法包容全员，而生活思政教育就可以弥补这一不足。要建立"生活即思政""思政即生活"的教育方式。

"思政即生活"是说学生在思政教育过程中获得的知识观点都会和生活联系起来。"生活即思政"是说生活中蕴含着思想政治教育的丰富资源。这样的教育模式把讲政治、讲道德和学生的日常生活紧密联系起来，使生活思政成为一种生活方式。这就必须建立师生共同实施生活思政教育制度，像古人一样能做到"吾日三省吾身"。这就是生活思政的生活方式，只不过我们三省吾身的本质内容和古人不同而已。

(三)其他相关制度的建立

生活思政教育是一项全面的系统工程，有着全新的教育实践理念，在实施过程中会遇到各种各样的困难。面对现实，有的人不一定愿意投入如此大的精力到生活思政教育中来。推行和开展这项工作是要有非常大的勇气和决心的，没有强大的人力、物力、财力支撑就很难达到预期的目标。因此，要建立健全人才队伍选拔建设制度、经费保障制度等完善的配套制度。

(四)建立制度的原则

生活思政建立规章制度时，应该遵守以下几个原则：

1. 坚守理想信念教育原则

理想信念教育是思想政治教育制度建构的基石，是思想政治教育的灵魂。无论教学怎么变化，形势怎么发展，促使学生树立起社会主义的共同理想和共产主义的崇高信念是始终贯彻的目标。必须旗帜鲜明地坚持中国特色社会主义道路，在生活思政教育中融入理想信念教育。以生活内容为基础，以生活中蕴含的思想政治价值为灵魂，向学生全方位地传播理想信念。建立生活思政教育制度，必须贯彻坚持理想信念原则，就是要利用学生生活的丰富内容，以生活教育为理念和手段，将学生的个人发展目标和理想信念结合起来，将学生的个人需求和社会需求结合起来，将个人利益和国家利益结合起来，从而建立起以实现中国梦为己任的现代教育体系。

2. 坚持以生活为主导的原则

在实施生活思政教育过程中，必须抓住生活这个核心。在生活中观察和检验这个学生是如何表现的，就是他创造了什么，这样，教育就不再抽象和神秘了。你的微笑展现出的亲和度，是你产生的价值，此时你是亲切的。你的愤怒，如果是站在正义角度的愤怒，展现你正直的品格。人的一举一动、一言一行无不传递着价值。因此，思政教育必须抓住生活的核心，以生活为内容，以产品创造物来影响人，如以食堂的美食文化影响人，以宿舍的温馨服务教育人，以楼台亭阁的校园景色教育人，以艺术品陈设教育人等。生活中可以创造出诗意的作品，有美好的情感、互信的品质、彼此的关爱、相处的和谐。生活中你怎么创造就怎么表现，生活思政就是要以生活来教育影响他人，以生活为思想政治引领的主导内容。

3. 坚持系统的原则

思政课程、课程思政、日常思政"三维"教育与生活思政教育的统合、协调，能够有效地形成互为反馈、互为印证、互相促进的系统合力。生活思政不是脱离"三维"思政的另起炉灶的思政教育，而是高校大思政教育的有益补充，是在课堂教育已经实施了充分知识理论的教育基础上实施的教育，在生活层面进行的全面思政教育。万川归海，"三维"教育的成果最终要在生活中检验、矫正、践行。因此，在制定生活思政教育制度时，不能只进行单线思维，而是要统筹综合考虑，将"三维"思政的基石作用在生活思政中充分体现。

4. 坚持实践与研究的原则

生活思政注重实践改造，需要将教育案例进行综合提炼，加大研究思政教育有效性。因此，生活思政要坚持实践与研究相结合。在制定制度时，在突出实践教育的同时，要保障研究的持续开展，使研究成果在实践中不断应用，真正做到因事而化、因时而进、因势而新。

二、重视生活思政队伍建设

除传统定义上的高校思政工作人员以外的高校行政管理、后勤服务人员和广大学生，如行政干部、教辅人员、后勤员工、学生自身等，他们是生活思政教育的具体实施者和组织者。他们的文化素养、思想品质状况直接影响生活思政的教育效果。因此，高校必须重视对生活思政队伍的建设。

（一）提升生活思政队伍业务素质

业务素质主要是指施教队伍对生活思政教育的意义、内涵、目标有充分的理解，并在教育过程中围绕目标，能熟练实施教育。要实现这样的目标，仅有热情和热心是不够的，还必须要有扎实的业务素质和过硬的业务本领。生活思政教育看似日常，实则专业性要求很高，施教者必须有一定的专业知识，仅有生活常识很难满足工作的要求。不仅要掌握一定的思想政治教育专业知识，同时还需要关注时事，研究党的方针政策，及时掌握新的理论。教职工在业务上既要有专业性又必须有先进性。提升自己的业务素养除了学习和实践别无他法。学习包括个人自学和组织集体培训，听专家、名师讲座等。总之，没有很好的专业思想知识和能力，就无法完成思想政治教育的任务。

习近平总书记在全国高校思想政治工作会议上指出："高校思想政治工作实际上是一个解疑释惑的过程，宏观上是回答为谁培养人、培养什么样的人、怎样培养人的问题，微观上是为学生解答人生应该在哪用力、对谁用情、如何用心、做什么样的人的过程，要及时回应学生在学习生活社会实践乃至影视剧作品、社会舆论热议中所遇到的真实困惑。"[①]若要实现思想政治的解疑释惑，则需要施教者掌握扎实的多学科理论知识、高超的技能技巧，如哲学、政治学、心理学、教育学和社会学等。

（二）加强施教者师德师风建设

良好师德师风是为师从教的前提。缺乏良好师德师风，施教者很难做到"学高为师、身正为范"的基本要求，就不能把生活思政中所蕴含的价值传递给学生。教职工要做诚信育人的典范、学生心目中的道德楷模，就要在社会公德、职业道德、家庭美德、个人品德四个方面严格要求自己，要求学生做到的教职工

---

① 习近平首次点评"95后"大学生[N].人民日报，2017-01-03(2).

应该首先做到，否则就是空谈。从总体情况看，高校教职工的师德师风是好的，但也存在少数师德师风败坏现象。为此，高校要采取切实措施，提升教职工师德师风水平。

高校在选用教师和施教人员时，必须落实以德为先、德才兼备的原则，切实将德作为选拔人的优先标准。发现教职工的不良做法要及时教育处理，决不能姑息养奸。教职工要遵守职业道德和职业规范。教职工作为公共服务型人员，不能利用职权，如教育权、评价学生权来威胁逼迫学生，实施违背学生意愿满足自己私欲的行为。有的教职工把师生关系庸俗化，学生称导师为老板，学生成了老师的剥削对象。有的教职工不讲师道师规，与学生称兄道弟。有的教职工不讲仪容仪表，把知识传授的神圣和仪式感彻底瓦解。这些现象必须引起教育界有识之士的关注。教职工是社会前进的引领者，不能降低自己的职业要求，违背自己的职业初心，否则一切所谓的教育进步的理想都是空谈。教职工要有担负起天下兴亡的责任，要敢于坚持真理，不向世俗低头。

生活思政教育施教队伍成员相对比较宽泛，行政干部、教辅人员、后勤人员、学生处在不同层级、区位、领域实施生活思想政治教育，守住底线才能发挥积极作用。高校在生活思政教育过程中，既要注重对教育对象的培养，也要注重施教队伍自身师德师风建设，这样才能形成良性循环，推动教育目的的真正实现。

三、设立生活思政专项经费

经费是一切工作能够顺利开展的物质保证。生活思政教育是一个全新的思想政治教育系统工程，在落实过程中，无论是实践开展还是理论研究都需要设立生活思政专项经费。

专项经费设立后，按照国家《高校思想政治工作专项资金管理暂行办法》相关规定，主要是用于提升生活思政工作的管理能力、服务水平和工作质量的资金。设立的专项经费使用根据生活思政工作的需要，重点用于：面向学生开展学习宣传贯彻习近平新时代中国特色社会主义思想各项活动，实施社会主义核心价值观宣传教育；工作模范、优秀典型的培育选树；施教队伍的示范培训；凝练推广弘扬中华优秀传统文化、营造积极健康校园文化的优秀经验和做法；开展生活思政工作理论研究、实践探索、研讨交流；鼓励生产、创新、推广生活思政工作优秀案例、作品、成果，建设相关网络育人平台和载体等。

在资金具体使用方向上要精准，把资金投入生活思政工作关键领域，向关键环节倾斜，以资金投入为导向，构建正向激励机制，重点保障有利于工作创新进步、支撑事业持续稳定发展的内容。

第四节　评价机制

一项工作开展的效果怎样，如何改进提高，既与工作开展部署实施有着直接关系，也与工作效果评价有着直接关联。建立科学、合理、完备、规范的评价机制，制定详细有效的评价指标，运用科学的评价方法，才能达到科学有效的评价效果，从而有利于工作改进和提升。生活思政在开展工作时，应做到有目标、有计划、有步骤地开展。目标是否达到预期、有无改进余地、计划是否得当、步骤是否合适，对这些问题的评判有赖于合理的生活思政评价机制和科学详细的评价指标。

生活思政教育的评价机制就是评价主体按照教育目标，根据已定的指标，对教育主体、内容、手段、方法、载体、环境及组织、管理过程和产生的实际效果进行综合评价的体系和运行机制。评价的目的在于"提高教育的针对性、实效性和前瞻性，使教育更好地为社会主义建设服务"[①]。评价机制主要包括评价主体、评价指标和评价方法。

评价主体是开展生活思政教育评价的发起者。生活思政的评价主体应该是在学校党委领导下组织的专家、教师、教辅人员、后勤人员、学生等。评价指标是针对生活思政目标，在教育实施过程中动态评价生活思政教育效果的标准和指标。教育目标从国家层面考察，就是要培养社会主义合格建设者和可靠接班人；从个人发展角度，就是促进人的全面自由发展。评价方法可以采取定性评价法、定量评价法、有效性评价法、过程性评价法和大数据采集分析法等。

---

① 张勇，谢枭鹏.创新大学生思想政治教育的评价机制[J].实事求是，2008(3)：25.

一、制定科学的评价指标

评价指标体系的建立要避免有指标无效果、有目标无内容、宏观但不易操作的弊端。生活思政实效评价要根据教育实际情况和自身特点先确定一级指标，在一级指标确定后分解目标、归纳指标、确定权重和权集、编制评价标准、论证与测试以及预试与修订的设计方法。

从生活思政的教、学和内容三个方面，将评价指标一级指标设定为：教育环境，教育内容、方法与途径，教育对象，施教者，教育目的5个指标。根据一级指标再设置18个二级指标，对应每个二级指标设立62个三级指标（观测点），详见表7-1所示。

表 7-1　生活思政实效性评价指标

一级指标	二级指标	三级指标（观测点）
教育环境	校园文化环境	1. 校园文化建设；2. 校园美化建设（校园卫生、教学设施、人文气息、绿化程度）；3. 校园活动（演讲、辩论等）
	思政教育环境	1. 自然景观、学生生活场所布置；2. 师生交往环境（师生双向交流效果、学生分析问题能力培养、热点难点问题处理）；3. 服务环境（科学性、实用性、合理性）
	媒体舆论	1. 网络教育（学生专用网站、主流网络、校园网）；2. 先进事迹（先进事迹报告会活动频率及学生反响程度）；3. 校报、校刊
	社会环境	1. 社会实践（参与实践的数量、质量，校企合作项目）；2. 社会调查（调查报告数量、质量）；3. 社会参观

（续表）

一级指标	二级指标	三级指标（观测点）
教育内容、方法与途径	生活教学	1. 生活内容的时代性（全球化意识、竞争合作意识、诚信意识）；2. 与学生思想的同步性；3. 教育方法（与学生情感交流 互动频次）
	学生自主教育	1. 课外辅导（参加课外辅导积极性）；2. 网络（浏览网页的目的和次数）；3. 报刊（报刊订阅情况）
	社会实践活动	1. 校内实践及评价；2. 志愿活动、公益性活动（类别、频次）3. 教育基地参观调查
	针对性教育	1. 热点问题；2. 难点问题；3. 参加主题教育活动的人数和积极程度；4. 典型榜样教育
教育对象	思想素质	1. 理想信念（理论认知、行为表现）；2. 爱国主义（军训及学生参军成效、维护国家尊严、民族团结的意识和行为、关注国家大事）；3. 人生观、价值观（人生态度、对社会主义核心价值观的认知和认同情况）
	政治素质	1. 理论素养；2. 对党的忠诚度（学习党的政策、入党人数、党员行为前后差异）；3. 对中国特色社会主义的认同
	道德素质	1. 社会公德（遵守和维护公共秩序、爱护公共环境、参加公益活动）；2. 职业道德（职业规划和选择标准）；3. 家庭美德（对家庭父母的态度和行为）；4. 个人品德（关心帮助人情况）
	心理素质	1. 个人心理调节状况；2. 心理问题学生比例；3. 掌握心理健康知识；4. 性心理与婚恋观（在婚恋中的表现）
	法纪素质	1. 法纪知识；2. 法治观念（对法治的态度）；3. 越轨行为（违法、违规类型、人数）

（续表）

一级指标	二级指标	三级指标(观测点)
施教者	队伍建设	1. 人员数量和结构(四支队伍的人数比例、年龄、学历)；2. 人员素质(政治素养、教育水平、培训提升情况)；3.机构设置(机构作用发挥)；4. 经费投入
	管理服务	1. 党团组织建设；2. 学生组织管理；3. 资助工作；4. 就业工作；5. 学校与家长、用人单位联系情况；6. 科研服务
	教育水平	1. 教学手段的现代化；2. 教研成果；3. 教育方式的多样性；4. 学生评价(对生活思政教育的认可)
教育目标	社会需要	1. 社会评价(家长、用人单位满意度)；2. 社会需要(入伍人数、是否服从国家需要)
	个体需要	1. 思想政治素质提升；2. 道德素质；3. 法纪素质；4. 心理素质

二、运用合理的评价方法

合理的评价方法的确立是保证生活思政评价实效性结果真实的内在要求。如果方法不合理，用这样的评价方法得出的结论，就不会是正确真实的，就会影响生活思政的改进和提升。生活思政根据教育实际，可用传统评价法，如定性评价法、定量评价法等，也可利用现代大数据技术，采用大数据采集分析法。

定性评价是根据评价者对学生平时表现、现实和状态的观察和分析，直接对学生作出定性结论的价值判断。定性评价更加关注教育对象在"质"方面的发展，验证教育结果与教育目标之间的一致性；强调对学生道德状况，个性特质作出"质"的分析与解释，是具有实质性内容的一种评价机制。定性评价是更具有现代人本思想和发展性评价的理念。但是，定性评价存在结果模糊笼统、弹性较大、难以精确把握的不足。

定量评价是通过收集和处理学生的行为数据，对学生作出定量结果的价值判断，是一个由量到质的价值判断过程。优点是相对真实准确，不足是烦琐，统计时程较长，工作量大。在实践中可以将定量和定性评价法结合起来，这样可以更有效、更准确地评价教育对象。

在学校信息化建设力量允许的情况下,也可以充分利用现代科技手段在教育中的应用,采用大数据采集分析法。"从某种程度上讲,新媒体时代即大数据时代,大数据在精确预测、洞察本质等方面显示了其力量的强大。"①生活思政教育可以积极利用大数据和人工智能技术,打造动态循环的评价平台,实现大数据采集分析法,提升生活思政教育的实效性和针对性。

生活思政教育还可以通过有效性评价法,即学生的知与行的表现是否与教育目标一致,评价教师的施教效果、施教内容的有效性,从而改进和提升生活思政教育效果。

生活思政教育者可以根据不同的教育要求、内容和对象的特点,选择适合自己评价的方法,通过传统定性、定量评价方法和现代大数据搜集分析法,实现对生活思政实效性全面、真实、精准的评价。对生活思政教育的主体、客体和载体作出全面的评估和评价,从而为生活思政教育的改进、提升提供科学依据,为推动整个生活思政教育的再发展提供新动力。

---

① 维克托·迈尔·舍恩伯格,肯尼迪·库克耶.大数据时代:生活、工作与思维的大变革[M].盛杨燕,周涛,译.杭州:浙江人民出版社,2013:50.

第八章

高校日常思政工作实践创新：

浙江万里学院生活思政的实践探索

在马克思主义哲学中，实践是指人能动地改造客观世界的物质活动，是人所特有的对象性活动。实践性是马克思主义哲学最显著的特征。马克思曾明确指出："社会生活在本质上是实践的。[①]"实践是理论的来源和基础，理论服务于实践和依赖于实践。实践也是检验真理的唯一标准。正如马克思所说："人应该在实践中证明自己思维的真理性，即自己思维的现实性和力量，自己思维的此岸性。"[②]

人类历史发展已经表明，理论是否具有真理性，一定要经过实践的检验和证明。这就是说，我们一定要经过实践去发现和挖掘理论，并通过实践进一步去证实理论、发展理论。作为马克思主义者，既要从感性认识上升到理性认识，又要用实践验证理性认识的准确性，还要用理性认识进一步深入指导实践。从实践到认识再实践再认识，不断循环往复、螺旋上升，才能推动社会发展。这也是辩证唯物主义者应该坚持的知行合一观点。

认识始于实践，并经过实践检验其正确性，再回到实践进一步指导发展。"大学生日常思想政治教育"自 2006 年在全国高校辅导员队伍建设工作会议上首次提出以来，经过全国高校努力实践，取得了良好的育人实效。生活思政作为对日常思政的创新，虽然其提出时间相对较晚，实践还不够普遍，但其遵循了萌芽、发展、完善、提升的螺旋上升历程。即从实践中发现问题、解决问题，从问

① 马克思恩格斯选集：第一卷[M]. 北京：人民出版社，2012：139.
② 马克思恩格斯选集：第一卷[M]. 北京：人民出版社，2012：138.

题导向和目标导向出发,把相关成功经验上升为理论,再把理论运用于实践、指导实践。本章以浙江万里学院生活思政为个案,以期论证生活思政遵循从实践到理论再到实践的循环之路,阐明生活思政的实践有效性和认识准确性。

第一节　生活思政实践发展脉络

浙江万里学院由浙江省万里教育集团举办,是一所具有七十多年办学历史的省属普通本科高校。1999 年,经教育部批准成为"公办高校实行新的管理模式和运行机制"的新型高校,被教育专家誉为"中国特色现代大学制度的范例性实践"。2004 年,与英国诺丁汉大学联合创办了全国第一所中外合作大学——宁波诺丁汉大学;2005 年,以优良成绩通过教育部本科教学工作水平评估;2011 年,学校被国务院学位委员会批准为硕士专业学位研究生教育试点单位,并成为试点单位联盟理事长单位;2015 年,成为"浙江省应用型建设试点示范学校";2017 年,成为"全国深化创新创业教育改革示范高校";2018 年,在德国汉堡设立浙江万里学院海外校区;2021 年,成为硕士学位授予单位。

学校地处宁波。校园风景优美,教学设施完善,获省级"文明校园""平安校园""绿色学校""治安安全示范单位"等荣誉称号。

创新办学二十多年来,浙江万里学院现已成为一所文、经、管、理、工、农、法、艺多学科协调发展的应用型大学。学校坚守应用型的办学定位、服务型的办学追求、创业型的办学特色、国际化的办学特征,恪守"以生为本、以师立校、面向市场、国际接轨"的办学理念,弘扬"只要有 1% 的希望就要尽 100% 的努力"的大学精神和"自强不息、恒志笃行"的校训传统,充分发挥体制机制的创新优势,以特色鲜明高水平应用型大学建设为目标,着力形成以产科教融合、校政企协同、国际化合作、创新创业教育"四轮驱动"的办学格局。

学校坚持党的全面领导,把党建优势转化为人才培养优势,形成了由思政课程、课程思政和日常思政(包含生活思政)构成的"大思政"育人格局。获"全国高校校园文化建设优秀成果奖""首届全国高校思政课教学展示二等奖"等奖项以及全国高校"示范团支部""百强社团"和省"思政工作创新单位"等多个集体荣誉。涌现出了十余年"陪着病母求学"并入围"全国大学生年度人物"和省"教育十大年度影响力人物"的吴全忠，热心公益、拼搏创业并获评"中国大学生自强之星"和省"向上向善好青年"的叶成龙等一大批优秀学子。其中，学校生活思政的实践发展经历了近 20 年的历程，大致可以分为萌芽期、发展期和提升期三个阶段。

最初的萌芽期，是基于"立德树人"要求和"以生为本"理念的具体化需要，主要是为了解决大学生思想政治教育工作中存在着的区域覆盖不全面、育人效果不明显、校园文化引领不给力、整体融入人才培养计划不足等问题。该阶段虽然未明确提出生活思政的理念，但从问题出发，逐步为生活思政理念的形成打下了扎实的实践基础。

随着学校相关实践的不断深入，也因为党和国家对大学生思想政治教育有了新要求，学校明确提出了生活思政的理念和工作要求，并逐步形成了全校性的共识。此时，生活思政实践到了发展期。

在明确生活思政理念和要求后，生活思政的实践发展进入了提升期。学校快速行动，以理念指导实践：通过管理育人和科研育人，进一步推进全员育人；通过后勤服务全面强化生活思政，更好地实现服务育人；通过生活思政全面嵌入融合思政课程，进一步拓宽育人覆盖面和提升有效性。

这三个阶段，不仅是学校生活思政实践不断深化推进的过程，也是生活思政理念和理论不断成熟完善的过程。20 年来，从实践探索到理论成型再到实践创新，生活思政的"万里"特色已初步显现，基本形成了"人人都育人，事事都育人，时时都育人，处处都育人"的普遍共识和良好氛围。

一、萌芽期

（一）成立学生社区、建立学生社区党工委，将思想政治教育延伸到学生的生活区域

为使学校思想政治教育工作贴近学生生活，学校于 2000 年成立学生社区。学生社区工作始终坚持以"以生为本"的办学理念，以创建和谐学生社区为宗旨，依托后勤管理社会化的工作体系，以强化学生的社区归属感为基础，不断推进党建和思想政治工作进社区。为加强学生社区党建和思想政治工作，学校党委率先在学生社区建立了学生社区党工委，下设社区党总支、团工委，制定了一

系列规章制度,构建了条块结合的社区学生党建工作机构。

经过多年努力,学生社区已逐步建立了一套运行较为规范的组织管理体系和工作运行机制,初步创建了具有万里特色、凸显个性、和谐舒适的社区文化,为学生的成长成才提供了广阔的舞台,为学校的稳定和发展发挥了重要作用。2001年,学校思想政治工作进社区被授予"浙江省高校思想政治工作创新奖",并被时任省教育厅厅长的侯靖方同志在《求是》杂志上作为工作经验进行介绍和推广。

在学生社区党建工作机构上,实行条块结合,完善学校学生党建工作机构。学校在保持传统学生党建形式不变的情况下,设立学生社区党工委,作为学校党委的派出机构,来实现党建工作的延伸。为了与现行的党组织体系相协调,学校将学生社区党工委与学生工作部合署,将学生社区党总支与学院分党委(党总支)有效结合,便于学生社区党组织与学校职能部门和学院党组织相协调。根据需要,社区分党委(党总支)下设各学生社区党支部,按照学生住宿分布,社区党支部可在学生公寓楼设立社区学生党建工作站或若干党小组。这样,学生社区就形成了条块结合的矩阵式网络结构模式,可以使党建工作覆盖全员,做到纵向到底、横向到边。

学校成立的学生社区党工委负责组织与社区管理内容相关的组织生活;负责学生在学生社区表现的测评,并作为评优、评奖的重要依据,纳入评比标准;建立和引入社区学生自治组织,指导开展社区日常管理与服务、社区环境建设、社区文化建设等工作。与此同时,学校还全面建立相应的制度,规范学生社区党建工作运行机制。

一是建立学生社区党建工作例会制度。定期举行社区党建工作发展交流会,开展政策宣传、加强理论研讨和工作探索,提高社区党建工作者的理论和实践能力。

二是开展党员责任区活动,使每个党员都有自己的联系寝室,以走访的形式参与社区管理服务。

三是实行社区党员挂牌和党员身份亮显制度,明确党员身份,让学生党员接受社区同学的监督,鞭策他们不断加强自己的党性修养和发挥先锋模范作用。另外也方便积极要求进步的学生和党员学生保持较为密切的联系,真正做到"一名党员就是一面旗帜"。

四是建立社区党组织与学院党组织联系制度。在社区建立学生档案，加强学生在社区表现的考核，定期把社区学生的表现向学院党组织反馈，履行社区职能。

五是建立组织发展的社区党工委评议制度。各学院党组织发展对象必须通过社区党组织考核合格后才能被列入发展对象或转正为正式党员，社区党组织有权对在社区表现不佳的发展对象实行一票否决制度。

六是实行学生党员组织发展、转正公示制度，将发展对象的学习、表现等资料在学生社区公告栏张榜公布，让社区广大学生来监督。通过监督和考核，学生党员和入党积极分子的自我约束能力和先锋模范作用，学生的思想道德修养可以得到加强和发挥，提高学生党建和思想政治工作的实际效果。

七是指导社区自理委员会、社团等学生自组织建设，发挥学生"自我教育、自我管理、自我服务"的功能。

八是建立党员志愿服务队，充分发挥学生党员的先锋模范作用。在社区中以学生专业为依托，建立形式多样的党员志愿服务队伍，为社区同学提供相应的志愿服务。一方面可以使预备党员（入党积极分子）在活动中接受党组织的考察，充分展示党员的先进性和服务意识，接受群众的监督；另一方面，同学们在接受服务的同时也受到了党员所带来的先进性教育。

（二）学生社区工作模式提升，书院制和网格化深入推进

1. 强服务、重引导，准军事化管理下推行书院制模式

浙江万里学院回龙校区是由大一学生组成的独立校区。自成立以来，实行准军事化管理，以"孝心、爱心、责任心"教育为主引导学生践行社会主义核心价值观，通过班级量化考核强化学生规范意识，学院与后勤服务公司、班主任、辅导员与社区管理者协同开展社区服务、管理与教育，形成了全新的社区管理模式。优良的校风、学风和良好的校园文化氛围，得到了各界的普遍认同和赞扬。2012年，学校在回龙校区实行"书院制"试点工作，在坚持现有机构、人员和条件基础上，通过整合、优化等措施，建立组织机构，配置人员，完善设施设备，实施准军事化管理与通识教育相结合的书院制育人模式。

学校在回龙校区设立天工书院、经世书院和艺文书院3个书院。每个书院

配备专职辅导员,搭建书院管理机构;建立党团学组织,负责书院日常管理与建设。辅导员全天候入驻学生社区办公,学生住宿打破专业和班级界限,不同地域、不同专业学生合住同一寝室。社区环境的人文设计和设施提升,不仅完善了硬件,更为社区提供了良好的育人氛围。加强学生和学生之间、学生和辅导员之间的沟通,大大提升了教育、服务的有效性,也为学生自主学习、自我管理提供有效平台;同时进一步加强了社区和书院的联动,使得学生的安全和稳定更加有了保障。

为保障书院制实施成效,学校进一步强化服务与引导:成立了书院生活服务中心,负责对书院提供后勤、安全等服务保障和社区管理员的日常管理、考核,并加强与专职辅导员的联系,在书院共同营造良好的育人环境和书院文化;完善提升了学生事务服务一站式大厅,集合学生事务与发展中心、书院生活服务中心、院务办、教务办、保卫等部门,为学生提供党团学、奖惩罚贷、勤工助学等一站式集约型服务。

2. 立足专业、协同育人,网格化管理下深化学院制模式

学校在钱湖校区学生社区逐步形成了以专业教育为基础的网格化管理,深化学院制模式。以专业为基本单元,根据学生分布情况建立了校、院、楼、寝室四级网格,按功能建立了相应的学生教育管理网格、学生服务网格和学生自治网格。

1)健全组织,网格管理全覆盖

组建了由校领导担任组长、学生管理部门、后勤公司及学生自治组织的相关负责人为成员的学生社区工作领导小组,作为学生社区工作的决策中心,负责学生社区建设发展规划及重大事务的协调和处理。构建了学生社区党、团工委—党、团支部—楼栋党团小组三级工作机构,负责领导、组织、实施学生社区思想政治教育与管理。后勤公司设立了生活服务中心、公寓服务中心、社区安全保卫办公室等相应的管理和服务组织,负责社区的管理和实施对学生的生活服务。学生自治组织则成立了社区学生自理委员会及各类学生社团等组织,作为沟通学校、后勤服务公司和学生的桥梁和纽带,实现学生利益维护和学生自我管理、自我服务。这样,学生社区实现了统一领导、协同管理、信息互通、覆盖全员、不留死角的工作目标。

2）完善制度，网格管理全方位

第一，制定校院两级领导班子成员联系学生寝室、党员教师联系学生寝室等制度，通过组织寝室团体活动、面对面谈心谈话、电话、电子信箱以及微信、QQ群等线上、线下相结合的形式，加强与学生的联系，及时掌握学生思想动态，帮助他们解决在学习、生活中遇到的困难，做学生的良师益友。同时，通过突发事件应急反馈机制，及时发现问题、解决问题，有效避免重大事件发生。

第二，建立学生党员联系学生寝室制度。以楼层为网格单位，建立党员责任区，每个网格挑选一个表现突出、工作热情的学生党员作为网格组长，定期走访学生寝室，了解学生动态，听取同学的建议和意见，做好舆情分析，协助处理突发事件。

第三，建立社区学生干部走访学生寝室制度。学生干部每天随机走访学生寝室，了解学生动态、宣传社区学生行为规范，检查寝室卫生文明情况，充分发挥学生自我管理、自我约束、自我服务的能动作用。

3）完善系统，网格管理全过程

构建一体化社区信息系统。其一，建立社区学生基础数据库，包括学生入住信息、行为表现记录信息等，并实时对每位学生的信息变化进行录入和补全，确保每位学生信息精准有效。其二，建立多媒体学生舆情信息平台，通过"有事找辅导员"平台、值班在线、学生干部QQ群、学生党支部QQ群、社区微平台等形式，全方位掌握学生需求，及时为学生解决问题，进行帮扶。其三，建立后勤服务信息平台。构建集网上服务、电话服务和现场客服为一体的后勤服务平台，全方位、多途径为学生解决生活饮食起居问题，做到学生一有问题就能及时反映，并在第一时间得以解决。

4）文化建设，网格管理全育人

根据大学生身心发展特点，指导和培育社区自治组织积极开展特色寝室建设、特色活动室建设、社团文化节、党员志愿服务、社区文化节、校园文化进社区等多样化、分众式的积极向上的文化活动，培养学生良好的道德品质、文明的行为习惯和健康的心理素质，营造温馨、和谐的社区环境，充分发挥社区的育人功能。

（三）成立学生事务与发展中心，建立阳光大厅，在服务中提升育人实效

2002年，学校根据"以生为本"的办学理念，成立了学生事务与发展中心。

学生事务与发展中心是在原党委学工部、学生处、心理健康教育与指导中心、团委等职能部门基础上整合组建起来的,着眼于学生的全面发展开展学生工作的职能部门。中心以"以学生的需求信息作为工作的第一信号,以满足学生的需要作为工作的第一标准,以维护学生的权益作为工作的第一职责,以促进学生的发展作为工作的第一目标"为工作理念,通过首问责任制、服务承诺制、限时服务制、责任追究制等相关制度,全面开展对学生的教育、管理和服务工作。

2003年,学校建成了一站式学生事务中心——阳光大厅。由学生事务与发展中心管理。阳光大厅内设学生自助中心、综合事务中心、社区服务中心、爱心互助中心、创新支持中心、社团指导中心、职业指导中心、创业支持中心、权益维护中心、继续教育中心、留学服务中心和驾驶培训中心12个子中心,直接服务于学生的日常事务与全面发展。自建成开放以来,阳光大厅一直积极探索基于学生需求,方便学生、服务学生的工作新方法和新机制,不断健全相关工作制度,规范化、科学化地开展对学生的教育、管理和服务工作。

浙江万里学院是浙江省乃至全国最早建立学生一站式服务大厅的学校,学校的这项工作经验在浙江省内被广泛学习与推广。2014年,浙江省省属高校学生事务中心建设工作现场会在万里学院举行,之后,浙江省各高校纷纷建立了相应的服务大厅。2018年,阳光大厅全面升级,建成师生一站式服务大厅,开放10个服务窗口,线上线下服务项目共100多项。同时,建设和开放了学生党建工作室、生活思政工作室和领导联系学生点。现在"阳光大厅"已经建成学生服务的大平台,学生到此能基本解决其问题。在服务的同时,进一步提升"党建引领、思政铸魂"的内涵要求。

2015年以来,阳光大厅在良好工作运行的基础上,基于学生需求调研,与时俱进,开始了网上(手机端)平台建设。项目建设初期,进行了充分调研。学生工作相关业务内容及流程主要包括学生从入学到毕业的全周期工作,主要内容包括:迎新管理、教务管理、奖惩助贷管理、评奖评优管理、宿舍管理、团学管理、就业管理、离校管理、校友管理等。因学生教学管理有其特殊性,一般学校有专门的教务管理系统,这一学生相关业务内容不在本项目之内,但考虑到大数据应用的准确性、合理性,学校已将网上阳光大厅一体式、精准化学生管理与服务系统数据和教务管理系统数据打通,形成中心数据库,实现实时同步,有利于实现校园数据的合理共享、高效利用。

在全面深入分析当下大学生思想现状与行为特征的前提下，这样做既避免了大学生思想政治教育工作进入盲区，又精准把握了大学生个体行为特点和个性发展趋势，重点探寻大学生思想政治教育工作的深层规律，有针对性地开展大学生个体和不同特征群体的学生服务与管理。在此基础上，网络信息平台的建设为大学生思想政治教育个性化、定制化推进提供了理念和技术支撑，实现了大学生思想政治教育工作的有效性和发展性。学校定制开发学生大数据分析与预警平台，将大数据技术与学生管理服务的理论和实践有机结合，依托大数据定制成熟技术的运用，进而形成网上阳光大厅一体式、精准化学生管理与服务系统建设功能需求总体方案。

自运行以来，线上线下为一体的阳光大厅工作团队已成为学校"以生为本"在学生服务中的缩影，荣获宁波市政府"五一劳动模范集体""浙江省高校思想政治工作创新奖"、教育部思政司"全国高校百佳网站"，入选全省高校教书育人典型案例，获得宁波市教育系统创先争优优秀典型案例一等奖、浙江省省级青年文明号等荣誉。

阳光大厅建立了全天候服务学生的工作机制。根据学生昼学夜忙的特点，实行 8:00 至 20:30 的错时和延时服务；网上阳光大厅通过学务一体化系统、工作 QQ 群、微博、微信、网上舆情队伍等信息化手段，搜集有效的学生舆情。通过实体与网络两个大厅并驾齐驱，把 12 小时服务变为 24 小时服务，全天候为学生提供方便，帮助学生排忧解难，并能有效快速处理突发事件。阳光大厅以"四个一"为工作信条，即以学生的需求信息作为工作的第一信号、以满足学生的需求作为工作的第一标准、以维护学生的权益作为工作的第一职责、以实现学生的发展作为工作的第一目标。按照学生需求，设置相应窗口和调整窗口服务，使学生在阳光大厅中能够迅速实现自身诉求。

（四）打造"四季万里"文化品牌，进一步提升校园文化引领作用

建设品牌工程是实现以文化人的重要策略。精心设计和组织校园文化活动，努力丰富校园文化活动的内容和形式，增强校园文化活动的吸引力，是发挥其思想政治教育隐性课堂作用的现实需要，是营造良好育人环境的重要举措。

校园文化是一所学校发展的灵魂。浙江万里学院从建校之初就制定了"占

领制高点、选准切入点、抓住结合点、挖掘渗透点、科技与人文契合、传统与现代沟通、课外与课内并重、教师与学生共同参与"的校园文化建设思路。学校致力于打造万里特色的校园文化品牌——"四季歌"。"四季歌"意指四季咏歌。阳春三月孕"和谐",火红五月激"创新",金秋十月求"开放",年末岁初谋"创业"。一年四季育"人文",形成了"和谐、创新、开放、创业"的万里文化,涵育了万里新人。

"四季歌"是于每年 3 月、5 月、10 月、12 月开展的横跨四季、覆盖全校的校园文化大型系列活动,分别以"绿色万里""科技万里""国际万里""人文万里"为主题。至今,这一活动已经开展了 17 年,从多维度锻炼、提升了学生的能力,也实现了课内与课外的融通、专业素质与非专业素质的对接,将传统与创新融为一体,人与自然融为一体,民族与世界联为一体,使人文与科技交融,成为我校开展人文教育和人格塑造的主要载体。

"四季歌"主题鲜明,策划新颖,内涵丰富,形式多样,项目繁多,参与人数众多,影响颇为广泛,成为广大师生喜闻乐见、心向往之的校园文化品牌。

"绿色万里"通过开展形式众多、内容各异的环保志愿活动及学术活动,倡导自然环境和人际环境两个层面的绿色,在营造绿色的人际生态和良好的育人氛围的基础上创建绿色文明校园。其最终目标是引导大学生担当起在人与人、人与自然之间建立一种以尊重为基础的和谐关系的社会责任。

"科技万里"开展以科学为主题的报告会、研讨会,组织系列科技创新竞赛。活动期间,校园处处彰显"创新、创业、创造"的时代主题和"求真、务实"的科学精神,兴起一个传播科技知识、弘扬科学精神、增强科技意识、培养科学思维的热潮。

"国际万里"通过开展语言、视野、思维三个层面的系列讲座、展览、竞赛,着力培养具有世界公民意识、国际责任意识和使命感的当代大学生。在每年秋季,广大同学致力于熟练运用国际语言,广泛通晓国际知识,正确理解国际文化,准确掌握国际规则,提升自身在经济全球化条件下竞争、合作与共事的能力。

"人文万里"既是万里文化建设的基座,也是万里文化建设的制高点,在承继传统文化、弘扬先进文化、培育爱心文化的过程中,用民族精神丰富广大师生的精神世界,用感恩教育、爱心文化引导他们关注社会、关注人类,强化社会责任感和历史使命感,在感悟中华传统文化的过程中,引发万里人开创更新事业境界的豪迈激情。

"四季歌"活动设计中既注重高质量精品项目打造,又注重群众参与性项目普及。"四季歌"中的一些竞赛类活动有利选拔和培养优秀人才,而一些讲座、志愿服务等无门槛类型的活动则大大调动了学生参与的积极性。如通过取寝室楼名、校园形象雕塑设计大赛等促进学生参与塑造校园物质文化。

"班风学风建设实施方案大赛"、社区"绿色文明家园"创建活动等一系列活动塑造了校园精神文化;"我为万里国际化献一策""'我心目中的好老师'评选活动"等更为学生参与学校建设创造了机会,充分体现出学生的主体意识。

调查显示,万里"四季歌"活动的开展有力地促进了学生发展。一是提高了学生认知。如学生对于绿色的理解不再停留在环保。二是增强了学生能力、水平。万里"四季歌"对于学生专业知识水平的提高,实践能力的增强以及视野的开阔都有一定作用。三是有利于学生道德养成。万里"四季歌"活动中培养道德品质类型的活动占有较大的比例。抽样调查显示,有72.5%的学生参与了爱心组织,有95.4%的学生直接参与了捐款捐书、义务服务等爱心活动。

(五)率先实施大学生素质拓展计划,把素质拓展学分融入人才培养计划

2002年,大学生素质拓展计划由团中央、教育部、全国学联联合发起。以大学生素质拓展计划证书为载体,以开发大学生人力资源为重点,进一步整合深化教育主渠道外有助于提高学生综合素质的各种活动和工作项目,目的在于引导和帮助大学生完善智能结构,促进大学生全面成才成长。实施大学生素质拓展计划后,学生毕业时将持毕业证书和大学生素质拓展证书"双证"就业。我校是浙江省大学生素质拓展计划首批五家试点高校之一。

学校从成立组织机构、建设拓展阵地、设计拓展项目、建立评价体系四个方面着力开展工作,以学生创新能力培养和道德素质提高为主要内容,探索具有校本特色的可持续发展道路。2002年11月,大学生素质拓展计划试点工作在学院全面启动。

学校素质拓展试点工作以活动项目化为形式,实行项目申报审批制度,通过答辩制确立重点项目和一般项目。由于广泛发动,全员参与,首次申报共收

到近百份项目和活动策划方案,经素质拓展实施工作领导小组严格审批后,二级学院立项 68 项,其中,26 项申报学校立项。学校依托校内优秀传统阵地,建立了思想道德、社会工作、文艺体育、科学技术等四大类共 17 个校内素质拓展阵地,并实行挂牌制。在创造性地建设并完善原有阵地的同时,开辟社会渠道,联合社会力量开展素质拓展工作,使活动走向社会,并得到社会认可。校内成立的雷锋公司就是这样一个新兴机构,不仅在校内成立多家分公司,还通过授牌建立连锁子公司,将志愿服务的理念输送到社会,建立更加广泛的服务市场,将服务送到千家万户。发挥传统阵地新作用,因地制宜完善校园文化建设,推进素质拓展试点工作。

学校注重素质拓展项目的创新特色,结合"人文万里""科技万里"等传统的校园文化精品项目,推陈出新,开展了大量富有挑战性和创造性的活动。例如,举办的定向运动极具挑战性,是一项健康、智慧型的体育运动,能最大限度地拓展参与者多种素质;原动力素质拓展训练是另外一种训练形式,通过爬山、背摔、空中单杠、孤岛求生、攀岩、穿电网等专门设计的训练项目挑战和冲击同学们的体力、智力、团队力等诸多素质,达到挑战自我、熔炼团队的目的。大一新生职业生涯规划通过科学测试、辅导员谈话与学生自我分析相结合的办法为每位学生量身规划人生,使新生一入学即确定初步的个人发展目标,从而激发学习动力。大量新颖而又有挑战性的素质拓展活动,大大激发了师生的组织和参与热情,使素质拓展工作在校内开展得十分顺利,营造了人人积极参与的氛围。

2003 年 2 月,全国大学生素质拓展计划现场推进会暨 2003 年共青团学校工作会议在上海召开。会议主要交流了各高校大学生素质拓展计划开展情况,以期对全国大学生素质拓展计划起到积极的推进作用。在会上,浙江万里学院就实施思路、实施方案、具体操作等内容进行了交流,并得到了会议的肯定。

经过 5 年探索,2007 年,学校将素质拓展计划全面纳入人才培养方案,明确了 10 个素质拓展学分作为学生必修学分。这不仅是学校对大学生素质拓展计划推行的全面认可,更重要的是将学生第二、第三课堂在内的发展内容全面纳入人才培养计划。

二、发展期

随着学校学生思想政治教育工作的不断深入,学校举办者和学校自身逐步从实践中形成了生活思政理念。2018年暑期,浙江省万里教育集团董事长应雄同志率先在会议上提出:"学生在学校学习,学会做人是本质,这个平台在我们的社区。在学校开展思政课程和课程思政,打造大思政格局的同时,我们要开展生活思政,要进行让学生'学会做人的大思政'研究,这是一个大课题,是为我们提供自身发展广阔空间的命题,后勤服务同样有教育的功能,与学校教育的对象一样,只是实现路径不一样。"

随后,应雄同志多次在会上进一步阐述和强调了生活思政理念及其重要性。他说:"陈宝生部长在2019年全国教育工作会议上有这么一段话,'重点针对长期以来疏于德、弱于体和美、缺于劳的问题,换脑筋、换思路、换办法,改环境、改途径、改习惯,让立德树人回归社会、回归家庭、回归生活,以新的方式推进立德树人工作,培养德智体美劳全面发展的社会主义建设者和接班人。'①学校立德树人工作,思政课是主阵地,课程思政很重要。但是如何做到整个学校全覆盖的大思政的理念,我觉得是我们高等学校应该要考虑的问题。通过思政课程、课程思政、生活思政,做到全校全员全覆盖,如果学校不融入生活思政,只剩下课堂知识传授,这样的学校我们可以预见在不远的将来,会被网络教育所替代。大学之所以能持续下去,除了课堂的知识传授以外,还有一个称为校园的这样一个大学生活的家庭,在这个家庭当中告诉他如何学会做人……生活思政要解决爱的问题……生活思政大理念的情况下,我们学校有这么多的各种各样类型的组织与活动,让学生学会合作,学会合作的前提是学会尊重人……生活思政不是一个口号,特别希望大家共同来探索这个事情,让它成为一个接地气的立德树人工作……从概念上讲,生活分为人类生存的需要和人的社会实践的过程两大内容;思政,则是'人之为人'的学问,且思政不直接等同于意识形态,不要教条化。从内涵上讲,生活思政涵盖除课程思政和思政课堂以外的领域,应该达到的境界是'大德不德,上善若水',育人于生活之中,成人于无形之中。从路径上讲,思政课程需要引领学生思考人生,引导学生思考人生必备的知识;课程思政,需要在专业教学课程中引导学生全方位的德育;生活思政则是育人之本的回归。"

---

① 陈宝生:落实 落实 再落实[EB/OL].教育部网站,[2019-01-18]http://www.moe.gov.cn/jyb_xwfb/moe_176/201901/t20190129_368518.html.

2018 年 12 月，浙江省万里教育集团下发了《关于积极推进生活思政工作的指导意见》（以下简称《意见》）。《意见》明确指出："学校是寄托千万个家庭美好希望的地方，教育工作者是托起明天太阳的人。要办人民满意的教育，需要学校里的所有教育管理者从生活思政的理念出发，以为人父母之心去定位自己的工作目标，履行自己的工作职责，从成长与发展的角度去考量每一名学生，形成育人的行为自觉，把青年大学生培养成德才兼备的人，培养成社会主义核心价值观的弘扬者和践行者，培养成合格的社会主义现代化建设者和接班人。这是教育发展的必然取向，也是社会发展的客观要求。学校育人工作不仅是一个传授、灌输和引导的过程，更是一个感化、熏陶和养成的过程，教育人、培养人、发展人是学校育人工作的出发点和落脚点。提倡生活思政是学校创新思想政治教育和提高其实效性的逻辑要义。"

《意见》还就如何积极推进生活思政提出明确要求："生活思政工作是学校育人工作的重要组成部分，各单位要将生活思政工作作为重要职责，融入日常工作，把解决实际问题与解决思想问题结合起来，围绕学生、关照学生、服务学生，把握学生成长发展需要，提供靶向服务，增强供给能力，积极帮助解决学生成长成才中的合理诉求，在关心人、帮助人、服务人中教育人、引导人，做到制度化、科学化、规范化、常态化，不断提高人才培养质量。"同时，《意见》还进一步明确了从做好生活思政顶层设计、制定学生核心素养纲要、成立生活思政工作室、开展生活思政课题研究、做好生活思政阵地建设、做好生活思政活动方案设计等全面推进生活思政建设。

2019 年 5 月，中国共产党浙江万里学院第二次代表大会胜利召开。大会明确提出："紧密围绕立德树人根本任务，构建大思政格局，力使生活思政有效度有温度。要高站位、系统化探索生活思政，把解决实际问题与解决思想问题结合起来，围绕学生、关心学生、服务学生，把握学生成长发展需要，提供靶向服务，积极满足学生成长成才中的合理诉求，在关心人、帮助人、服务人中教育人、引导人，做好生活思政制度化、科学化、规范化、常态化，注重实效，打造品牌，彰显特色。"

2019 年 5 月，学校下发了《关于新形势下有效开展生活思政建设的实施方案》（以下简称《方案》）。《方案》明确学校开展生活思政建设的总体思路是：坚持以社会主义核心价值观为引领,围绕立德树人根本任务,不断打造"四在(在理、在心、在场、在线)、四化(工作协同化、教育日常化、指向精细化、队伍科学化)"的工作新理念,以"制度建设、机制建设、体系建设、平台建设"为工作主梁,围绕"管理育人、服务育人、实践育人、文化育人、组织育人"五个方面,以思想引航行动、学风建设行动、文化涵育行动、实践育人行动、"里仁"社区行动、生命教育行动、双创升级行动、"雏鹰"培育行动(八大行动)为工作支柱,构建推进生活思政的"四梁八柱"新体系,形成"人人都育人,事事都育人,时时都育人,处处都育人"的共识和氛围。

《方案》把以下三个方面作为生活思政的工作目标:立足"四在",实现生活思政融入日常;追求"四化",保障生活思政全面推进;明确重点,打造生活思政品牌项目。同时,《方案》还把以下八大行动作为生活思政的工作重点:思想引航行动将德育融于生活,学风建设行动将乐学融于生活,文化涵育行动将文化融于生活,实践育人行动将服务融于生活,"里仁"社区行动将文明融于生活,生命教育行动将幸福融于生活,双创升级行动将"双创"融于生活,"雏鹰"培育行动将育才融于生活。

2020 年 4 月,学校成立浙江万里学院生活思政研究中心。研究中心的主要职责是:开展生活思政理论研究,承接研究任务、发布研究成果;开展生活思政制度建设,为学校进一步完善生活思政工作体系提供智力支持;开展生活思政实践研究,总结提炼成功实践案例和工作经验推广等。

2021 年 12 月,学校"生活思政驿站"开馆。生活思政驿站在全校的共同努力下,将逐步打造成一个理论研究中心、一个生活思政工作者交流的园地、一个生活思政实践推进的阵地、一个生活思政成果展示的平台、一个生活思政导师的精神港湾以及一个生活思政的沉浸式教育场景。

三、提升期

(一)全面实施班主任制,推进全员育人,汇聚育人力量

生活思政理念提出前后,学校全面推行班主任制,并下发了《浙江万里学院班主任队伍建设规定(试行)》和《浙江万里学院班主任工作考核办法(试行)》。文件规定:"班主任是学校从事德育工作、开展大学生思想政治教育的重要力

量,是大学生健康成长的指导者和引路人,是学生班级工作的直接领导者、管理者和第一责任人。班主任队伍建设是学校坚持把立德树人作为中心环节,把思想政治工作贯穿教育教学全过程的重要举措;是实现全员育人、全程育人、全方位育人,让学生成为德才兼备、全面发展人才的重要保障;是优化学校育人环境、促进校风学风建设、全面提高学生综合素质的重要途径;是加强和改进大学生思想政治教育、维护学校稳定、体现'以生为本'工作理念的重要保证。"

　　文件还进一步明确:"班主任的选聘范围为符合任职条件的全校教职工。班主任工作是全校每位符合条件的教职工教书育人应尽的责任,是岗位职责重要组成部分,当组织选聘时应积极主动参与并承担。年龄在 50 周岁以下的学校专任教师在申报高一级职称时,原则上应在原职称任期内具有我校担任班主任且考核合格的经历;年龄在 50 周岁以下的学校专任教师在聘任高一级岗位时,原则上应在原任岗级任期内或在新一轮岗聘期内担任我校班主任且考核合格;班主任工作学年考核不合格或连续两年考核为基本合格的教职员工两年内不得继续担任班主任,两年内不得提任领导职务、申报晋升高一级职称或聘任更高岗级,同学年和聘期考核不得为优秀。"

　　班主任制推行以来,广大教职员工参与热情高、工作状态好、工作投入大、育人效果实。绝大多数班主任来自教学、科研和服务一线,都有着良好的政治素养、很高的师德追求、扎实的专业能力。他们加入最为直接的立德育人、班级管理和学生服务队伍,可以凭借自身的学科能力、专业涵养给予学生更直接、更广泛、更全面的帮助。很多学院采取了卓有成效的班主任、辅导员团队化和协作式管理服务模式,使思想政治教育工作一线教师和专业教师实现无缝对接、有机融合,形成同心同力、协同育人的良好局面。更为重要的是,通过班主任制,"立德树人"这一根本任务被贯穿到教育教学全过程。在班级管理和日常服务过程中,广大班主任老师结合自身专业教学、科学研究、管理服务等工作,进行更为系统、有效的整体设计,这是班主任制最为明显的优势。

　　班主任在工作中逐步涌现出"夫妻班主任""朋友班主任"等优秀代表,学生也给予了像"有班主任在,什么都不怕"的良好评价。有些班主任在学生生病时,开车送学生去医院看病,甚至给学生出医药费;有些班主任对待学业困难生,不气馁,耐心辅导,努力帮助他们提高学习成绩;有些班主任在学生遇到生活困难时，伸出援助之手，给学生温暖和关怀。有的班主任得知同学们更喜欢在网上与老师说悄悄话后，天天 QQ 在线，而在此之前她基本不用 QQ。

班主任大部分来自教学和科研一线，具有扎实的专业知识，可在专业、学科发展前景方面给予学生指导，可结合学科特色向学生介绍专业概况与发展前景，培养学生创新项目研究，指导学生考研及就业。专业教师承担本专业授课任务，学生对专业教师更有认同感，愿意接受专业教师班主任的管理，师生关系更加融洽。学生还能接受专业教师的思想与人格陶冶，培养学习意志品质。更为重要的是，开展班主任制以来，每位班主任老师带班的绝对数量相较原来辅导员带班有了很大程度的下降，这就很好提升了工作专注度、精细度和精准度。几年来的实践，尤其是来自学生的广泛认可已充分证明了这点。学生不仅在生活上能得到较好帮助和服务，更能在思想、专业、心理、综合素养等方面得到更为细致和全面的指导，进一步体现了学校"以生为本"的办学理念。

（二）后勤服务全面推进生活思政，服务育人开创全新局面

生活思政理念提出以后，万里后勤根据《关于积极推进生活思政"建设的指导意见》要求，制定了《万里后勤生活思政建设办法》，提出了设立"万里家"社区大学的设想，并通过了《关于生活思政队伍建设的实施意见》和《关于加快生活思政基地建设的意见》，实施了"五五"工程，建立了生活思政专员队伍，形成了一系列活动方案，大力推进生活思政建设，取得了良好的成效。

一是围绕生活思政，在全员范围内开展了一系列的学习和讨论活动，统一了思想和认识，确立了万里后勤生活思政"五五"工程一致行动的目标和纲领。即推进管理育人、服务育人、文化育人、环境育人、生活育人五大育人工作；打造大学生劳动教育基地、社会实践基地、勤工俭学基地、创业训练基地、良好人格培养基地五大基地建设，为大学生社会化搭建平台，详见表 8-1 所示。

表 8-1　万里后勤生活思政基地建设一览表

基地名称	类别	功能
万里小勤勤	人格培养基地	线上服务师生平台，万里后勤宣传窗口
万里印象	创业训练基地	万里特色纪念品商店，大学生创业窗口
宣传中心	勤工俭学基地	万里代言人，后勤发言地

（续表）

基地名称	类　别	功　能
创客空间	创业训练基地	汇聚创业人才，助力创客
万家钱湖餐厅	勤工俭学基地	美食与技能的比拼
万家万里餐厅	勤工俭学基地	体会人生的酸甜苦辣
社区图书馆	人格培养基地	书香进社区，发现纸质阅读的乐趣
社区共享厨房	劳动教育基地	在美食中分享，在分享中成长
社区健身房	人格培养基地	少年强则国强，体能建设还有社区健身房
成长银行	人格培养基地	生活中的小管家
人才养成地	人格培养基地	全面复合型人才养成地
菜鸟驿站	社会实践基地	利用实践基地，培养社会所需人才
阳光花房	劳动教育基地	绿色生活，低碳环保
真人图书馆	人格培养基地	让阅读换一种方式，发现不一样的人生
生活思政工作室	人格培养基地	思想碰撞的发源地，品牌产品的聚集地
爱心妈妈工作室	人格培养基地	你需要的时候我都在
大师厅、路演厅	人格培养基地	追寻大师的脚步，体会不一样的课堂
思想漂流室	人格培养基地	思维与灵感的碰撞
多功能厅	社会实践基地	丰富学生的活动交流场所

二是从学校高素质应用型人才培养目标出发，从学生的需要出发，根据后勤实际，依靠全体员工，发动广大学生，不断进行具有万里特色的生活思政实践探索。

三是结合实际成立万里家社区大学，详见图 8-1 所示。社区大学开展了丰富多彩的项目、课程和活动，先后开展了生活思政大讲堂、真人图书馆、生活小课堂、社区生活点滴录、环境保护、垃圾分类、健康小知识、文化交流、趣味活动、走进后勤、私房菜培训、营养早餐学习班、收纳教学、志愿服务等活动共计40 余项，参与学生数达 1 万余人，大大增强了学生社区活力，丰富了学生在社区的文化生活，拉近了学生和后勤的距离，提高了学生参与度以及对后勤的满意度。

图 8‑1　万里家社区大学名称的 LOGO

四是采取线上线下同步，以召开座谈会、进行调查问卷等形式，充分听取广大师生的意见建议，主动协同学校学务等部门，把后勤生活思政主动纳入学校大思政格局，通盘考虑，力求做到全员育人、全方位育人、全过程育人。

万里后勤深入推进生活思政以来，管理育人做到言行雅正，举止文明，自尊自律，清正廉洁，以身作则，积极为学生服务，为万里事业发展服务。服务育人尝试有计划地加强员工的思想政治教育和业务技能培训，引导学生参与民主管理，关注学生相关诉求，服务能力和服务质量明显提升。环境育人做到不断改善学生的学习和生活条件,创造文明、优雅的学习生活环境,建设良好的校园及周边环境,设置相应的功能区和专用场所,打造网红餐厅和网红公寓。作为生活思政的阵地,精心设置育人环境,渲染育人气氛,达到了无声胜有声的育人效果。文化育人增强了学生社区的活力,以"爱心尚德,绿色生活"为理念,丰富了学生在社区的文化生活,拉近了学生和后勤的距离,提高了学生对后勤的满意度和参与度。生活育人为学生在出行、寝室生活、饮食等方面提供周到服务。同时,利用生活事件加强纪律教育和劳动教育。如对晚归、酗酒、使用大功率电器等各类违规行为,采取说服为主、惩罚为辅的教育方式,做到润物无声,教化无形。回龙校区大一学生离校时,把寝室打扫干净的举动,充分反映了生活思政的育人实效。

(三)将生活思政全面融入思政课程,打通学生思想政治教育"最后一公里"

从思政理论课的顶层设计出发,学校结合不同思政课程的各自特点,运用多样化特色教学,在思政理论课中嵌入与生活常理、生活伦理、生活哲理相关的实践元素,盘活课堂教学主渠道。同时,在思政理论课中科学设置与生活实践相关的评价指标与权重,扩大评价主体,加快反馈速度,提升评价全面性和精准度,促进学生在生活中持续成长。推出思想政治课实践,以提升学生思想政治素养与综合能力为目标,积极拓展建立 58 家与之匹配的校外实践教学基地,实现与生活世界的互联互通。

将生活思政全面融入思政课程后,思政理论课教师积极参与课堂教学改革和生活实践创新成效显著:思政教师平均每人主持或参与各级教改项目 4~5项;列入省课堂教学改革项目 2 门,列入省十三五教学改革项目 2 门;获得国家级教学奖项 2 项,省级教学奖项或荣誉 8 项;被评为省级高校本科一流课程 1门,获批省级习近平新时代中国特色社会思想精品课程 1 门。入选宁波市首届高校思政理论课教学名师 1 人,入选浙江省首届高校思政理论课名师工作室1 人。

受益于课堂改革和实践创新,学生对思政理论课的参与度与满意度明显提高,学生到课率均保持在 99% 以上;每周有近 14 000 名学生自觉参与团中央线上"青年大学习"活动;平均每年超过 95% 的学生参与全省卡尔·马克思杯大学生理论知识竞赛,连续几年均获奖,并在 2021 年获一等奖。

在加强思政课程的同时,学校着力推进生活思政建设,使生活思政与思政课程同向同行,形成了互促互进的协同效应,构建了大思政育人格局,形成互嵌融合育人模式,受到媒体、社会与同行的广泛关注。在浙江省本科高校人才培养模式暨课程教学改革现场会、省本科院校"翻转课堂"与混合式教学研讨会、省思政理论课考核方式改革研讨会、省改革开放 40 年来高校思想政治教育学科与思想政治理论课建设课程研讨会、省十九大精神进思政课堂研讨会上学校做主题示范发言,推广学校思政理论课教学改革经验,在省内高校具有较强的辐射、示范和引领作用。

第二节 生活思政实践体系构建

一、多元主体融合教育

从生活中来又回归生活是生活思政的重要特征之一。基于大学生思想政治教育的现状和要求,"各管一段渠"的原有模式已经无法很好地实现思政教育"三全育人"的目标。实现思政课程、课程思政和日常思政(包含生活思政)的同向同行,形成协同效应,就需要高校传统意义上的大学生思政教育组织主体,如马克思主义学院、学工部,与非传统意义上的大学生思政教育组织主体,如后勤部门、社区管理部门等有机融合。与此同时,高校传统意义上的大学生思政教育主角,如辅导员、思政课教师等要与原有的大学生思政教育非关键人员,如社区管理员、后勤服务者等有效协同。从组织主体到实施主角的融合,是生活思政多元主体融合的关键特征、内在要求和重要表现。

学校在实施生活思政过程中,通过目标导向和机制创新,将多元主体有机融合,效果明显。尤其是学校学工部、学生社区党工委、相关学院和后勤公司有机联动,通过一系列有效的活动载体和形式,在学生文明生活习惯养成方面取得了较好成效,并得到了社会的广泛认可。其中"我校宿管阿姨一次性通过会计专业技术资格考试"的事件经媒体报道以后,迅速登上热搜榜第二,阅读量超4 亿,《人民日报》、新华社、光明网、学习强国、《中国青年报》等国家级媒体都通过不同形式进行了报道,以下为其中一篇。

大学宿管"卧虎藏龙"！阿姨陪考一次性通过

（《人民日报》公众号，2020年10月9日）

"天哪，这么难的考试，我们的阿姨竟然一次性通过了，学霸阿姨就在身边啊！"

这两天，浙江万里学院钱湖校区组合公寓楼的值班室里，学生围成一团，欢呼不断，都在为一位阿姨祝贺。原来是会计资格考试的成绩刚刚公布，组合楼的裘益君阿姨也参加了考试，这不，一查成绩竟然通过了！

近日，"宿管阿姨一次性通过会计考试"的消息，还登上了热搜榜。初中毕业的裘益君，为何能通过会计资格考试呢？这还要从"陪考"说起。裘益君是万里学院的一位宿管阿姨，平时工作十分细心，学生有什么异常情况都逃不过她的眼睛。去年，裘阿姨注意到一位同学情绪低落，接连几天都很沮丧，就主动把她拉到一旁询问情况。该同学表示，会计证考试差一分没有通过。

性格爽朗的裘阿姨当即表示："这有什么难过的，只要用心复习，明年一定可以过。不要灰心，阿姨陪你一起考！"就这样，陪考之约达成了。

为了鼓励学生，裘阿姨决定认真履行这个约定。年近50岁的裘阿姨戴起老花镜，跟着同学一起看书、刷题。裘阿姨利用碎片时间上网课，把重点内容截图下来。一段时间以后，手机里存了好几百张网课截图笔记。

"做任何事情都不要找理由，找到方法坚持下去，哪怕没有成功也问心无愧。"利用半年的业余时间，裘阿姨和同学们一起上网课、背重点、刷题……最后，一次性通过考试，成为同学们眼中的"学霸阿姨"。

考试通过后，同学们纷纷前来祝贺，裘阿姨也非常开心，她说："虽然我是初中毕业，但我也想跟同学们一起学习，一起进步。我还报了成人大专的工商管理专业，今年也拿下了大专文凭，我想用自己的行动告诉同学们，年龄和学历都不是问题，只要想做，就能成功！"

网友纷纷夸赞阿姨"好厉害啊""有志者事竟成"，为"学霸阿姨"点赞！

像裘益君这样励志的后勤员工在我校还有不少，有考教师资格证、营养师资格证的，还有业余唱戏达人、养花达人、烘焙达人、养生达人等，陈晶阿姨、左小兰阿姨就先后通过了营养师的资格考试，葛仙爱阿姨跟着中医师学养生、理疗知识，平时和同学们一起探讨健康生活的话题。保安陆路自学法律，准备参加法考。食堂的炒菜师傅们经常在一起研究菜品和营养,并利用业余时间教学生做菜。还有不少保安叔叔自学英语,并应用在平时的工作中。他们的励志故事在校园口口相传,他们成为学生的偶像。生活区也是大课堂,学校后勤工作人员的这些励志故事为同学们树立了很好的学习榜样,这也是万里后勤把学校一直倡导的生活思政理念真正落到了实处。

与此同时,多元主体有机融合开展生活思政不仅是育人者身体力行,而且关键是引导和感染着广大学子在生活的点滴中去践行社会主义核心价值观。以下事例以小见大,能生动地反映生活思政良好的育人成效。

一堂生动的毕业教育课,浙江万里学院毕业生文明离校感动宿管阿姨

(《人民日报》客户端,2020年6月19日)

"阿姨,我们寝室四个人都商量好了,把有用的东西留下来,东西已经全部洗干净消毒后放好了,我们想当作礼物送给以后住这个寝室的学妹们,房间我们也打扫过了,希望清卫阿姨不要把这些东西收走。"6月18日,浙江万里学院逸轩楼203寝室的毕业生戴斯琪和李佳荷在离校前找到宿管阿姨曹锡琴和鲍科英,说出了这番话。

曹锡琴和鲍科英跟着两位同学来到203寝室,只见桌子上摆放着镜子、台灯、崭新的笔记本、书籍。寝室内的纸篓、开水瓶、洗衣服用的水桶整齐地放在一边,每一件物品还贴上便利贴,上面有给将来入住的学妹们的祝福和温馨小提示。寝室也被打扫得干干净净。

"你们做得很好,这不只是旧物利用,还是一种文明新风尚,值得大力推广。"曹锡琴当场竖起大拇指为这几位同学的做法点赞,随后曹阿姨和鲍阿姨赶紧报告后勤生活思政工作部,建议在毕业生中推广"旧物循环利用"。后勤生活思政工作部负责人马上发动宿管阿姨团队做宣传推广,希望毕业生们向逸轩楼203寝室学习,可以把有意愿留下的物品,清洗干净后留在寝室。

水桶、脸盆、洗衣液、台灯、笔记本……毕业生们纷纷响应,把还可以再利用的物品整理出来,和宿管阿姨们一起清洗、消毒、晾晒,存放在各宿舍楼的储物间,留给其他有需要的同学借用。

让万里学院宿管阿姨感动的还有毕业生们离校前清扫宿舍的文明离校行为。拖地、擦窗、清洁厕所……谐美楼106寝室的张雯迪、朱智慧、程若情、彭莉莉四位女同学在离校前把寝室认真地清扫了一遍,仔细擦拭了陪伴他们多年的床铺和桌椅,一个小角落都不放过。办理退宿手续前,她们专门去和宿管阿姨告别:"阿姨,感谢你们多年的悉心照顾,你们辛苦了。我们马上就要离开学校了,寝室已经打扫干净了,希望可以给清卫阿姨们减轻一点负担。床上挂着的遮光帘,是我们清洗烘干之后再挂上去的,想留给学妹们。"

"很多毕业生离校前都特意来和我们打招呼,道一声再见,感谢我们的辛勤劳动。其实我们做的事情微不足道,他们都记在心里,说实在的,特别感动。"谐美楼宿管阿姨王静说道。

据该校学生社区党工委书记、学工部副部长高玉宇介绍,今年回校的毕业生在离校前都把寝室打扫干净,而且同学们还自觉做到垃圾分类,这也是学校党委和后勤公司党支部一直推行的"生活思政"在文明离校中的成效体现和具体展示。

学生离校前打扫寝室,把有用的旧物留下来送给学弟学妹,和宿管阿姨暖心告别,文明离校在万里学院一届一届传承下来。

二、多项载体融汇

有效的教育载体,是大学生思想政治教育有效开展和获得学生认同的必要平台。随着形势的不断发展和大学生思政教育要求的不断提升,传统意义上的课内课外载体分开建设,教师、辅导员、管理服务者分别实施已经无法完全跟上新形势,满足新要求,实现新目标。另外,生活思政落点在生活,但其核心依然是思政,如何通过喜闻乐见的形式、快速便利的场所搭建大学生思政教育载体,又不丢掉思政教育核心,这是生活思政实施的关键之一。

学校在具体实施中采取了多项载体融汇的方式,将已在实践中充分证明有效的相关载体、活动和人员,通过问题导向有效整合,以更有效、学生更喜欢、更快速接受的方式,搭建了生活思政各个融汇型教育载体。例如,将传统的导师指导、学生互助、党建活动等有机融入学生生活区的全新场地,以导师工作坊、学生生活思政实践基地等方式开展活动,取得了良好成效。

浙江万里学院生活思政出新招:导师工作坊在学生社区挂牌

(《宁波日报》,2020 年 1 月 5 日)

浙江万里学院日前在学生社区挂牌成立导师工作坊,这是该校信息与智能工程学院响应学校号召,为推进生活思政、促进学生与老师沟通所搭建的师生交流平台。

据信息与智能工程学院党委副书记张孝永介绍,导师工作坊主要活动地点在学生社区,从学生成长发展、个性需求等角度设定主题,选择资深导师走进社区为学生提供学业上的辅导和生活上的指导。导师工作坊实行校企合作双导师制度,以校内导师为主,同时聘请校外创新创业导师参与。接下来,导师工作坊将招募学生团队,定期开展活动。

信息与智能工程学院加入工作坊的导师,一半以上为中共党员,体现了学校积极发挥党建引领作用,把党建优势转化为服务师生的优势。

对于在学生社区成立导师工作坊,电气专业的杨永清同学说,工作坊的地点设立在学生公寓楼,让同学们有机会与导师零距离交流,感到很温馨。

挂牌仪式当天,还举行了导师工作坊第一期活动——考研应试技巧及心理辅导,对学生向导师提出的"如何合理安排复习时间""如何选择理想院校""先选定学校还是先打基础再选学校"等问题,导师一一耐心解答。

自提出生活思政理念、让思政教育回归日常生活以来,学校在学生生活区设立"后勤大学",下设"收纳学院""情商学院""地球保护学院""家庭管理学院"等虚拟二级学院,这些虚拟二级学院都有各自育人的内容。

5 位后勤人员受聘生活思政导师
浙江万里学院破解育人"最后一公里"难题

(学习强国,2020 年 11 月 30 日)

近日,浙江万里学院举行生活思政导师(第一批)聘任仪式,10 位教职员工接受聘书,成为学校立德树人的重要力量。

这 10 位生活思政导师,5 位是专业思政老师、辅导员等一线教师,另外5 位,是不上讲台的后勤人员。宿管员裘益君,是受聘后勤人员中的一位,46 岁的她因"陪考"时一次性通过初级会计资格考试意外走红,网上阅读量达 4.3 亿人次。裘益君在接受聘书时说:"我们在自己岗位上做的是平凡却又意义重大的工作。"获聘后,她们将积极投入立德育人工作,以更加生活化的课程、项目、活动教授学生做人、做事。

作为浙江本科高校"后浪"的浙江万里学院,建校之初就确立了做学问先做人的育人理念。2017年10月,该校提出"学生在哪里,思政的舞台就在哪里"的生活思政理念,倡导全员、全过程、全方位育人,要求学校教职员工都参与其中,后勤人员因此成为一支不上讲台的重要力量。

三年来,学校激励后勤人员努力提升学历、技能、素养,诞生了一批像裘益君这样的励志后勤"达人"。宿管员陈晶、左小兰先后通过营养师资格考试;宿管员耿辰考出教师资格证;保安陆路自学法律正准备参加法考,法学院的男生们已与之暗暗较劲。

过去很长一段时间,大学生思政教育主要在课堂中进行,"不少学生认为枯燥,说大道理,离我们很远"浙江万里学院党委书记蒋建军说,学校的生活思政,倡导"将思想教育贴近生活,把品格培养融入生活,用先进文化引领生活",如今成果已逐渐呈现。

学校注重环境育人,通过创设书院式学生社区、开辟劳动教育基地、设立爱心妈妈工作室、推出私房菜培训等活动项目,为学生提供"非形式教育机会",以此来培养学生的自信心、文化品位和对社会的责任担当。

目前,学校每年有上万名学生积极参与志愿服务、真人图书馆等活动。毕业生离校前打扫寝室,把有用旧物留下来送给学弟学妹,和宿管阿姨暖心告别,"文明离校"成为学校传统。

对于这一创新,浙江省思想政治教育学科研究会会长马建青教授认为,浙江万里学院创造性建立了生活思政体系,破解了育人工作"最后一公里"难题,值得在全省乃至全国大力推广。自2019年以来,已有宁波诺丁汉大学、宁波工程学院、温州商学院等20多所高校前往浙江万里学院"取经",并逐步付诸实践。

三、多种方法融通

随着网络时代的到来、00后的不断成长,新时代已经给新一代大学生贴上了很多全新标签。其中,最为明显的是,00后大学生已经不再满足通过一种方式、一种途径去获取知识、掌握信息。对于大学生思政教育而言，就应该因势、因时、因事而创新，不能只局限于校内人员或只通过一种方式去教育引导学生。生活思政更是因其"走进生活"的要求，以多种方法融通创新，去进一步提升教育的有效性和精准性。

学校在具体实施生活思政时，十分注重改变原有校内人员通过同一方法去进行教育引导的传统形式，而是以更开放、更广泛、更多元的方式选择教育人员、教育方法和教育形式。譬如，学校教育引导学生在生活中全面关注网络安全，就充分彰显了多种方法融通的优势。

网络安全那些事儿，警官们为大学生讲讲清楚

（《宁波晚报》客户端，2019 年 9 月 20 日）

"恭喜你，中大奖啦！"

"我是你领导。来我办公室一趟。""先生，您××花园的房子还在卖吗？"你接到过这种电话吗？

随着互联网应用的快速发展，网络已然成了人民群众共同的精神家园。同时，网络安全问题也是接踵而来。

9 月 19 日，宁波网安支队前往浙江万里学院开展 2019 年网络安全宣传周主题日活动。当日，浙江大学宁波理工学院、宁波卫生职业技术学院、宁波城市职业技术学院、浙江医药高等专科学校和浙江万里学院五所高校共 180 余名师生共同聆听了这场讲座。

本次国家网络安全宣传周活动以"网络安全为人民，网络安全靠人民"为主题，会场内外多方位联动，旨在更广泛更有针对性地面向学生宣传网络安全。会场外，宣传展板前人头攒动，师生们积极参与其中。

会场内，网安支队欧建勇政委表示举办此次活动旨在不断提升网民的网络安全意识和自我防范能力，要把网络安全建设上升到"没有网络安全就没有国家安全"的层面上去。浙江万里学院校长助理兼信息工程学部主任梁丰也在致辞中呼吁在场的每一位同学能够提高网络安全的自我防范意识。

网络安全主题宣讲：如果把网络比作江湖。

网安支队郤维维警官给在场的同学带来了一场妙趣横生又"考点"满满的网络安全主题宣讲——"如果把网络比作江湖"。

宣讲开篇，邬警官便以一个网红快闪的方式解释网警工作，紧接着用一句句潮流的江湖话语来告诫同学们如何面对随时可能出现的网络安全问题。如同学们身边常常出现校园贷，就需要记住"江湖凶险：忌贪。小贪吃大亏"。面对随时随地出现的雾里看花的小道消息时则更需谨慎，牢记"江湖凶险：慎转。不信谣、不造谣、不传谣"。如今作为大数据时代的毒瘤，个人信息泄露更是猖獗，告诫"江湖凶险：忌粗心。小粗心招致大损失"。

"贷款先打款，肯定是诈骗""天上掉馅饼，地上有陷阱"，邬警官把有关网络安全的知识点编写成了一句句朗朗上口的顺口溜，用幽默风趣的语言告诉同学们如何保护自己的网络安全和个人隐私。

信息安全意识培训：信息安全意识你有吗？

来自深信服公司的张欢欢老师通过自己在 IT 行业的专业知识，给同学们做了一个"信息安全意识"的培训。

面对各方信息安全面临的威胁，用户名＋安全口令是最简单也最常用的身份认证方式，针对口令的攻击则是犯罪分子最简便易行的方式，由于使用不当，口令往往成为最薄弱的安全环节，因此口令与个人隐私息息相关，必须慎重保护。另外，安装病毒防护程序并及时更新病毒特征库也是信息防护的有效措施。

第三节　生活思政校本实践成效

学校在全省率先组建了生活思政研究中心，已在核心期刊发表相关论文，共计 22 篇（部）。为保障生活思政的有效推进，学校出台了《关于印发新形势下有效开展生活思政建设实施方案的通知》（浙万院党〔2019〕16 号）、《关于成立浙江万里学院生活思政研究中心的通知》（浙万院〔2020〕24 号）等相关文件。

一、育人成果丰硕

学校制定出台了线上线下结合评价制度、工作室项目化制度、生活思政领导组织制度、生活思政工作协同制度、生活思政激励约束制度和资源配置制度等。近年来，荣获全国高校校园文化建设优秀成果优秀奖两次、浙江省"思想政治工作创新奖"和浙江省"团工作创新奖"、浙江省"文化育人"示范载体、浙江省"实践育人"示范载体、宁波市思政工作创新奖;网上阳光大厅网站被教育部思政司授予"全国高校百佳网站"。在全省专题研讨会、现场会上向与会代表介绍,分享了思政课程与生活思政互嵌融合的德育模式成功经验。同时,还吸引了国内外近百所高校前来学习交流。

十余年来,"四季万里"校园文化活动促进广大同学立德修身,精神成人;万里雷锋营是数万学生爱心、孝心、责任心教育的实践大平台;学生离校搬迁时自发打扫干净 1 116 个寝室,是学生素质养成和感恩教育深入人心的一个直观体现;我国首位赴南极极地科考的在校大学生戴芳芳,是学校参与推动环保事业向更高层次迈进的一个缩影;近 10 年为国家输送优质兵源近 500 余名,是学校国防教育和爱国主义教育工作实效的彰显;超过 99.3% 的学生助学贷款正常还贷,连续多年在省内同类院校中排列前茅,这是学校持续开展诚信教育的显性成果;多人屡次在全国公益创业赛上斩获大奖,展示了学子助力产业脱贫参与公益事业的大胆尝试;四年走读照顾病母,入围"中国大学生年度人物"的吴全忠,勇扑火海营救被困老人的李嘉木,尽显当代青年学生的责任担当。

二、育人模式完善

高校落实立德树人根本任务,办好思想政治理论课是关键,做好日常思想政治教育是基础。习近平总书记在全国高校思想政治工作会议上强调:"要坚持把立德树人作为中心环节,把思想政治工作贯穿教育教学全过程,实现全程育人、全方位育人,努力开创我国高等教育事业发展新局面。"面对新形势和新任务,我校着力加快思政课程改革创新步伐,不断深化"学生在哪里,思政的舞台就在哪里"的生活思政理念,发挥第一、二课堂融汇协同效应,全力打造思政课程与生活思政互嵌互联、无缝对接、同向同行的育人模式,构建大思政格局,形成强大育人合力。

(一)构建生活思政与思政课程协同育人模式

学校坚持把立德树人作为中心环节,以"三全育人"工作目标为导向,立足大学生思政教育与生活世界的主体性关联,通过平台模块互嵌,思政元素互融,一方面积极发挥生活的育人功能,把与生活常理、生活伦理和生活哲理等相关的生活实践要素嵌入思政理论课之中,丰富教学内容,创新教学方法,增强学生的接受和认同,提升思政课程的针对性和实效性。另一方面,把思政教育元素融入管理服务和校园生活,在践行中巩固深化思政理论课成效,切实提升生活思政的理论性和思想性。通过思政课程与生活思政互嵌融合的工作机制,实现理论性和实践性相统一、主导性和主体性相统一、显性教育与隐性教育相统一,打通高校思想政治教育"最后一公里",形成"人人、时时、处处都育人"的"三全育人"思政工作新格局,如图8-2所示。

通过育人模式构建,一是解决长期以来思政教育与现实生活世界相疏离,难以满足学生发展期待的问题。二是解决长期以来思政教育中教师绝对主导、单向传授和"大水漫灌",难以确立学生主体地位、实现师生教学相长问题。三是解决长期以来思政教育缺乏有效整合一切育人资源、要素和平台,力量缺位、过程缺失、时空受限,难以真正实现"三全育人"落地的问题。四是解决长期以来思政教育重"知道"、轻"体道""悟道""践道"的目标错位,难以实现知行合一的培养目标问题。

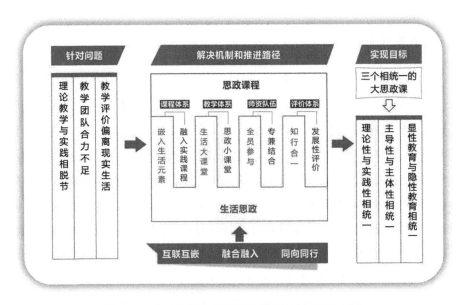

图8-2 思政课程与生活思政互嵌融合的育人模式

（二）育人模式具体做法

1. 推动思政课程改革创新，强化理论性和实践性相统一

嵌入生活元素，融合课程改革。从思政课的顶层设计出发，依托多项国家、省市级研究课题和教改项目，结合不同思政课程特点，运用多样化特色教学，在思政课中嵌入与生活常理、生活伦理、生活哲理相关的生活实践元素，更好地发挥思政课主渠道作用；依托省市两级思政课教学名师工作室，打造朋辈讲师团、劳模讲堂、"最美"系列故事等特色品牌活动，通过身边人的典型示范和榜样塑造，增强思政教育的吸引力和感染力，坚定学生理论学习的信心和决心。

实施科学评价，强调生活养成。在思政课中科学设置与生活实践相关的评价指标与权重。而对学生考核时，将过程考核与结果考核、理论考核与行为考核、静态考核与动态考核相结合，实施多元多层多样评价，及时反馈，适时调整和优化，提升评价的全面性和精准度，实现学生在课程学习和生活体验中螺旋式成长。

2. 发挥生活思政育人功能，强化主导性和主体性相统一

嵌入思政元素，建立育人平台。2001 年，学校成立学生社区党工委，全面推行思政教育进学生社区；2003 年，学校在省内率先设立一站式服务的阳光大厅；2010 年，学生就业指导和心理健康指导工作站驻扎学生社区；2012 年，书院制有效推行；2019 年，学生社区组建虚拟社区学院，成立 19 个不同类型的生活思政工作室。以生活思政理念切实将思政教育融入管理服务之中，全方位为包括学校行政人员和后勤员工在内的广大教职工参与育人提供思政平台和引领路径。

打造特色文化，注重环境育人。以获教育部校园文化优秀品牌的"四季歌"为主线，每年近 50 项校园文化特色活动，以及 56 个学生社团长年驻扎社区，不间断地开展 100 余项特色活动，实现学生文化活动全员参与；实施生活文化铸魂工程，全面提升和优化校园环境，教学楼公共区域设置党建思政文化墙、名人语录、师生风采榜等，将社会主义核心价值观具体内容融入宿舍楼的氛围布置，使之各具特色，让思政育人元素嵌入校园每个角落，让草木传情，使砖瓦育人。

3. 第一、二课堂融汇协同，强化显性教育与隐性教育相统一

思政实践实现第一课堂与生活世界互联互嵌。做细做实思政课实践课程，

创新实践课的建设形式,我校推行了社会公益类、调研考察类、理论宣讲类、采访宣传类、竞赛创新类、科研实践类、网络思政类等 7 类 16 项学生喜闻乐见的特色思政实践活动,积极拓展建立了 58 家与之匹配的校外实践教学基地,实现与生活世界的互联互通。

学分认证实现第二课堂与人才培养的无缝对接。2002 年,学校被确定为浙江省"大学生素质拓展计划"首批试点单位之一,全面推行素质拓展学分;2007 年,素质拓展学分全面纳入人才培养方案。2010 年以来,学校相继推出创新创业学分、社团活动学分、生活思政学分认证制度,推行第二课堂成绩单,与思政实践课程有机衔接。

(三)育人模式的创新点

首先,率先提出了生活思政育人理念。学校坚持"以生为本"的办学思想,主张思想政治教育要以学生为中心,关注生活世界中鲜活的学生个体,尊重学生的主体地位,贴近学生、贴近生活和贴近实际,明确提出"学生在哪里,思政的舞台就在哪里"的生活思政育人理念,使原先被遗忘或忽视的生活育人功能重回人们视野,增强学校相关行政人员和后勤员工的育人意识,形成育人的主动担当和自觉行为,使管理服务回归育人初心,切实把生活思政作为自身的工作理念和重要遵循。

其次,全新构建了"一体化全贯通"的思政教育体系。以大学生全面发展为价值旨归,遵循"在理、在心、在场、在线"的基本要求,一体化全链式实施"育人阵地网络化、工作开展协同化、过程评价学分化、队伍建设科学化"的思政教育路径,切实发挥思政课程的引领作用,在做实课程思政和日常思政的基础上,通过生活思政贯通各类教育教学活动,形成了把生活思政嵌入并渗透于思政课程、日常思政和课程思政的"一体化全贯通"思政教育体系,打通思想政治教育"最后一公里",为新时代落实"三全育人"要求提供了有力保障。

最后,有效优化了互嵌融合的协同育人机制。在互嵌和融合上推进体制机制创新,确保思政课程与生活思政同向同行,相互融合渗透。建立了学校党委统一领导、党政齐抓共管的组织架构以及与之相配套的管理制度。按照系统性、整体性、协同性的要求,建立了有效保障思政课程改革和生活思政创新的激励约束机制、资源配置机制,有力推动思政课程与生活思政平台模块互嵌、思政元素融合,从而建构起"互嵌融合"的协同育人机制。

近年来,新华社、《人民日报》《中国教育报》《中国青年报》《浙江教育报》《宁波日报》等各级媒体 130 多次报道了浙江万里学院的思政课程与生活思政互嵌融合的德育实践。仅在疫情防控期间,《人民日报》客户端、《光明日报》微博、学习强国、团中央微信等媒体就有 20 余篇次,报道了学校 500 名青年学子参与全国 15 个省份、40 余个城市的社区(村)防控工作,尽显青年责任担当,展示了学校生活思政的实践成效。

参考文献

一、国内论著

[1] 毛泽东文集:第七卷[M].北京:人民出版社,1999.

[2] 毛泽东选集:第一卷[M].北京:人民出版社,1991:139.

[3] 毛泽东选集:第四卷[M].北京:人民出版社,1991.

[4] 邓小平文选:第三卷[M].北京:人民出版社,1993.

[5] 习近平.之江新语[M].杭州:浙江人民出版社,2007.

[6] 习近平谈治国理政:第一卷[M].北京:外文出版社,2014,2018 再版.

[7] 习近平谈治国理政:第二卷[M].北京:外文出版社,2017.

[8] 习近平谈治国理政:第三卷[M].北京:外文出版社,2020.

[9] 习近平.为建设世界科技强国而奋斗:在全国科技创新大会、两院院士大会、中国科协第九次全国代表大会上的讲话[M].北京:人民出版社,2016.

[10] 习近平.决胜全面建成小康社会 夺取新时代中国特色社会主义伟大胜利——在中国共产党第十九次全国代表大会上的报告[M].北京:人民出版社,2017.

[11] 习近平.在纪念五四运动 100 周年大会上的讲话[M].北京:人民出版社,2019.

[12] 教育部课题组.深入学习习近平关于教育的重要论述[M].北京:人民出版社,2019.

[13] 人民日报海外版学习小组.学习关键词[M].北京:人民出版社,2016.

[14] 中共中央宣传部.习近平新时代中国特色社会主义思想学习问答[M].北京:学习出版社,人民出版社,2021.

［15］中共中央文献研究室.习近平关于社会主义文化建设论述摘编［M］.北京：中央文献出版社,2017.

［16］《总体国家安全观干部读本》编委会.总体国家安全观干部读本［M］.北京：人民出版社,2016.

［17］教育部社会科学司.普通高校思想政治理论课文献选编(1949—2008)［M］.北京：中国人民大学出版社,2008.

［18］教育部社会科学司.普通高校思想政治理论课文献选编(1949—2006)［M］.北京：中国人民大学出版社,2006.

［19］教育部思想政治工作司.思想政治教育原理与方法［M］.北京：高等教育出版社,2010.

［20］冯刚,沈壮海.中国大学生思想政治教育发展报告 2014［M］.北京：北京师范大学出版社,2015.

［21］沈壮海,王培刚,段立国.中国大学生思想政治教育发展报告 2015［M］.北京：北京师范大学出版社,2016.

［22］沈壮海,王培刚,王迎迎.中国大学生思想政治教育发展报告 2017［M］.北京：北京师范大学出版社,2018.

［23］沈壮海.思想政治教育有效性研究［M］.武汉：武汉大学出版社,2012.

［24］陈秉公.思想政治教育学原理［M］. 北京：高等教育出版社,2006.

［25］张耀灿,郑永廷,吴潜涛,骆郁廷,等.现代思想政治教育学［M］.北京：人民出版社,2006.

［26］陈万柏,张耀灿.思想政治教育学原理［M］.北京：高等教育出版社,2007.

［27］郑永廷.思想政治教育方法论［M］.修订版.北京：高等教育出版社,2010.

［28］白显良.隐性思想政治教育基本理论研究［M］.北京：人民出版社,2013.

［29］陈华洲.思想政治教育方法论［M］.武汉：华中师范大学出版社,2010.

［30］邱伟光.思想政治教育学原理［M］.北京：高等教育出版社,1999.

［31］本书编写组.思想政治教育学原理［M］.第二版.北京：高等教育出版社,2018.

［32］全国马克思主义哲学史研究会.马克思主义哲学史论集［M］.上海：上海三联书店.1982.

[33] 倪梁康.现象学及其效应[M].北京:生活·读书·新知三联书店,1994.

[34] 王德军.中国现代化进程中的人与文化[M].北京:人民出版社,2007.

[35] 唐汉卫.生活道德教育论[M].北京:教育科学出版社,2005.

[36] 杜松彭.保障 服务 育人——北京高校后勤五十五年[M].北京:中国广播电视出版社,2010.

[37] 李文阁.回归现实生活世界[M].北京:中国社会科学出版社,2002.

[38] 高兆明.道德文化:从传统到现代[M].北京:人民出版社,2015.

[39] 朱用纯.朱子家训·增广贤文[M].赵萍,主编.长春:吉林大学出版社,2010.

[40] 荀子.荀子[M].沈阳:万卷出版公司,2009.

[41] 方展画.罗杰斯"学生为中心"教育理论述评[M].北京:教育科学出版社,1990.

[42] 邓晓芒.中西文化心理比较讲演录[M].北京:人民出版社,2013.

[43] 文若愚.论语全解[M].北京:中国华侨出版社,2013.

[44] 布和朝鲁.富民论[M].北京:人民出版社,2013.

[45] 徐斌.制度建设与人的自由全面发展[M].北京:人民出版社,2012.

[46] 陶行知.陶行知文集[M].南京:江苏人民出版社,1981.

[47] 李春芳.生活教育精义[M].徐州:中国矿业大学出版社,2012.

[48] 华中师范学院教育科学研究所.陶行知全集:第二卷[M].长沙:湖南教育出版社,1985.

[49] 华中师范学院教育科学研究所.陶行知全集:第三卷[M].长沙:湖南教育出版社,1985.

[50] 陶行知.陶行知全集:第1卷[M].成都:四川教育出版社,1991.

[51] 陶行知.陶行知全集:第2卷[M].成都:四川教育出版社,1991.

[52] 教育部思想政治工作司.思想政治教育原理与方法[M].北京:高等教育出版社,2010.

[53] 陈飞.回归生活世界:思想政治教育研究的一个视角[M].北京:人民出版社,2014.

[54] 胡晓风,等.陶行知教育文集[C].第2版.成都:四川教育出版社,2007.

［55］王东莉.德育人文关怀论［M］.北京:中国社会科学出版社,2005.

［56］范树成.当代学校德育范式转换与走向研究［M］.北京:人民出版社,2011.

［57］朱美燕.立德树人——高校生活德育实践［M］.上海:上海交通大学出版社,2019.

［58］裴斯泰洛齐.天鹅之歌［A］.任钟印.西方近代教育论著选［C］.北京:人民教育出版社,2001.

［59］张焕庭.西方资产阶级教育论著选［C］.北京:人民教育出版社,1979.

［60］张健.改进和加强高等学校马列主义课的试行办法［Z］.中国教育年鉴(1949—1981).

二、译著

［1］马克思恩格斯选集:第一卷［M］.北京:人民出版社,2012.

［2］马克思恩格斯选集:第二卷［M］.北京:人民出版社,2012.

［3］马克思恩格斯选集:第三卷［M］.北京:人民出版社,2012.

［4］马克思恩格斯选集:第四卷［M］.北京:人民出版社,2012.

［5］马克思恩格斯全集:第三卷［M］.第一版.北京:人民出版社,1960.

［6］马克思恩格斯全集:第十九卷［M］.第一版.北京:人民出版社,1963.

［7］马克思恩格斯文集:第一卷［M］.北京:人民出版社,2009.

［8］马克思恩格斯文集:第二卷［M］.北京:人民出版社,2009.

［9］马克思恩格斯文集:第五卷［M］.北京:人民出版社,2009.

［10］马克思恩格斯文集:第八卷［M］.北京:人民出版社,2009.

［11］马克思.1844年经济学哲学手稿［M］.北京:人民出版社,2014.

［12］亚里士多德.范畴篇 解释篇［M］.方书春,译.上海:上海三联书店,2011.

［13］苗力田.亚里士多德选集:伦理学卷［M］.北京:中国人民大学出版社,1999.

［14］［美］约翰·杜威.学校与社会·明日之学校［M］.赵祥麟,任钟印,吴志宏,译.北京:人民教育出版社,2005.

［15］［美］约翰·杜威.道德教育原理［M］.王承绪,等译.杭州:浙江教育出版社,2003.

[16] [美]约翰·杜威.民主主义与教育[M].王承绪,译.北京:人民教育出版社,1990.

[17] [苏]列·符·赞科夫.和教师的谈话[M].杜殿坤,译.北京:教育科学出版社,1980.

[18] [苏]尤·克·巴班斯基.教育过程最优化——一般教学论方面[M].张定璋,等译.北京:人民教育出版社,1986.

[19] [苏]B.A.苏霍姆林斯基.给教师的建议[M].杜殿坤,编译.北京:教育科学出版社,1984.

[20] [德]海德格尔.存在与时间[M].陈嘉映,译.北京:生活·读书·新知三联书店,1999.

[21] [英]维克托·迈尔·舍恩伯格,肯尼迪·库克耶.大数据时代:生活、工作与思维的大变革[M].盛杨燕,周涛,译.杭州:浙江人民出版社,2013.

[22] [法]卢梭.社会契约论[M].李平沤,译.北京:商务印书馆,2011.

三、期刊论文

[1] 胡锦涛.坚持走中国特色自主创新道路　为建设创新型国家而努力奋斗——在全国科学技术大会上的讲话[J].求是,2006(2).

[2] 胡锦涛.牢固树立社会主义荣辱观[J].新华月报,2006(6).

[3] 习近平.做党和人民满意的好老师——同北京师范大学师生代表座谈时的讲话[J].中国高等教育,2014(18).

[4] 习近平.思政课是落实立德树人的关键课程[J].求是,2020(17).

[5] 冯秀军.时代新人培养与新时代的大学使命[J].东北师范大学学报(哲学社会科学版),2019(2).

[6] 冯刚.服务育人理念在学生事务管理中的融入和深化[J].高校辅导员,2017(05).

[7] 李焕明.思想政治教育生活化[J].山东师范大学学报,2004(3).

[8] 尚丽娟.思想政治教育应生活化[J].思想政治工作研究,2005(10).

[9] 高德胜.学校德育范式的转换[J].教育研究与实验,2004(1).

[10] 成尚荣.生活德育的坚守与困境的摆脱[J].中国德育,2012(19).

[11] 张忠华,李明睿.生活德育:我们研究了什么[J].现代大学教育,2009(4).

[12] 张勇,谢枭鹏.创新大学生思想政治教育的评价机制[J].实事求是,2008(3).

[13] 鲍善冰,刘奋隆,俞士谦. 全方位、全过程、全员化思想政治工作法[J].山西高等学校社会科学学报,1995(3).

[14] 李国栋,朱灿平.坚持"三全育人"注重思想政治工作实效[J].中国高等教育,1999(24).

[15] 张国启.论思想政治教育生活化的发展向度[J].思想理论教育,2009(07).

[16] 储著斌.社会主义过渡时期的大学德育:人物、会议与文献研究[J].池州学院学报,2013(8).

[17] 杨国荣.意义世界的生成[J].哲学研究,2010(1).

[18] 李春华,上官苗苗.论科学把握思想政治教育内涵的基本原则—以界定思想政治教育内涵为视角[J].中国社会科学院研究生院学报,2017(6).

[19] 易小明,李 伟.道德生活概念论析——兼及道德与生活的关系[J].伦理学研究,2013(9).

[20] 郭超,王习胜.高校思想政治教育要让大学生有获得感[J].华北电力大学学报(社会科学版),2017(12).

[21] 王德军.人的目的性活动与人的自我生成[J].自然辩证法研究,2007(1).

[22] 何会宁.论大学生思想政治教育保障机制的构建[J].西南农业大学学报(社会科学版),2008(3).

[29] 陈前明.思想政治教育方法创新研究——评《思想政治教育方法论》[J].高教探索,2016(6).

[30] 王振.改革开放以来高校文化育人的回顾与思考[J].思想理论研究,2018(12).

[31] 邱仁富."课程思政"与"思政课程"同向同行的理论阐释[J]. 思想教育研究,2018(4).

[32] 鲍田原.论高校后勤管理学的实践和理论基础[J].山东教育学院学报,1995(01).

[33] 黎玖高,皮光纯.高校后勤服务育人的过去、现在与未来[J].高校后勤研

究,2017(01).

[34] 赵玲珍.高校后勤"三全育人"长效机制实践与研究——以常州纺织服装职业技术学院为例[J].高校后勤研究,2020(09).

[35] 赵霞."三全育人"视阈下,关于政工人员在大学生思想政治教育中发挥作用的调研[J].高教学刊,2020(30).

[36] 芦廷峰.科学发展观对大学生思想政治教育质量提升的作用[J].现代职业教育,2015(21).

[37] 刘凯.浅析如何充分发挥高校院系二级党组织政治核心作用[J].山西高等学校社会科学学报,2019(2).

[38] 长隽.反思与建构:人文关怀视域下的高校思想政治教育[J].思政教育,2017(12).

[39] 周光礼,周详,秦惠民,等.科教融合 学术育人:以高水平科研支撑高质量本科教学的行动框架[J].中国高教研究,2018(08).

[40] 黄建美,邹树梁.高校资助育人创新视角:构建多维资助模式的路径探析[J].中国高教研究,2012(04).

[41] 王克军.论高校管理育人功能的实现[J].山西青年,2019(07).

[42] 高杨,张放.高校管理育人工作质量保障体系构建的新时代意义、检验标准与推进路径[J].文教资料,2020(09).

[43] 戴晓云."三全育人"视野下高职院校管理育人的实现路径[J].广西教育,2019(04).

[44] 孙丰荣.高校学生自我管理之我见[J].辽宁高等教育研究,1997(02).

[45] 卢凯,梅运彬.高校服务育人的内涵与实践路径研究[J].黑龙江教育,2020(04).

[46] 易际培.基于信息化的高校服务育人新体系构建[J].才智,2010(11).

[47] 李权玺.高校服务育人的现状及其对策[J].西部素质教育,2020(05).

[48] 魏强,李苗.高校科研育人论析[J].思想理论教育,2018(07).

[49] 毛现桩.大学科研育人的内涵意蕴、本质特征与时代价值[J].华北水利水电大学学报(社会科学版),2020(3).

[50] 高玄.高校科研育人探析[J].科教导刊,2020(01).

[51] 张远航,郭驰."三全育人"视阈下高校资助育人的逻辑建构[J].思想理论教育,2020(07).

[52] 刘春阳.三全育人视阈下资助育人工作的探索与实践[J].北京教育,2020(07).

[53] 王慧,徐新华.高校资助育人思想研究[J].教育评论,2020(04).

[54] 白显良.论隐性思想政治教育的受教特性[J].学校党建与思想教育,2013(10).

四、学位论文

[1] 胡凯.思想政治教育生活化研究[D].上海:复旦大学,2007.

[2] 张小秋.学生思想政治教育主体研究[D].长春:东北师范大学,2016.

[3] 王东强.生态学视域下高校思想政治教育主体研究[D].成都:西南财经大学,2013.

五、报纸新闻与报告

[1] 胡锦涛.坚持把教育摆在优先发展战略地位 努力办好让人民群众满意的教育[N].光明日报,2006-08-31.

[2] 胡锦涛.高举中国特色社会主义旗帜 为夺取全面建设小康社会而奋斗——在中国共产党第十八次全国代表大会上的报告[N].人民日报,2012-11-18.

[3] 习近平在全国高校思想政治工作会议上强调:把思想政治工作贯穿教育教学全过程 开创我国高等教育事业发展新局面[N].人民日报,2016-12-09.

[4] 习近平首次点评"95后"大学生[N].人民日报,2017-01-03.

[5] 习近平在北京大学师生座谈会上的讲话[N].人民日报,2018-05-03(02).

[6] 习近平在全国教育大会上强调:坚持中国特色社会主义教育发展道路 培养德智体美劳全面发展的社会主义建设者和接班人[N].人民日报,2018-09-11.

[7] 习近平主持召开学校思想政治理论课教师座谈会强调:用新时代中国特色

社会主义思想铸魂育人 贯彻党的教育方针落实立德树人根本任务[N].人民日报,2019-03-19.

[8] 中共中央、国务院印发《关于加强和改进新形势下高校思想政治工作的意见》[N].人民日报,2017-2-28.

[9] 中共中央、国务院印发《新时代公民道德建设实施纲要》[N].人民日报,2019-10-28.

[10] 周济.切实推进高校辅导员队伍建设 为加强大学生思想政治教育提供坚强的组织保证[R].在全国高校辅导员队伍建设工作会议上的报告(提纲),2006-04-27.

[11] 周济.在2007年全国家庭经济困难学生资助工作会议上的讲话[N].人民日报,2007-5-28.

[12] 陈宝生.进一步加强学生资助工作[N].人民日报,2018-03-01.

[13] 陈赟,刘丽娜,齐紫剑.在世界大变局中奋进新时代[N].解放军报,2019-08-29.

[14] 王向阳.充分发挥基层党校理论研究主线抓手作用[N].长治日报,2020-09-20.

六、政策文件

[1]《中共中央宣传部 教育部 关于普通高等学校"两课"课程设置的规定及其实施工作的意见》(教社科〔1998〕6号).

[2]《中共中央宣传部 教育部 关于进一步加强和改进高等学校思想政治理论课的意见》(教社政〔2005〕5号).

[3]《高校思想政治工作质量提升工程实施纲要》(教党〔2017〕62号).中华人民共和国教育部门户网. http://www. moe. gov. cn/srcsite/A12/s7060/201712/t20171206_320698.html,2017-12-05.

[4]《新时代高校思想政治理论课教学工作基本要求》(教社科〔2018〕2号).

[5] 中共中央组织部 中共教育部党组 关于印发《高校党建工作重点任务》的通知(组通字(2018)10号).

[6]《关于深化新时代学校思想政治理论课改革创新的若干意见》(2019).

［7］《新时代高等学校思想政治理论课教师队伍建设规定》(中华人民共和国教育部令第 46 号).

［8］《关于加快建设高水平本科教育全面提高人才培养能力的意见》(新时代高教 40 条).

［9］教育部等八部门关于加快构建高校思想政治工作体系的意见(教思政〔2020〕1 号).

［10］《高等学校课程思政建设指导纲要》(教高〔2020〕3 号).

［11］《关于加强新时代马克思主义学院建设的意见》[DB/OL].中国政府网,
http://www.gov.cn/zhengce/2021-09/21/content_5638584.htm.

七、网络

［1］新华社:科学无国界,科学家有祖国!［EB/OL].新华网,[2019 - 05 - 30].
http:// www.xinhuanet.com/tech/2019-05/30/c_1124564276.htm.

索 引

后 记

　　早在 2002 年,浙江万里学院就开始了通过生活思政创新日常思政的实践探索。从建立学生社区党工委、开展思想政治工作进社区,到设立阳光大厅、开展思想政治教育和日常事务的一站式服务,再到成立"万里家"社区学院、推行生活思政工作室,等等。这些育人平台的建立为落实立德树人根本任务提供了坚实基础和有效保障。在"自强不息、恒志笃行"的万里精神激励下,万里人敢于探索、勇于创新、共同努力、不懈坚守,形成了融思政课程、日常思政(包含生活思政)和课程思政于一体的高校思想政治教育体系,真正构建起了思想政治教育工作大格局。这是对高校思想政治教育工作的守正创新。

　　经过十多年的努力探索,浙江万里学院生活思政从无到有,从初具雏形到逐渐完善,至今已形成了"多元主体融合、多项载体融汇、多种方法融通"的生活思政育人模式。实践已充分证明,以生活思政创新日常思政,并与思政课程和课程思政同向同行、同频共振,能够大大提升思想政治教育效果,能对高校人才培养发挥重要作用。生活思政的育人模式虽然颇具万里特色,呈现出鲜明的校本特征,但其出场背景、实施主体和工作机制等又具有普遍共性和时代特征,也可为其他兄弟院校提供一定的启发与借鉴,具有一定的先发意义和应用推广价值。

　　本书是我校生活思政研究中心全体人员集体智慧的结晶。他们分别是浙江万里学院党委书记蒋建军教授、党委副书记王伟忠教授、马克思主义学院副院长孙叶飞副教授、马克思主义学院朱美燕副教授、校长办公室主任林德操副研究员、党委宣传部副部长向娴华副研究员、校团委书记周娟讲师和外语学院党委副书记丁守年讲师等。在全体研究人员的汗水浇灌下,《新时代高校日常思政工作创新研究》专著终于完成了。

　　本书由我指导和统筹，具体由王伟忠教授组织实施。按照总体构思的要求，王伟忠与朱美燕等老师起草专著大纲，研究中心全体成员参与了初稿的撰写工作。各章执笔人分别是：第一章孙叶飞；第二章、第七章丁守年；第三章朱美燕；第四章向娴华；第五章周娟；第六章林德操；第八章林德操、向娴华。在初稿基础上，由王伟忠和朱美燕对全书进行统稿。最后由我审核定稿。

　　在本书即将出版之际，我的内心充满了感激。首先要感谢学校广大思政工作教师和万里后勤服务有限公司的员工。正因为有你们长期的实践探索和一线坚守，才有日常思政工作创新的前提和基础。其次要感谢生活思政研究中心全体成员的辛勤付出。为了顺利完成本书撰写任务，中心多次召开研讨会，反复修改提纲、凝练核心观点。大家齐心协力，开足马力，在繁忙的工作之余，尽力挤出时间，全身心投入写作。再次要感谢浙江省思想政治教育学科研究会会长、浙江大学马克思主义学院马建青教授，他在百忙之中抽出时间，亲临学校与各位作者座谈研讨，多次对本书提出了许多宝贵的指导和修改意见。

　　在写作过程中，研究中心人员参考了同行们的不少成果，并用注释和参考文献的方式列示。在此一并向他们表示感谢。由于时间紧，水平有限，面对以生活思政推动日常思政创新这一课题，书中的不足、错误在所难免，恳请专家、学者和广大读者惠予批评指正。

　　期待本书的出版在进一步推动我校生活思政深入开展的同时，能为其他兄弟院校提供有益的借鉴。同时抛砖引玉，也希望能引起同仁们对高校日常思政工作进行深入探索与创新，不断提升日常思政工作成效，为加强、改进新时代高校思想政治教育作出应有的贡献！

蒋建军

浙江万里学院党委书记

2022 年 8 月